아이들은
야단이 두렵고

어른들은
세상이 두렵다

洪氏家訓

나는 차라리 꼰대가 되기로 했다

홍석민

DREAMAD

들어가면서

내가 50대가 되면 어떤 세상이 돼 있을까?

어느새 막연히 그려보던 지천명의 나이가 되었다. 우리의 아이들도 대학생이거나 군대에 갈 나이가 되었다. 생각해 보면 엊그제 같으나 결혼한 지 벌써 30여 년이 흘렀다. 한서(漢書) 소무전(蘇武傳)에 나오는 인생초로(人生草露)라는 말을 실감한다.

'나 때는 말이야!'하는 순간 젊은이들은 이상한 눈빛으로 쳐다볼 뿐이다. 애써 부인하고 싶지만 꼰대가 되어버린 자신을 발견하고 흠칫 놀란다. 근엄하셨던 아버지의 모습에서 많은 불편함을 느꼈기에 나는 반드시 다정한 아빠의 모습을 보여주리라 다짐했건만 그러지 못한 자신이 다소 원망스럽다.

지금까지 우리는 먼 길을 떠나는 자식에게 올바른 방향을 일러두기보다는 호주머니 속을 챙겨 주는 일에만 몰두했다. 작은 아파트 한 채라도, 아니면 전세 자금이라도, 아니면 1억 원이라도 물려 주는 것이 부모 역할의 전부인 줄 알았다. 문득 챙겨 주다 말고 자신에게 묻는다.

'왜 영원한 재산이 될 정신적 재산을 물려줄 생각은 못 하고 휘발성이 강한 물질적 재산의 증여상속에만 혈안이 돼 있는가?' 그러면서 50%에 달하는 증여상속세를 줄일 방법만 고민했을 뿐 정작 남겨진 재산이 후손에게 어떤 결과를 초래할 것인지는 관심 갖지 못했다.

증여상속 문제에 대해 고민하던 중 우리가 자녀에게 넘겨줄 것이 물질적 재산 이외에도 정신적 재산 그리고 신체적(건강) 재산이 있다는 것을 깨달았다. 또한, 물질적 재산보다 더 중요한 것이 정신적 재산과 신체적(건강) 재산이라는 것도 알게 되었다.

젊은이들은 버릇없는 것이 아니라 아직 배울 기회를 갖지 못해서다

요즘 젊은이들의 행동은 우리 세대의 눈에 적잖이 거슬린다. 그냥 지나치려 하지만 분명 우리가 젊었을 때에도 잘못된 생각과 행동을 바로 잡아준 것은 부모님의 잔소리였음을 깨닫는다.

'요즘 젊은이들은 버릇이 없다'는 말은 BC 1700년 수메르시대 점토판 문자에서부터 등장해 이집트 피라미드 벽화에서도 발견되었다고 한다. 철학자 소크라테스는 이 말을 입에 달고 살았고, 현시대의 어른들도 푸념하듯 반복하는 말이다.

하지만 세상은 이렇듯 버릇없는 젊은이들에 의해 발전해 왔고, 눈부시게 성장했으며, 우리 세대 역시 한때나마 버릇없는 젊은이였다는 것 또한 잊지 말아야 한다. 젊은이가 버릇이 없는 것은 태어날 때부터 예절을 배워 나오지 않았으니 일면 당연한 일이다. '버릇이 없다' 지적하는 어른들은 반대로 '버릇이 있다'는 반증이니 이를 가르치고 일깨우는 책임은 어른들에게 있는 것이다.

따라서 이미 성인으로 성장해 버린 자식들이지만 올바른 버릇을 가질 수 있도록 그간 나와 우리 세대가 터득해 온 삶의 철학과 교훈을 정리하여 잔소리를 엮어 보기로 결심하였다.

돌이켜보면, 우리 세대의 성교육 장소는 지저분한 공중화장실 벽화였으며 동네에 '놀던' 형이나 '껌 좀 씹은' 언니들에게서 예절교육(?)을 받았다. 군대에서는 끓어오르는 분노를 삭이는 힘과 인내심, 열정, 그리고 패기를 다졌고 경제 교육은 나쁜(?) 사장님들로부터 반면교사로 배웠다. 사기 당하지 않는 방법은 사기꾼에게 비싼 학습 비용을 지불하고서야 알 수 있었고, 술 담배는 선배들의 화풀이 대가로 주어졌다. 뭔가 비정상인 듯 하면서도 그럭저럭 잘 살아왔다는 생각이 드는 것은 비단 나 혼자 뿐일까?

지식은 어디서든 배우고 익힐 수 있으나
지혜는 삶의 현장 경험에서 깨닫는 것이다

비록 요즘 젊은이들이 학교에서 체계적인 교육을 받고 정보와 지식의 홍수 속에 살아서 다들 똑똑하다지만, 그에 반해 상대적으로 지혜롭지 못하다는 것을 종종 느낀다. 단순히 지식과 정보만으로 살아가기에는 너무나 힘든 세상이다.

더구나 인생을 살아가는 데 중요한 내용들을 학교에서 모두 가르쳐 주지도 않는다. 총론적인 부분이야 교육기관에서 놓치지 않았겠지만 구체적인 실행 방법에 있어서는 미진했다는 생각이 든다. 대학을 졸업해도 막상 사회에 나오면 어떻게 해야 할 줄 몰라 당황하니 말이다.

그래서 오늘날 우리의 가정과 사회의 가치관이 크게 흔들리는 염려스러운 변화에 대하여 비록 꼰대라 불릴지라도 이 땅의 한 아버지로서 과감히 일침을 마다하지 않는 잔소리꾼이 되기로 했다.

통상 성장하는 과정에서 잔소리를 듣기 좋아하는 사람은 없다. 하지만 나이가 들면서 점차 잔소리에 공감하게 되는 것이 인지상정이다. 자식의 입장에서는 듣기 싫었던 잔소리가 부모의 입장이 되어 보니 비로소 그 참뜻과 소중함이 보이는 것이다.

따라서 지금은 성가시게 들릴지라도 점차 이해의 폭을 넓혀 시행착오를 줄여 나가기를 바라면서, 우리 세대가 느끼고 체험한 내용을 바탕으로 그 시절 우리가 고민했던 것들을 떠올리며 아빠의 기나긴 잔소리를 시작하기로 한다.

또한, 우리 후손들이 화목하게 잘 살 수 있도록 가풍을 만들어 전수하고, 바람직한 가치관을 공유하여 지혜롭고 슬기로운 삶을 영위하는 후손이 되도록 하자는 취지로 이 글을 우리 홍씨 가문의 가훈으로 정하고자 한다.

더불어, 가훈을 만들고자 하는 다른 집안사람이 보게 된다면 하나의 범례로 사용하기를 바란다. 그리하여 보다 훌륭한 가훈이 만들어지고, 이를 통해 보다 널리 후손들에게 유익한 가훈문화가 자리 잡게 되기를 희망한다.

날 세운 가시마다
다들 사랑이라 이름 짓지만
그 뾰족한 사랑에 찔린 상처
평생토록 지울 수 없는
불도장 같은 흉터로 남을 텐데

가슴속에 맺힌 응어리
모래주머니처럼 서걱거리고
그 안에 고인 진액
도란형 웅담즙처럼 쓰읍다

홍석민 - 「잔소리」 부분

나는 차라리
꼰대가
되기로 했다

목차

1
어떻게
살아야 하는가?
—
8

2
할아버지와
할머니 시대
—
20

3
엄마, 아빠
어렸을 적에는
—
40

4
대화와
소통
—
60

5
공부와
대학
—
74

6
인간
관계
—
90

7
일과
직업
―
112

8
취미
생활
―
140

9
개인
금융
―
152

10
자기
관리
―
180

11
인성과
예절
―
204

12
효도
―
222

13
꿈과
인생계획
―
242

14
증여와
상속
―
274

15
누군가 가르쳐주면
좋았을 것들
―
286

洪氏
家訓

1

어떻게
살아야 하는가?

사람은 부자인가보다 잘 사는지 따져봐야 한다.
잘 사는지 따지기 전에 올바른 방향으로 가고 있는지 살펴봐야 한다.
그러려면 가고자 하는 방향으로 안내하는 이정표가 있어야 가능한 일이다.

인간은 수천 년 동안 어떻게 살아야 하는지 묻고 따지고, 묻고 따지고 현재까지도 고민 중이다. 어떻게 사는 것이 잘 사는 것인지, 어떤 삶이 행복한 삶인지, 그리고 우리가 진정 바라는 삶은 어떤 것인지 고민하며 살다가 끝내 정답을 찾지 못한 채 이내 사라진다. 아무리 현명한 철학자일지라도 명쾌한 정답을 얻지 못했고 지금도 많은 사람들이 해답을 찾기 위해 노력하지만 단언컨대 앞으로도 인간은 원하는 정답을 얻기는 힘들 것이다.

달리 생각해 보면, 사람들이 태어난 곳, 시대, 환경이 각기 달라 오롯이 자기만의 삶을 살다가 죽는다는 점에서 오히려 정답은 스스로 만드는 것이 아닐까 생각한다. 이에 대해 나는 **자신에게 주어진 여건에서 최선의 기회를 선택해 이를 즐기면서 최대한 만족하며 사는 삶**이라 정의하고 싶다.

내가 살아온 길과 너희들이 살아갈 길이 서로 다르듯, 앞으로도 세상은 저마다 태어난 시점과 주어진 여건이 모두 다른 가운데 선택의 길도 달라질 것이며 시대에 따라서도 가치관이 달라질 것이다. 그때마다 최선의 선택을 해야 하고, 그 선택의 결과가 만족스럽든 아니면 못마땅하든 이를 즐기면서 최대한 행복을 느끼며 살아가야 하는 것이 인간 세상이다.

태어날 때부터 몸이 불편한 사람을 보면 우리는 건강하게 태어난 것만으로도 다행이라 생각하게 되고, 부잣집 아이를 보면 상대적으로 가난한 부모를 탓하게 된다. 이처럼 자신이 행복하고 불행한 것은 마음에 달려 있고, 즐겁거나 짜증나는 일도 생각하기 나름이다. 결국 모든 것은 마음이 지어낸다는 일체유심조(一切唯心造)에 귀결하는 것이다.

종교나 철학적 관점에서 접근하자는 것이 아니라 현실적으로 우리가 어떻게 사는 것이 가장 행복한 삶인가는 결국 자기 자신이 만들어가야 한다는 대전제를 상기시키고자 한다.

100년을 살아 본 대철학자 역시 스스로의 인생관과 가치관을 정립하는 데 이론적인 설명을 찾기보다는 일상에서 부딪히는 문제들을 지혜롭게 판단하고 처리하는 삶의 지혜를 추구하고자 노력한다고 했다.

**장미가 예쁜 꽃을 피워낼 수 있는 이유는
굳은 땅속을 쉼 없이 파고든 잔뿌리 때문이다**

할아버지 세대는 일제 강점기 시대와 6.25전쟁, 군사 정변, 급변하는 산업화 시대를 사셨기에 우리에게 전달한 메시지는 사뭇 간결하고 엄격했다. '착하게 살아라', '훌륭한 사람이 되어라'등 간결하면서도 막연하다 보니 사실 어떻게 해야 훌륭한 사람이 되는지, 어떻게 살아야 착하게 사는 건지 알 수 없어 당황스러웠다.

특히 할아버지는 비록 가난을 물려주시긴 했지만 남들에게 욕먹지 않는 삶을 살도록 이르셨고, 절대 남에게 피해를 주지 않는 삶을 주문하셨다. 가훈을 글로 된 액자로 만들지는 않으셨지만 직접 당신의 삶을 통해 훌륭한 가르침을 주신 것이다. 우리 형제는 그런 가훈을 지키기 위해 각자 자기 삶을 책임지며 사회적 의무와 책임을 다하는 대한민국 국민으로 살아가고 있다.

더불어, 우리가 해야 할 일은 후손들이 물질적으로 풍요로운 세상뿐만 아니라 정신적으로도 행복한 삶을 살 수 있도록 체계적인 철학(가훈)을 만들고, 건강하며 화목한 가정을 이루어 나갈 수 있도록 지침을 세워 주는 것이 필요하다고 느꼈다. 그래서 앞세대보다는 삶의 질이 더욱 높아질 수 있기를, 더불어 보다 지혜로운 삶을 살 수 있기를 바라고 바라는 바이다.

다만 시대에 따라 가치관이 다르고 주위 환경 또한 예전과 많이 다르므로 이젠 단편적이고 일방적인 지시나 명령적인 가훈은 적합하지 않다고 판단하여, 본 책에서는 설명과 사례를 중심으로 소개하며 이를 읽고 각자 생각하여 깨달을 수 있도록 장문의 가훈으로 정리하였다.

그래도 달은
황소처럼 마음이 순해서
시간 지나면 다시 채우고 또 채우니
고놈의 애벌레 때만 되면 나타나
또다시 사각사각 갉아댄다

애벌레가 많은 세상
둥글게 온전히 살아가려면
태양처럼 뜨거운 놈이 되어야 할 텐데
달처럼 순해 빠져도 안 될 텐데

이 땅의 많은 부모들은
잠 못 드는 밤이 부지기수다

홍석민 - 「잠 못 드는 밤」 부분

세상이 겉보기와 다르다는 것을
그 속에 뛰어든 이후에 깨달을 때는 시린 후회를 낳는다

우리는 1960년대 컴퓨터 또는 디지털 혁명이라 불리는 제3차 산업혁명 시대에 태어나, 역동적이면서도 비교적 풍요로운 시대를 살다가 이제 제4차 산업혁명 시대를 맞게 되었다. 어려서는 전기가 들어오지 않은 초가집에서 살았고, 잘 살아보자는 새마을운동과 피를 먹고 자란다는 민주화 운동을 거쳐 돈 많은 부자가 되기를 꿈꾸는 산업 역군으로 일하며 살다가 이제는 다소 혼란스러운 노년을 맞고 있다.

우리 역시 급변하는 시대에 크고 작은 사건 사고를 경험했고, 하루가 다르게 발전하는 기술을 따라가느라 애썼으며, 할아버지 세대의 최대 관심사인 '체면 유지'를 위해 발버둥쳐야 했다. 시대와 상황은 다소 다르지만 너희 역시 한 번도 겪어보지 못한 사건 사고를 경험하고 있고, 보다 빨라진 기술의 속도를 체험하느라 혼란스러울 것이다.

할아버지의 옛 말씀처럼 막연한 지침이나 '우리처럼 노력하면 성공한다' 던지 하는 조언은 이제 진부하기 짝이 없다. 이렇게 살아야 한다거나 저렇게 살아야 한다거나, 그렇게 한 마디로 단정지을 수 있을 만큼 인생은 단순하지가 않다. 그만큼 지금의 세상은 복잡하고 변화가 빠르며 상황이 급변하는 시대가 된 것이다.

나 역시 자신 있게, 더구나 책으로 정리하는 용기를 내기까지 쉽지 않았으나 지식과 정보만으로 미래를 살아가는 일은 필연적으로 시행착오를 동반하기에 미력하나마 저간에 쌓인 작은 지혜를 모아 현명하게 살아갈 수 있는 현실적인 방안들을 제시하기로 한 것이다.

우선 이번 장에서는 우리 가족과 후손들이 추구해야 할 방향을 다음 일곱 가지로 정하고 이를 실천하는 데 필요한 덕목에 대해 세세한 설명과 지침을 2장부터 구체적으로 펼쳐가기로 하겠다.

첫째, 가족이 화목하게 살되 이웃을 배려하라

자신이 하고 싶은 일을 하고 원하는 개인 생활을 누리되 주위 사람들에게 피해 주는 일은 하지 마라. 세상에 태어나면 누구나 가족 구성원이 되고 나중에 가족을 만들게 된다. 이처럼 누구나 혈연을 맺게 되며 혈연만큼 진한 인연도 없다. 그러니 서로가 서로를 위로하고 격려하며, 응원과 지지를 아끼지 않는 구성원이 되도록 노력하고, 늘 존중과 사랑하는 마음으로 살아라. 또한 가족이라는 이유로 희생과 복종을 강요하거나 은혜와 존경을 당연하게 여기는 우를 범하지 않기를 바란다.

더불어, 늘 이웃을 배려하며 사이좋게 지내라. 살다 보면 남들에게 피해 주지 않는 것만으로도 남을 돕는 경우가 많다. 단독 주택에는 없었을 층간소음, 공공장소에서의 전화 통화, 지하철 내에서의 위해행위, 음식점에서의 아이 소란, 주택가 골목의 주차 문제 등 어떠한 상황에서도 최대한 이웃을 배려하도록 노력해라. 비록 평상시에는 인사만 하는 사이라도 비상시에는 가장 먼저 도움이 될 사람들이다.

둘째, 부자가 되기보다는 잘 사는 인생을 모색해라

흔히 우리는 물질적 재산이 많은 사람을 두고 '잘 산다'고들 표현하지만 이는 잘못된 표현이다. 물질적 재산이 많은 사람은 '부자'이고 인생을 즐기며 주위 사람들과 사이좋게 어울려 사는 사람을 '잘 사는 사람'이라고 해야 알맞은 표현이다.

대개 사람들은 물질적 재산이 많은 부자가 되기를 희망한다. 부자가 되면 자신이 원하는 삶, 행복한 삶을 살 수 있다고 믿기 때문일 것이다. 하지만 아무리 돈 많은 부자라도 잘 살지 못하는 사람이 많다.

사람들은 일부 가진 자의 사치와 갑질에 분노하면서도 그 분노만큼이나 그에 대한 욕망도 비례해서 마음속에 자리 잡기도 한다. 즉, 갑질하는 부자를 증오하지만, 그와 동시에 자신 또한 부자가 되면 똑같은 갑질을 하리라 꿈꾸고 있는지도 모른다. 혹여 부자 소리를 듣게 되더라도 절대 사치와 갑질은 하지 않기를 바란다.

나는 물질적 재산뿐만 아니라 정신적 재산, 그리고 건강까지 가진 사람을 '삼부자'라 부르기로 하겠다. 물질적 재산의 소유만으로 진정 잘 사는 경우는 드물다. 잘 사는 부자가 되려면 정신적 재산도, 신체적(건강) 재산도 필수 요소다. 어느 한 가지만 가진 불안정한 부자가 아니라 세 가지를 고루 가진 삼부자가 되도록 노력하기를 바란다.

셋째, 인생 전반은 합리적 사고에 따라 살아가고, 이루고자 하는 꿈과 목표는 전략적 사고를 가지고 실행해라

합리적 사고란 주어진 사실에 근거하여 객관적이고 보편적인 기준에 따라 정확하고 공정한 판단을 내리고, 논리적으로 일관성 있게 추론하는 것을 말한다. 감정의 변화는 늘 있게 마련이지만 감정에 휘둘리는 모습보다는 일상에서 부딪히는 문제들을 합리적인 사고에 근거하여 현명하게 판단하고 지혜롭게 해결해 나가기를 바란다.

한편, 전략적 사고란 다양한 전략적 요소를 분석하여 최적의 대안을 모색하는 사고 능력을 말한다. 이루고자 하는 것을 달성하기 위해서는 이 같은 전략적 사고를 가지고 구체적인 계획을 세워 진행하기를 바란다. 단순히 열심히 애쓰는 것만으로는 목표하는 바를 이루기 힘들다. 전략적 사고에 근거한 노력이 수반되어야만 보다 확실히 원하는 결과를 얻을 것이다.

넷째, 하고자 하는 꿈과 목표를 정하고 공부(독서)하는 삶을 살아라

꿈과 목표가 없으면 방향을 잃은 인생이 되어 열정이 사라지고 이내 의욕을 잃고 만다. 스스로 큰 꿈을 갖는 것은 좋으나, 주위를 의식하거나 타의에 의해 굳이 원대한 꿈을 가질 필요는 없다. 즉, 인생에 있어서 꿈은 반드시 거창하거나 원대할 필요는 없다. 작은 꿈이라도 자기만의 목표를 세우고 그에 대한 성취와 보람을 느끼며 살아라.

하고 싶은 일과 가고 싶은 곳이 있다면 반드시 구체적인 목표를 정하여 이루어 내기를 바라며, 운동이나 여행 등 취미 생활을 하더라도 마찬가지로 목표와 계획을 세워서 실행하기 바란다.

어떤 목표가 생기면 반드시 그에 대한 공부(독서)가 수반되어야 하고 계획이 수립되어야 한다. 지식과 정보 없이 뛰어들면 틀림없이 시행착오를 겪게 된다. 또한, 구체적인 계획을 세워 실행해야 성과를 얻을 수 있고 보람도 느낄 것이다.

다섯째, 현재를 즐기되 미래지향적인 삶을 살아라

누구에게나 현재가 가장 소중하며, 그러므로 지금 이 순간을 항상 즐기며 살아야 한다. 우리가 공부를 하는 것은 미래를 위해 소프트웨어를 장착하는 것이며, 운동은 체력을 비축하는 것이다. 저축을 하는 것은 미래에 필요한 자금을 마련하기 위함이며, 보험에 가입하는 것은 미래에 있을 위험에 대비하는 것이다.

집을 짓기 위해서는 설계도가 필요하고, 사업을 하기 위해서는 계획을 세워야 한다. 결혼을 위해서는 건강한 신체와 가족을 부양할 경제적 능력을 갖추어야 한다. 부자가 되기 위해서는 기본적으로 절약 정신이 투철해야 하고 투자의 지식과 정보를 갖추되 과감한 용기도 필요하다.

현재는 미래의 준비 과정이다. 현재를 어떻게 사느냐에 따라 미래가 결정되고 그에 따른 결과가 나타난다. 달콤한 과일을 얻었다면 먹고 난 뒤 씨앗은 따로 모아 두었다가 양지바른 곳에 심어 두어라.

또한, 어렵고 힘든 순간이라도 이를 피하지 말고 지혜롭게 마무리 짓는 자세가 필요하다. 단순히 피하고 싶은 순간만 지나면 미래는 저절로 좋아질 것이라 착각하지 마라.

여섯째, 도전하는 일에 실패하더라도 인생을 포기하지 마라

　어떤 일에 도전하였다가 실패했다고 해도 인생을 포기하지 마라. 실패한 도전은 있어도 실패한 인생은 없다. 즉, 도전에 실패한 것이지 인생이 실패한 것은 아니다. 어떠한 실패라도 있는 그대로를 받아들이되 후회하거나 실망하기보다는 어떻게 하면 성공할 수 있는지 방법을 강구해라. 어쩌면 인생은 다수의 실패 끝에 성공하는 과정의 연속인지도 모른다.

　우리가 기억을 못해서 그렇지 사실은 수많은 실패를 겪고서야 걷기 시작했고 대소변을 가릴 줄 알게 되었다. 우리가 태어나서 뒤집고, 기고, 일어서고, 걷고, 뛰어다니기까지 그 모든 과정에서 수많은 실패를 경험하며 마침내 성공해 내는 연습을 반복했던 것이다.

일곱째, 늘 감사하며 사회에 기여하는 삶을 살아라

　살면서 만나는 사람마다 늘 감사하며 살아라. 그들은 각자 자기 삶을 살아가고 있지만 우리에게 안전하고 편안한 환경을 제공하고 있는 것이다.

　어떤 사람에게는 기분이 상하기도 하고 피해를 입는 경우도 있을 테지만 그들 또한 고마운 사람이다. 우매한 나를 깨우치게 했으며 더 큰 피해를 막아준 사람일 수도 있기 때문이다.

　또한, 여유가 생기거든 주위 사람들을 살피고 돕는 삶을 살기를 바란다. 경제적 여유가 생기면 적은 금액이나마 사회에 기부하고, 시간적인 여유가 생기면 봉사 활동이나 재능 기부를 하고, 마음의 여유가 생기면 어렵게 사는 지인들을 찾아가 위로해 주는 삶을 살아라.

이상 일곱 가지로 끝이 아니라 살아가는 과정에서 필요하다면 이를 수정, 보완하여 보다 현실적이고 적합한 가훈을 만들어 계승, 발전시키기를 바란다. 가훈을 만들 때는 가훈을 정하는 어른과 가훈을 지키는 아이가 함께 토의하고 연구하는 시간을 가져라. 이것이 가훈을 전수하는 가장 좋은 방법이다.

이제부터는 후손들이 건강한 신체와 정신을 가지고 물질적인 풍요와 더불어 지혜롭고 현명한 인생을 영위하기를 바라는 마음을 담아 세상을 살아가는 데 필요한 지침을 하나하나 정리하기로 하겠다.

어린 나뭇가지를 함부로 꺾지 마라.
수십 년이 지나 굵어지면 뜨거운 햇살을 막아주고
때로는 땔감으로, 때로는 재목으로 쓰일 텐데
그대는 작은 시련에도
삶의 의지를 쉬이 꺾으려 하지는 않았는가.

어린 나뭇가지를 무시하지 마라.
폭풍우가 치는 거센 비바람에도
몸부림치는 고통을 견디고서 온전한 모습으로 자라는데
그대는 세상풍파를 이겨내지 못하고

힘들어 못 살겠다고, 죽겠다고 입에 달고 살지는 않는가.

어린 나뭇가지를 약하다 하지 마라.
겨우내 엄동설한을 알몸으로 나고서
봄바람에 새싹을 틔우는 강인한 나뭇가지인데
그대는 한겨울 알몸으로 허허벌판에서
단 하루 밤이라도 지샐 수 있는가.

어린 나뭇가지를 여리다 생각하지 마라.
고목이 되어도 말라 죽지 않으면
끊임없이 성장을 멈추지 않은 불굴의 의지를 가졌는데
그대는 힘들다고, 어렵다고, 나이 들었다고 푸념하면서
너무 일찍 성장의 노력을 멈춘 것은 아닌가.

홍석민 - 「어린 나뭇가지」 전문

洪氏
家訓

2

할아버지와
할머니 시대

용서하라 그러나 잊지는 마라.
폴란드 아우슈비츠 수용소에 적힌 글귀는 이스라엘 홀로코스트 박물관에 그대로 남아
후손들에게 생생하게 전해지고 있다. 유태인들은 자녀가 중학생이 되면 할아버지 시대의
끔찍한 역사뿐만 아니라 계속되는 피와 땀의 역사를 들려준다고 한다.
아이들은 새로운 시대에 무엇을 할 것인지 고민할 것이다.

나라의 역사는 책 속에 있고
가족의 역사는 부모 머릿속에 있다

 2020년 현재 2~30대를 기준으로 보면 할아버지 세대는 1930년대부터 1950년대 사이에 태어나신 분들이다. 일제강점기, 6.25전쟁과 4.19혁명을 지나 5.16군사정변이 일어난 1961년까지 일제 강점기, 해방, 동란 그리고 군사정변으로 이어지는 극심한 혼란 속에 젊은 시절을 보낸 분들이다.

 일제 강점기에는 일본 순사로부터 위협을 당하거나 재산을 몰수당하는 등, 그들의 온갖 만행에 억압된 생활을 감수해야 했으니 무엇보다도 가족의 안위가 절실했던 때다.

 특히나 형제자매들이 징용으로 끌려가거나 위안부 신세가 되는 경우가 많아 참으로 가슴의 응어리가 많은 분들이다. 우리도 들은 이야기지만 당시 일본의 약탈과 만행은 아주 악랄하고 잔인했으며, 언제 끝날지 모를 그들의 강제 점령을 견디며 매우 불안한 시기였다고 한다.

 할아버지는 그러한 가운데 당시 초등학교에 입학하여 일본어 수업을 들어야 했고, 돌아가실 때까지 상당히 많은 일본어를 기억하고 계셨다. 어려서는 단지 일본어를 알고 계신 할아버지가 대단해 보였고 흔히들 우리가 사용했던 많은 단어들이 일본어라는 것도 나중에 알게 되었다.

 예를 들면, 벤토(도시락), 쓰미끼리(손톱깍기), 삐까뻔쩍하다(번쩍번쩍하다), 수타국수(손국수), 만땅(가득), 가라오케(녹음반주), 쓰봉(바지), 우와기(저고리), 가오(체면), 구사리(핀잔), 나가리(유찰), 사라(접시), 요지(이쑤시개), 시다바리(보조원), 이빠이(가득), 엥꼬(바닥남), 와리바시(나무젓가락),

덴뿌라(튀김), 요이땅(시작), 노가다(노동자), 유도리(융통성), 자바라(주름 물통), 찌라시(광고쪽지), 후까시(부풀이), 히야시(차게 함), 단도리(준비), 뗑깡(생떼), 똔똔(본전), 아나고(붕장어), 오뎅(생선묵), 도리탕(볶음탕) 등 참으로 많은 일본어가 생활 속에 쓰였고, 어린 시절에는 별다른 거부감 없이 이를 사용했었다.

지금 생각하면 많이 부끄러운 일이지만 그때는 일면 자연스러운 일이었으며, 안타깝게도 지금 역시 가끔은 부지불식간에 많이들 사용하기도 한다. 한때 일본어 사용을 자제하는 캠페인이 펼쳐진 뒤 그나마 많이 사라졌지만 여전히 우리 주위에 공고히 남아 있다니 놀라울 따름이다. 지금부터라도 이를 사용하지 않도록 계속 노력해야 할 것이다.

우리가 일본어를 사용하지 말아야 하는 이유는 물론 그들이 침략자이고 우리를 못살게 굴었다는 이유도 있지만, 무엇보다 우리의 아름다운 글과 문화를 말살하고 그들의 언어와 문화를 강제로 주입시켜 우리의 정체성과 전통을 사라지게 했기 때문이다. 우리가 주체의식을 갖고 우리 자신의 정체성이나 고유의 전통을 살리지 못하고 그들의 문화에 동질화되거나 예속되어 버리면 그들의 문화와 정신적인 지배를 받을 수밖에 없다.

참고로, 일본어를 사용하지 말자는 것은 우리의 정신과 생활에서 일본 잔재를 배제하자는 것이지 일본어 공부를 하지 말자거나 일본과 거래를 하면서 일본어를 사용하지 말자는 의미가 아니다. 오해 없기를 바란다.

땅 한 쪽 없이
깡촌에 산다는 것은
사하라 사막 한가운데 삶이다.

한 뼘 조각배도 없이
갯가에 산다는 것은
태평양 한가운데 삶이다

비탈진 어덕 한 자락 없이
나무숲길 끝자락에 산다는 것은
청송감옥 안마당의 삶이다

내 집 한 칸 없이
달동네에 산다는 것은
고향 잃은 난민의 삶이다

그들이 서로 만나
일가를 이룬다는 것은
달나라 독립군이다

그리하여

아이 네다섯을 낳아 기른다는 것은

맨발로 설벽을 타고 오르는 등반가이다

그들은 지금도 매일매일

화성과 금성을 오가는

우주인이다.

홍석민 - 「이 땅의 어르신」 전문

    얼마 지나지 않아 해방을 맞기는 했으나 좌우 이념대립으로 극도의 혼란스러운 정세는 계속되었다. 곧 이은 6.25전쟁, 말로만 들어서 우리들도 실감은 못하지만 여러 가지 증거 자료를 통해 알게 된 전쟁이란 참혹하기 그지없었다.

    이 혼란의 틈 사이, 좌우이념이 무엇인지 모르는 사람들 중에는 단지 그동안 받아온 천대와 무시에 대한 반감으로 인민군 편에 서서 앞잡이 노릇을 한 사람도 있었다고 한다. 이념이 달라서라기보다는 살아오면서 쌓인 악감정으로 인해 가진 자들을 지목했고, 그렇게 지목받은 사람들을 객관적인 검증도 없이 잡아다가 괴롭히고 죽이는 악몽 같은 시간이었다고 한다.

    북한 인민군의 만행이야 이루 말할 수가 없었고 그들 앞잡이 노릇을 했던 소수 남한 사람들이 자행한 인민군 협조와 남한 국민 간 이간질은 더욱더 사태를 악화일로로 치닫게 만들었다. 이에 우리의 군인과 경찰은 인민군이 퇴각할 때까지 사생결단으로 전쟁을 치러야 했고 곧이어 인민군에 협조한 사람을 색출하는 과정에선 폭행을 넘어 가히 생명의 위협을 가하는 행동까지 빈발했다고 한다.

그저 외진 시골에서 소작농으로 겨우 먹고 사는 사람들에게조차 세상은 너무 가혹했다. 좌우이념의 올바른 이해는 고사하고 어서 빨리 혼란이 정리되기만을 희망했던 사람들이다. 하지만 오해와 감정이 앞선 미숙한 업무처리 등으로 한때 인민군에게 그리고 경찰에게 접근했던 선량한 국민들이 생사의 갈림길에 서야 했던 악몽 같은 시절이었다.

당시 15세였던 할아버지 역시 경찰에 끌려가다시피 불려가 동네에서 누가 인민군 편에 협조나 동조를 했는지 취조를 당하고 매를 맞았다고 하셨다. 할아버지는 혹여 잘못 얘기했다가는 죄 없는 사람이 죽을지도 모른다는 생각에 경찰로부터 가혹한 매를 맞으면서도 입을 꾹 다물었다고 한다. 어려서 할아버지 종아리가 심하게 흉진 모습에 늘 의문을 가졌는데 어느 날 할아버지는 술을 한 잔 드시더니 악몽 같던 그때의 일화를 말씀해 주셨다.

또다시 그러한 전쟁이 일어나더라도 남한 내의 분위기는 그때와 같이 2분열, 3분열될 가능성이 높다. 지금의 상태로도 진보와 보수, 좌파와 우파, 친일파와 친북파가 서로 엉켜 맹비난하고 헐뜯고 있으니 불을 보듯 뻔하다. 현재는 물론이거니와 혼란의 시기가 오더라도 부디 이러한 파벌 싸움에 휘둘리지 않기를 바란다.

자유와 평화를 사랑한 이념의 피해자들

자유당 시절 정치의 불안정으로 사회가 혼란스러운 틈을 타 1961년 5월

16일 쿠데타가 일어났다. 국가 재건을 위한 군사 정권이 태동하던 시기에 가난과 질병의 위험 속에서 우리를 낳고 기르셨다. 이러한 환경에서 살아오신 할아버지 세대는 지금도 일제의 억압과 착취, 북한 공산당의 만행을 기억하고 계신다. 그러니 전쟁은 무슨 일이 있어도 일어나선 안 된다고 강조하신다.

북한 얘기가 조금만 나와도 손사래를 치시는 이유를 우리는 이해해야 한다. 그래서 할아버지 세대는 전체적으로 우익 그리고 보수의 입장일 수밖에 없다. 일부 정치인들이 선동하는 우파와 정치적 보수가 아닌, 진정 나라의 안보와 국민의 안전을 지키는 자유 민주주의를 수호하자는 입장인 것이다.

역시나 우리도 미풍양속과 조상들의 훌륭한 전통을 지켜나가자는 보수주의에는 적극 찬성이며 전쟁이 발발하지 않도록 굳건한 안보와 방어 태세를 갖추자는 입장이다.

강물은 더럽고 악취 나는 온갖 것을 품어 안고
굽이굽이 굴곡진 길을 따라 유유히 바다로 흘러간다

내가 6살 무렵인 1970년대 초반에서야 전기가 들어오기 시작했다. 그전에는 전기가 없었으니 어떠한 전기, 전자 설비도 없었다. 마을의 대부분 집들이 초가집이었고 방바닥에 볏짚으로 만든 멍석을, 때론 시멘트 포대 종이를 깔고 살았다. 방 벽은 흙벽 그대로 살다가 어렵게 구한 신문지를 덕지덕지 발라 흙먼지와 외풍을 막았다. 부엌에는 가마솥 하나 걸고 작은 찬장에 겨우 가족 숫자에 맞춘 식기 몇 개가 전부였다. 지핀 군불로 인해 벽면은 온통 새까맣게 그을려 대낮에도 어두웠다.

초가집 측면에 있다고 해서 측간이라 했던 변소(화장실)는 통나무 몇 개서로 걸쳐 세워 거적때기를 둘러 사용했으며 신문지가 가장 유용한 화장지였다. 누가 다가오면 노크할 곳이 없으니 헛기침을 해야 했다. 밤이면 피마자 또는 석유 기름을 사용한 호롱불을 켜고 살았고, 특별히 일이 없으면 어두워지기 전에 저녁을 먹고 곧바로 잠자리에 들었다.

옷이 흔하지 않아 가난한 나라 오지에 사는 사람들의 모습처럼 형편없었다. 또한, 모두들 고무신을 신고 생활했다. 옷, 양말이 닳아 헤지면 천을 덧대 기워 입었으며 고무신이 찢어질 때도 천을 덧대 기워 신고 다녔다. 할머니는 종종 저녁이면 호롱불 앞에 앉아 바느질을 하셨다.

88공정을 마쳐야 쌀이 된다는 벼농사는 육체 노동이 대부분이었으며, 사용된 기기라야 쟁기, 서래, 호미, 삽, 낫, 지게, 손수레, 홀태 등이었다. 너희들은 보지도 못했을 간단한 농기구를 가지고 농사일을 하고 살았으니 말 그대로 호랑이 담배 피던 시절이었다. 그러한 수고에도 불구하고 소작농은 쌀이 귀해 쌀밥은커녕 보리밥도 부족해 고구마, 감자, 옥수수 등으로 끼니를 때울 때가 많았다. 논이 많지 않아 밭에서도 쌀과 보리를 재배하던 시절이었다. 밭에서 재배한 쌀은 산두라고 불렀으며, 논에서 재배한 것보다 품질이 떨어져 점차 사라졌다.

당시에는 부족한 쌀 대용으로 보리 재배도 많았는데, 늘 우리 집은 보리가 9할 넘게 들어간 보리밥을 먹어야 했다. 보리가 쌀보다 단단해 늦게 익는 점 때문에 보리쌀을 미리 한 벌 익혀두고 밥을 지을 때 쌀과 함께 넣어 밥을 지었다.

보통 정미소에서는 추수 후 한 철만 방아를 찧었다. 방아 찧는 기계가 굉장히 크고 많은 인력이 필요해서 지금처럼 그때그때 방아를 찧을 수 없었던 때라 다들 가을 추수 후 한꺼번에 몰려들었다. 그리하여 많은 양의 쌀과 보리를 장기간 보관한 채 먹어야 했는데 수개월이 지나면 벌레가 생기고 군내가 나기도 했다. 오래된 쌀과 보리는 박박 씻어 내야 했고 돌이 많이 섞여 있어 반드시 조리질을 해야 했다. 그럼에도 가끔 밥을 먹다가 돌을 씹는 경우가 있었다. 정월 대보름이면 대나무로 만든 복조리를 팔러 다녔는데 그때 한두 개쯤 장만해 뒀다가 일 년 내내 사용했다.

쌀독에 곡식이 떨어질 때인 4월~5월, 우리가 흔히 보릿고개라 부르는, 일 년 중 참으로 배가 고픈 시기가 있었다. 곡식은 떨어지고 보리는 아직 익지 않은 때, 굶주린 배를 움켜잡아야 했던 그 시절을 우리는 보릿고개로 기억하고 있다. 들판을 지나다 말고 설익은 보리를 한가득 베어다가 불속에 살짝 익혀 손으로 비벼 껍질을 불어내고 옥빛 알맹이를 먹었던 기억이 생생하다. 초근목피, 즉 들판의 삘기를 뽑아먹고 야산에 올라가 칡을 캐고 소나무 목대를 잘라내 겉피를 벗겨내고 속피를 먹었던 기억마저 새롭다.

고기는 특별한 날 아니면 구경하기 힘든 음식이었다. 특별한 날이라면 혼례나 상례, 명절 때인데 그런 날도 먹고 싶은 만큼 충분히 먹을 수 있는 것도 아니었다. 할아버지 할머니는 풍족하게 먹이지 못한 우리에게 늘 미안해 하셨다. 허리띠를 졸라매고 갖은 노력을 다하셨지만 가난이라는 굴레를 쉬이 벗어나지 못했다.

가을 추수가 끝나고 나면 얼마 지나지 않아 김장을 하셨고 겨우내 사용할 땔감을 마련하느라 분주했다. 할머니는 주로 야산에 올라가 소나무 낙엽을 긁어모았고 할아버지는 죽은 나무를 베어다가 도끼를 이용해 장작을 만드셨다. 특히나 농지확보를 위해 벌목을 한 후 야산을 개간하면서 불도저가 야산을 평평한 밭으로 고를 때 뽑힌 나무뿌리를 주워 땔감으로 사용하기도 했다.

가을이면 말린 볏짚을 이용해 우선 이엉을 엮어 지붕을 새로 덮어야 했다. 그래야만 일 년 동안 비와 눈의 피해를 막을 수 있었고 김장, 땔감 마련과 더불어 겨울 채비가 끝났다. 다음으로 남은 짚을 이용해 새끼를 꼬고 가마니를 짜기 시작했다. 할머니와 이웃집 아주머니는 온종일 가마니틀을 부여잡고 보냈으며 할아버지는 새끼를 꼬아 제공했다.

정부에서 가마니를 수매해 갔는데 정해진 기간에 한 장이라도 더 짜려는 노력은 밤새 계속되었다. 심지어 끼니는 고구마 한두 개로 해결했고 잠자리에서는 끙끙거리는 신음 소리가 절로 나왔다. 가마니 수매철이 지나면 할아버지는 남은 짚을 이용해 멍석, 덕석, 소쿠리, 망태, 삼태기 등을 만드셨다. 그러고도 남은 짚은 황소 여물로 쓰였고 때론 밥을 짓기 위해 불을 지피는 데도 사용되었다. 흙을 짓이겨 방 벽을 보수할 때에도 짚을 썰어 넣어 함께 뒤섞어 사용했고 신문지가 보급되기 전에는 뒷간에서도 사용했다고 하니 가히 그 당시의 생활상은 상상하기 힘들 정도다.

이렇게 살아오신 할아버지에게 어떻게 생활의 불편함을 푸념할 수 있겠는가! 이렇게 아끼고 절약하는 생활을 해 오신 분들에게 오늘날 우리가 누리는 풍요는 가히 천국이나 다름없다.

이러한 세상을 굳건하게 견디어 내시고 풍요로운 나라를 만드신 할아버지 할머니를 십분 이해해 드리고 존경해야 하는 이유 중의 이유다.

새마을 운동 그리고 한강의 기적

　대내외적인 혼란에도 불구하고 군사 정권은 경제적 발전을 위해 노력했고 결과적으로 가난 탈출을 이루어 냈다. 1970년 경부고속도로를 개통했고, 새마을 운동을 전개하여 전국에 '잘 살아 보자'는 희망을 전파했다.

　1970년대 초쯤 나주 산골에도 전기가 들어왔다. 밤이 환해졌고 국민들은 새로운 세상을 맞게 되었다. 초기에는 간간이 전기가 끊기는가 하면 감전 사고가 발생해 위험했으나 호롱불이나 양초로 어둠을 이겨내던 시기와는 비교가 되지 않을 만큼 밝은 세상이었다. 전국적으로 농지정리가 시작되었고 생산량이 높은 통일벼가 보급되었다. 고구마 같던 논이 네모반듯하게 변했고 수리 시설이 완비되어 농사가 훨씬 쉬워졌다. 또한 곳곳에 농업용수를 위한 댐을 건설해 대량의 수력자원을 확보해 나갔다. 농사철이면 늘 하늘만 바라보던 할아버지의 얼굴에 근심이 다소 줄어들기는 했으나 병해충 문제가 심각하게 부각되어 또 다른 고충이 오히려 늘었다.

　그때부터 농약이 다량 살포되었는데 그 바람에 부근 하천이나 물웅덩이에 그 많던 메기, 붕어, 미꾸라지, 피라미 등 물고기는 물론이고 반딧불이, 메뚜기, 방아깨비, 소금쟁이 등 곤충들도 점차 사라지기 시작했다. 물론 무서웠던 뱀과 개구리도 자취를 감추었고 공포의 거머리도 사라졌다.

1970년대 두 번의 석유파동을 거치면서 자원 고갈에 대한 불안감이 고조되어 경제개발에 찬물을 끼얹지는 않을까 걱정도 많이 했으나 수출이 늘어나면서 한국경제는 쑥쑥 커 나갔다. 뒤이어 라디오, TV가 보급되면서 국민들의 생활에 점점 변화가 일기 시작했다.

냉장고가 보급되어 장시간 음식 보관이 가능해지자 식생활이 달라졌다. 비닐하우스가 만들어지면서 한겨울에도 과일을 먹을 수 있게 되었고 농한기가 없어졌으며 일년 내내 농사일이 가능했다. 정부의 방침에 따라 국민들이 억척스럽게 일한 덕분에 생활이 점점 윤택해지기 시작했다.

공업화로 인한 개발사업에 박차를 가하는 대도시로 시골 젊은이들이 대거 이동하기 시작했다. 특히 신발 공장, 직물 공장 등 공업단지에 가장이 취업하면 그 일가족 전체가 이사를 가는 바람에 친구들도 전학가는 일이 종종 있었다.

지붕 개량 사업으로 대부분 초가지붕이 슬레이트나 기와로 바뀌었고 더 이상 볏짚으로 이엉을 엮지 않아도 됐다. 집집마다 샘을 파 식수를 해결하면서 마을마다 자리했던 공동우물터가 사라지고 공동빨래터의 사람들도 줄어들기 시작했다.

내 갖다 팔아라!

1980년 여름, 지붕 개량 사업에 적잖은 비용을 마련하지 못해 결국 지붕을 바꾸지 못한 초가집들이 그해 태풍으로 주저앉고 말았다. 많은 인명사고와 재산상의 손해를 입었고 우리집 역시 무너져 당시 적십자의 도움으로 근처에 비어 있던 슬레이트집을 구입해 보금자리를 옮겼다.

그러는 와중에도 우리는 성장했고 진학해야 했으니 그때마다 필요한 용돈은 늘어만 갔다. 어려운 가정형편은 알지만 어렵사리 돈 달라 입을 열면 얼마간 침묵이 흐른 뒤 할아버지는 한숨처럼 툭 내뱉곤 하셨다. "내(나를) 갖다 팔아라."

오늘날 우리가 경제적 혜택을 누리는 것은 할아버지 세대의 피나는 노력과 많은 희생이 있었기 때문이다. 어느 세대보다 가족과 자식들을 위해 희생을 아끼지 않았던 것이 사실이며, 거듭 말하지만 그것만으로도 존경받고 우대받아야 할 이유가 충분하다.

사람은 나이가 들면서 고집이 세지고 자기주장이 강해지는 것은 자연스런 현상이다. 더구나 잔소리를 하게 되는 것은 험한 세상을 살아오면서 자리 잡은 가치관이 급변하는 시대에도 여전히 마음속에 굳건히 자리 잡고 있기 때문이라 이해하자.

철저한 공동사회에서 한번 눈 밖에 나면 비난과 힐책이 쏟아지고 외톨이가 되는 세상을 살아오셨기에 늘 남에게 피해 주지 않고 살기를 바라셨다. 모든 것이 부족하기만 했던 열악한 시대를 살아오셨기에 절약 정신이 몸에 밴 만큼 쌀부터 종이, 옷, 신발, 돈 그 어느 것이든 항상 아껴 쓰라는 말을 입에 달고 사셨다. 이러한 절약 정신은 앞으로도 변함없이 지켜져야만 미래에도 풍요로운 세상을 계속 누리고 살 수 있음을 명심하도록 하자.

머릿속에 쌓아둔 알량한 지식은
풀잎처럼 시들어가고
마음속 도사리는 뱀의 머리는
자꾸 나서서 길을 재촉하는데
의심의 눈이 밝아서
이곳저곳 참견하고 나서자
불안한 눈초리는
한강처럼 길다

그래도 남은 것이라고는
명랑해전, 청산리 전투 같은 경험과
쌓인 추억은 많아서
묵직한 마이크를 통해
종합편성 방송이라도 할라치면
마누라부터 슬그머니 채널을 돌린다

홍석민 - 「꼰대」 부분

할아버지 세대에는 어릴 적 의료시설이 변변치 않았다. 또한 먹을 것이 부족하다 보니 영양 섭취가 충분치 않아 질병으로 고생했고, 실제로 태어나자마자 일부는 죽기도 했다. 얼굴 곰보, 영양실조, 소아마비, 여러 가지 전염병으로 고생을 했는데 그만큼 의료시설이 부족하고 열악했다는 반증이기도

하다.

더구나 지금처럼 흔하디흔한 치약과 칫솔도 구하기 힘들어 사용을 못했고 대신 소금으로 입안을 헹구어 내곤 했다. 어떤 분들은 40이 넘지 않은 나이에 이가 썩어 빠지고 잇몸이 헐어 적잖이 고생하셨다.

나이가 들면 자연스럽게 신체적으로 약해진다. 머리가 하얗게 변하거나 대머리가 되거나 소갈머리가 없어지거나 한다. 그러한 모습에 우울해지고 속절없이 늙어버린 자신에게 실망감이 들기 시작한다. 벌써 이 나이가 되었다니 하는 세월의 무상함도 느껴지고 자신감이 조금씩 상실되는 것도 사실이다. 나이 들면 머리가 하얗게 변하고 허리가 구부정해지는 것을 주위 사람들은 자연스레 생각하지만 막상 당사자들은 심각한 스트레스를 받고 있다.

치아는 충치나 치은염으로 병원에서 치료받을 때 아플까 봐 두렵다. 어른들이 천하무적으로 보일지 모르지만 아무리 나이가 들어도 사람은 누구나 두려움을 느낀다. 다만 자식들 앞에서 강한 척할 뿐이다. 더구나 두려운 게 하나 더 있다. 과도한 치료비다. 물론 경제적으로 여유가 있는 사람들이야 부담 없겠지만 의료보험이 일반화되지 않은 시절이다 보니 대부분의 노인들은 자신의 치료비마저 적지 않은 부담으로 느껴졌을 것이다. 수입이 거의 없는 상황에서 목돈이 들어가야 했기 때문이다. 이제 의료보험 적용이 된다 한들 안타깝게도 치료를 하기에는 너무 늦은 것들이 많다.

음식을 먹을 때 씹는 맛이 크다. 젊은 사람들이야 으레 그렇게 먹는 것이 당연하다 생각하겠지만 이가 부실해지면 씹어 먹는 것이 늘 부담스럽다. 눈도 침침해진다. 대개 50이 넘으면 노안이 시작되고 점점 작은 글씨는 식별이

어려워진다. 귀도 조금씩 기능이 떨어진다.

흔히 오십견이라고 하는 어깨통증은 상당히 많은 사람들이 앓고 있는 질환인데, 업무, 운동, 기타 활동하는 데 적잖이 지장을 준다. 어른들이 종종 젊은 사람들에게 무거운 물건을 옮길 때마다 부탁하는 경우도 대개 이러한 증상을 앓고 있는 경우가 많기 때문이다. 지금이야 무거운 것은 기계를 이용하지만 당시에는 대부분 사람의 일손으로 이루어졌다.

또한 대중교통을 이용할 때 나이 드신 어른이나 임산부에게 자리를 양보하도록 교육받았다. '찬물도 위아래가 있다'는 말이 있듯이 경로우대 실천이 매우 엄격했다. 지금은 대중교통 수단에 처음부터 경로석이나 임산부석을 지정하여 배려하고 있는 것을 볼 수 있을 것이다. 혹여 그러한 배려가 표시되지 않은 곳이라도 어르신들을 보면 양보하고, 무거운 짐이라도 옮겨야 할 때는 거들어 드리는 자세를 갖기를 바란다.

할아버지는 고집을 부리는 것이 아니라
익숙한 길을 가고 있을 뿐이다

어떤 이들은 미리미리 병원에 가서 진료를 받지 그랬나 반문할 수 있겠지만 당시는 병의원도 많지 않았으며 건강보험이 일반화되지 않았다. 그러니 진료 비용이 걱정되었고 웬만큼 아파서는 참고 살았다. 심지어 중대한 질병에 걸리고도 가족들에게 알리기를 꺼려했고 부담 주기 싫어서 혼자 고민하다가 병을 키우는 경우가 많았다. 주위에서 심각한 질병으로 살림을 탕진하는 경우를 종종 볼 수 있던 시기였으니 그도 당연했다.

사실 의료보험도 1963년 의료보험법이 처음 제정되면서 시작됐지만 초기엔 시범사업으로만 운영되었다. 14년이 지난 1977년 1500명 이상의 사업장에 직장의료보험제도가 처음 실시되었고 1979년 공무원과 사립학교 교직원을 편입했으며 1988년에 이르러서야 농어촌 주민을 포함시켰다. 그리고 일 년 뒤인 1989년 도시 자영업자까지 의료보험제도에 포함되면서 전 국민이 의료보험 혜택을 누리게 되었다. 결국 할아버지 세대가 의료보험 혜택을 누리기 시작한 것은 50세가 넘어선 나이였다.

남성들의 경우 배뇨장애를 일으키는 전립선 비대증, 심각한 증세는 아니지만 잦은 배뇨에, 배뇨 후에도 개운치 않은 질병이다. 특히 밤에도 몇 번씩 화장실을 가야 하는데 이는 수면방해가 되기도 해서 낮 동안의 활동에까지 지장을 준다. 한 마디로 귀찮은 증세인데, 이는 역시 할아버지, 아버지들이 신경질적으로 변하는 원인이 되기도 한다.

할머니들은 경직된 자세로 노동을 하다 보니 허리통증, 어깨통증, 관절통증 등으로 고생하시는 분이 많다. 어떤 분들은 요실금 증상이 있어서 이 또한 적잖은 스트레스를 유발하기도 한다.

노인이 되면 이러한 요인으로도 얼마든지 귀찮고 짜증 나는 상황이 될 수도 있어서 이것만으로도 신경질적인 모습을 보이고 잔소리가 심해지는 이유가 될 수 있음을 이해하기 바란다.

장년이 되면 많은 사람들이 마주하게 되는 대사증후군이란 게 있다. 고중성지방혈증, 낮은 고밀도 콜레스테롤, 고혈압 및 당뇨병을 비롯한 당대사 이상 등 각종 성인병이 복부비만과 함께 동시다발적으로 나타나는 상태를 말한다. 국민건강보험공단에서 보낸 안내문에는 복부비만, 높은 혈압, 높은 혈당, 높은 중성지방혈증, 낮은 HDL 콜레스테롤혈증의 5가지 건강위험요인 중에서 3가지 이상 보유한 상태를 대사증후군이라고 한다. 대사증후군은 미국과 영국에서 성인의 약 25%가 해당될 만큼 흔하다. 특히 60세 이상의 성인, 과체중이거나 비만인 사람들의 비율이 높다. 우리나라도 생각보다 많은 사람들이 이러한 증후군에 포함된다.

이쯤 되면 사실 병원에 건강검진 받으러 가기가 두려워진다. 물론 건강하게 보이는 사람들도 갑자기 질병이 발견되는 경우가 있어서 두려운 것은 마찬가지겠으나 이런 증후군을 가진 사람들은 더욱더 두려울 테다. 심리적으로 두려운 것은 그만큼 신경이 곤두서고 성격이 다소 급해지는 경향을 보이게 된다. 즉, 심리적으로 쫓기는 신세라는 느낌을 많이 받는다. 거기다 과중한 업무, 급변하는 사회, 기술, 시스템 등으로 받는 스트레스 그리고 그동안 가정에서 주택 마련, 자식 교육, 부모 부양 등의 경제적 부담감 때문에 과민하게 변하지 않을 수 없는 여건이었다.

결국 장년이 되면 이러한 질병 중 한두 가지는 누구나 가지고 있다고 보면 된다. 그러한 것들이 심리적으로 위축되고 불안하게 만들어 압박감을 갖게 되고 사회적인 스트레스가 더해지면 당연히 불안한 마음은 배가 될 수밖에 없는 상황이다. 그러니 자연스레 나이 들면 경직되고 신경질적인 모습으로 변해가는 것이 일반적인 상황이라 이해해 주면 좋겠다. 가끔 너희들을 보면서 참 좋은 때라고 하는 분들이 많을 것이다. 이제 그 말을 이해하려나 모르겠다.

할아버지들도 너희들을 이해하려 노력해야겠지만 너희들 역시 격동의 시대를 살아오면서 이제는 건강상 위험 신호에 불안해하는 할아버지 세대를 이해하고 존중함으로써 서로에게 공감대가 형성될 수 있도록 열린 자세가 필요하다.

서너 평 마구간에 갇혀
차갑고 축축한 똥바닥에 누워
까칠까칠한 여물 천만번 곱씹어
여기저기 서까래 같은 뼈대 툭 불거지면
코청 뚫어 코뚜레 휘장처럼 둘러차고
후려치는 채찍의 고통을 삼키며
거품 한바가지 입에 물고 달구지 끌어
곶감처럼 줄줄이 딸린 식구들 먹여 살리고
부메랑 같은 소나무 멍에 뒤집어 쓴 채
고구마 같은 논밭에 나가 신음소리 내지르며
더수기에 산비탈 같은 굴국이 지도록
두더지처럼 파고 들어가는 쟁기 끌어
뿌린 곡식 탱자씨앗처럼 탱글탱글 영글면
제비새끼 같은 자식들 배불리 먹이고
이두박근이 태백산맥처럼 들어차면
우시장에 나가 불끈불끈 근육질 자랑하여

한 뭉텅이 받아낸 돈으로 자식들 대학 보내고

축 쳐진 가죽 껍데기 출렁일 때

굳은 표정 인물사진 한 장 걸어두고

헤라클레스처럼 도수장으로 슬금슬금 걸어 들어가

미처 깎지 못한 털 걷어내며 흐르는 한줄기 눈물

기와장 같은 가죽은 피혁공장으로 보내

마누라 평생 고대하던 폼 나는 가죽가방 하나 챙겨주고

질긴 살덩어리 갈기갈기 발라내 시뻘건 숯불에 익혀

자식들 뱃속 두둑하게 피하지방살 찌워내고

엉성한 뼈마저 하루 종일 장작불에 우려내

뽀얀 국물 진한 곰국 재탕 삼탕 끓여주고

여기저기 사리 박혀있을 바스러진 뼈 모둠

작은 단지 끌어안고 흙속에 묻힙니다.

홍석민 시집 3집 - 「황소처럼」 전문

洪氏
家訓

3

엄마, 아빠
어렸을 적에는

반세기가 지나도 여전히 투박해서, 뾰족뾰족해서
석수장이들마저 정과 망치를 들이대지 못하는
그래서 아직껏 다듬어지지 않은 까칠까칠한 원석
그러나 마음은 잘 다듬어진 반도 오십대

우리가 태어났을 때는 1960~1970년대이다. 간단히 그때의 사회상을 얘기하자면 군사 정권하에 세상이 매우 엄중한 시절이었고 함부로 국가를 비판하거나 반사회적 행위를 하면 재판에 회부되는 시기였다.

나는 시골에서 태어났는데 대부분 초가집에서 생활했고 고무신을 신고 다녔으며 유년 시절에는 전기가 들어오기 전이라 밤이면 호롱불을 켜고 살았다. 이렇게만 들어도 대충 상상이 되겠지만 구체적으로 좀 더 살펴보자.

두꺼운 목화솜 이불 사각거림 속에
신혼 첫날밤 아주까리 호롱불은
수줍고 부끄러워 눈을 감았다.
홍석민 2집 - 「호롱불」 부분

지금은 흔하게 볼 수 있는 많은 것들이 당시에는 없었다. 자동차는 어쩌다 지나가는 것을 볼 수 있었고 전화도 없었으며 전기가 없다 보니 당연히 가전제품, 즉 냉장고, 선풍기, TV, 세탁기, 전기밥솥 등도 물론 없었다. 어쩌다 자동차라도 지나가면 신작로에 먼지가 뿌옇게 일던 기억이 아직도 생생하다. 지게나 손수레를 이용하여 곡식과 무거운 물건들을 옮겼으며 모든 농사가 대부분 수작업으로 이루어졌다.

흙담집이라 쥐들이 수시로 들락날락하고 잠잘 때도 천정을 시끄럽게 뛰어다니는 바람에 잠을 설치기도 했다. 파리들이 수시로 모여들어 귀찮게 하는 바람에 파리채나 뿌리는 약을 이용해 잡아야 하는 수고가 따랐다.

여름이면 모기 퇴치를 위해 잡풀을 베어다 연기를 피웠으며, 모기장을 두르고 잤지만 아침이면 여기저기 모기 물린 자국이 선명했다. 가을이 되면 벼 수확을 마치고 겨울 준비에 바빴다. 불을 지펴 밥을 짓고 방을 데워야 했으므로 겨울 땔감을 마련하느라 모두들 분주했다. 또한 김장김치를 담그고 콩으로 메주를 쒀서 사랑방에 매달아 두었다. 김장김치는 겨울 동안 맛있게 먹었지만 냉장고가 없던 시절이라 따뜻한 봄이 되면 급하게 익어 시디신 김치가 되었고 더 이상 보관이 힘들어 이내 먹지를 못했다.

 우리 시절에는 보릿고개라고 하기에는 다소 나은 상황이었지만 그렇다고 배불리 먹지는 못했다. 더구나 냉장 시설이 없던 시절이라 제철 음식 말고는 거의 먹을 것이 없었다. 고기 음식은 흔치 않았고 마을에 잔치가 열리면 몰래 훔쳐 먹을 정도로 귀한 음식이었다. 당시 떡이 최고의 간식이었는데 명절이나 마을 잔치 등에서만 구경할 수 있었다. 당시 마을에는 부잣집들이 있었는데 면장, 조합장, 우체국장, 파출소장, 대지주, 양조장, 방앗간 등이 그들이었으며 그 집 자식들이 무척이나 부러웠다.

  껌이 귀했던 시절
  씹다가 벽에 붙여두고
  다음날 떼서 또 씹었다.
  이 소리에 딸래미 대뜸 "더러버서 우에 씹노!"
  그래 더러웠다. 파리도 앉았을 테니까.
  홍석민 2집 -「그땐 그랬지」부분

간식거리가 별로 없었으나 들녘에는 지천으로 널려 있는 것이 많았다. 봄이면 쑥, 냉이, 고사리 등 나물류가 많았고 삘기를 뽑고, 찔레 어린순을 따 먹었으며 여름이면 시냇가의 우렁과 조개 등을 잡아 된장국에 넣어 끓여 먹었다.

가을에는 개울가 또는 웅덩이에 물을 퍼내고 붕어와 미꾸라지 등 물고기를 잡았고 산에서 야생 과일을 따 먹거나 칡을 캐먹기도 했다. 겨울이면 추위에 얼어 죽은 꿩, 비둘기 등 야생 동물을 잡아먹었고 가끔 산토끼도 몰아 잡아먹곤 했다. 정말 호랑이 담배 피우던 시절 이야기처럼 들리겠지만 내 고향의 70년대 생활상이란 이러했다.

보통 한 가정에 4명에서 8명에 이르는 아이들이 있었다. 자라는 동안 형제들은 서로 많이 먹겠다고, 좋은 것 차지하겠다고 무던히도 싸웠으며 그 바람에 부모님께 숱하게 혼나기도 했다. 무엇이든 풍족하지 못해 서로 차지하려고 싸웠던 탓에 고운 정, 미운 정이 많이 들었다. 왜 우리의 형제자매들이 모이기만 하면 옛날이야기를 신명나게 하는지 이해하기 바란다. 바로 너희 형제자매들이 살아온 얘기를 20년 뒤에 추억 삼아 하게 될 것처럼 우리는 지금 하는 거란다.

학교에 다녀오면 책가방을 던져두고 서둘러 부모님 일손을 도와야 했다. 우리가 주로 했던 일은 소 꼴 베는 일, 집안 청소, 밥 짓기, 마당 쓸기 등 어느 것이든 도와드려야 했다. 친구들과 놀고 싶은 마음은 꿀떡같은데 함께 어울리지 못하는 심정에 애가 탔다. 하지만 이것도 지나고 보니 인내심이 길러지는 효과는 있었다. 다 나쁘거나 다 좋은 것은 아니라는 평범한 진리를 터득했다.

　보통 형과 누나들은 초등학교나 중학교를 졸업하자마자 서울, 부산 등 대도시 공업단지에 가 노동자가 되었다. 적은 돈이나마 아껴서 자리를 잡으면 동생들을 불러다가 공부하는 데 뒷바라지를 자청했다. 학교가 많지 않은 관계로 경쟁이 과도했고 일하는 형과 누나를 보면서 공부에 매진했다. 그 바람에 많은 시골 출신들이 꿈에 그리던 대학에 진학할 수 있었다.

　그 시절부터 명절만 되면 조용하던 마을이 더욱 북적거렸다. 도시로 나갔던 자녀들이 한꺼번에 밀려들었기 때문이다. 멋지게 빼입은 옷은 시골 사람들에게 더욱 서울, 부산 등 대도시에 대한 환상을 불러 일으켰고 알음알음 소개로 자식들을 올려 보냈다. 몇 년 후 많은 돈을 벌었다, 성공했다는 등 소문이 돌자 고향에 있는 우리는 은연중에 심리적 부담감을 가질 수밖에 없었다. 명절이라도 당일만 쉬는 경우가 많았고 서울에서 고향까지는 기차를 타면 12시간씩 걸리던 시절이었다. 잠깐 차례를 지내고 인사를 나눈 뒤 서둘러 올라가는 경우가 많았다.

　역사 시간에 배웠겠지만 일제 강점기에 음력설을 없애고 양력 1월 1일을 공식적인 양력설로 지정했다. 이후 1985년에는 음력설도 '민속의 날'로 지정해 공휴일로 정했으나 1989년에야 비로소 음력 정월초하루를 '설'이라 명명하고 3일간 공휴일로 정했다. 이때부터 설 명절이 여유 있고 한가로운 연휴가 되었다. 우리 나이 20대 초반이던 시절이다.

까까머리와 검정 고무신 – 흑백사진 속 주인공들

　여덟 살이 되자 초등학교에 입학했다. 물론 그 전까지는 동네 아이들과 어울려 천진난만 뛰어 놀았다. 학교에 입학하려니 입학 전 적어도 이름 정도는 쓸 줄 알아야 한다며 형들이 연필과 노트를 주며 자기 이름 쓰는 법을 가르쳐 주었다. 그리고 숫자도 1부터 10까지 쓰고 익혔다. 그렇게 간단한 가정학습을 마치고 3킬로미터 남짓 떨어진 면소재지에 있는 초등학교에 도착해 왼쪽 가슴에 손수건을 옷핀으로 집어 달고 운동장에 모여 들었다.

　지금처럼 어린이집이나 유치원은 찾아볼 수 없었고, 가끔 나이 많은 형들이 함께 수업을 받았는데 질병이나 개인 사정상 입학 기회를 놓쳐 적령기보다 뒤늦게 입학한 경우였다. 엄마의 손을 놓고 처음 본 친구들의 틈바구니에 끼어 선생님의 말씀에 집중했으나 여전히 낯설고 두렵기만 했다. 다행히 같은 마을 친구들을 같은 반으로 배정해 주었다.

　며칠 동안은 운동장에서 간단한 동요를 부르게 하거나 줄을 맞춰 이동하는 연습을 하다가 일찍 집으로 돌려보냈던 기억이 난다. 그렇게 초등학교에 입학한 지 얼마 지나지 않아 국정교과서가 보급됐다. 철수와 영희가 그때 등장하였다. 한글 읽기와 쓰기를 시작했다. 동무라는 단어가 사용됐는데 북한에서 이를 사용한다는 이유로 '사상용어'로 변질되면서 얼마 후 이 단어는 교과서에서 사라졌다. 2학년이 되자 구구단을 외우게 했고, 제대로 외우지 못하면 매를 맞거나 다 외울 때까지 교실에 남아 있도록 했다. 당시 선생님은 너무나 무섭고 엄하셨다.

　시계가 없던 시절이라 할머니는 해가 뜨는 시점에 서둘러 아침을 준비해 주셨고 친구들은 책보자기를 들고 동네 입구에서 만나 함께 학교에 갔다. 복장은 고무신과 나일론 소재 옷과 양말들이 대부분이었다. 한겨울이면 학교를 오가다가 불을 피워 추위를 녹이는 중에 양말과 옷을 자주 태워먹기도 했다. 그저 춥다는 기억밖에 없을 정도로 지금도 그때를 생각하면 온몸이 움츠러든다.

2학년까지는 남녀 합반으로 구성됐으나 3학년부터는 남녀를 구분 지어 반을 구성하였다. 교실도 별도 건물에 배치되었다. 간혹 운동화를 신고 다닌 친구들이 있었으나 대부분 아이들의 신발은 검정 고무신이었고, 학교 앞 문방구에는 빨간 돼지저금통을 비롯해 온갖 진귀한 물건들이 쌓여 있었다.

바로 옆 튀김집에서는 늘 구수한 튀김 냄새가 코를 자극했다. 하지만 사 먹을 돈이 없어 시선은 정면을 바라본 채 그 앞을 지나치곤 했다. 그때는 튀김집 아들이 세상에서 제일 부러웠다.

한 번은 동네 친구가 집에서 돈을 훔쳐와 함께 군것질을 한 적이 있다. 그날 밤 부모님께 발각되어 얼마나 혼이 났는지 엉덩이가 온통 벌겋게 변했다. 당시에는 뭔가 잘못을 저지르면 매를 맞거나 벌을 받는 일이 다반사였다. 심지어 밥을 주지 않거나 나무에 매달아가며 위협을 주기도 했다.

그렇게 심하게 혼내면 다시는 그런 짓을 하지 않을 거라고 부모님들은 생각했다고 한다. 주먹으로 꿀밤을 주거나 손바닥으로 뺨을 때리고 큰소리로 욕을 하는 행위도 흔한 일상이었다. 지금 생각해 보면 할아버지 할머니들이 살아오신 과정이 험악했던 만큼 꾸중과 체벌도 그만큼 엄했던 것으로 추측된다.

**쓸데없이 새까맣게 속을 태웠던 날들이
세월방앗간에서 자진방아타령이더니
이제는 까만 알맹이로 잘게 부서져
구수한 추억거리로 남을 줄이야!**

　소풍날이 다가오면 잔뜩 기대에 부풀었고, 소풍날 제발 비가 오지 않기를 간절히 기도했던 기억이 생생하다. 용돈과 도시락 걱정에 밤새 고민하셨을 부모님 속은 모르고 아침이면 단무지, 멸치조림, 계란 반찬에 비교적 쌀이 많이 들어간 보리밥을 싸 들고 백 원짜리 동전 하나까지 감사히 받아들었다.

　전교생이 운동장에 모인 뒤 인원 점검이 끝나면 줄줄이 이동해 근처 작은 사찰이나 댐 근처 넓은 공터에 자리를 잡았다. 오전에는 반별 모임을 가진 뒤 이어 점심을 먹고 나면 전원이 모여 장기자랑 행사를 했다.

　장기자랑에 나갈 반 대표를 찾느라 분주했던 기억, 도시락을 까먹던 기억, 야생 과일을 따 먹던 기억, 그리고 오랜 행군으로 지친 몸을 이끌고 먼지 날리는 신작로를 따라 딸그락대는 빈 도시락을 들고 집으로 돌아가던 모습이 선하다.

　당시 전교생 수는 천이삼백 명쯤 되었다. 각 교실에는 6~70여 명씩 들어갔고, 그렇게 하고도 교실이 부족해 수업을 1, 2부로 나누어 들어야 했다. 정부에서 추진하는 경제개발이 본격화되자 수많은 시골 사람들이 도시로 몰려들기 시작했다.

　도시의 학교는 한 학년이 2~30개 반으로 구성될 정도로 학생 수가 늘어났고, 시골에서 도시로 전학 가는 친구들을 많이 부러워했다. 우리 마을에서도 이사 가는 사람들이 생겨났고 우리 반에서도 한두 명씩 도시로 전학 간다며 시큰둥한 표정으로 작별 인사를 나누던 모습이 생각난다.

가을이면 화려한 가을운동회가 열렸다. 우리뿐만 아니라 부모님들은 물론 마을 청년들도 참석해 운동회의 열기는 늘 뜨거웠다. 운동회 당일에는 운동장에 만국기가 걸렸고, 달리기, 구기 종목 등을 포함해 기계체조, 기마전, 차전놀이 등 전통놀이도 했으며 이색적인 공연도 펼쳐졌다. 상품으로 연필과 노트북(공책)이 가장 많이 준비되었는데 그마저도 등수 안에 들지 못하면 상품을 받지 못했다. 청백 양편으로 나누어 머리띠를 매고 펼치는 응원전도 대단했다. 마지막 최종 결과가 나올 때면 이긴 팀은 즐거워 환호성을 질렀고 진 팀은 아쉬움을 달래며 내년을 기약해야 했다.

매주 월요일 아침이면 전교생이 운동장에 모여 교장 선생님의 훈시를 들었다. 우리가 교장 선생님 훈시에 대해 반감이 있는 것은 훈시 시간이 꽤 길었기 때문이다. 정자세로 꼿꼿이 선 채 들어야 했던 쩌렁쩌렁 울리는 마이크 소리와 에코 소리는, 그 내용을 떠나 결코 듣기에 좋은 소리가 아니었다. 국민체조가 보급된 뒤 음악에 맞추어 전체 학생이 종종 운동장에 모여 함께 체조했다. 특히 운동회 시작 전에는 국민체조로 몸을 풀었다.

무술가 이소룡의 영향이 지대했겠지만 무술 관련 책을 구해 개인적으로 무술을 익히는 경우도 많았다. 그리고 친구들끼리 자주 힘겨루기를 하기도 했다. 종종 누가 더 센가를 두고 싸움이 벌어지기도 했다.

꿈만 같은 어제
선물 같은 오늘
손님 같은 내일
그리고 소풍 같은 인생

오후 6시면 태극기 하강식이 시작되면서 애국가가 울려 퍼졌다. 우리는 하던 일을 멈추고 그 자리에 서서 다들 태극기에 대해 경례 자세(가슴에 손을 얹는)를 취해야 했다. 1980년까지는 밤 12시부터 새벽 4시까지 야간 통행금지도 실시되었다. 사실 시골에서야 별 의미가 없는 일이었지만 도시에서는 이 시간에 걸리면 유치장에서 밤을 새워야 했다.

반공교육 또한 학교에서 철저히 시행되었다. 당시 북한 괴뢰군을 빨간색으로 마귀처럼 그리던 반공교육이 아직까지도 우리 마음속 한구석에 자리하고 있다. 침투한 북한 무장공비들에게 잔인하게 살해된 이승복 어린이는 우리에게 반공사상을 고취하는 모범 사례가 되었다. 웅변대회에서 자주 언급되곤 했었는데 뒤에 관련 사실의 진위 여부를 놓고 논란이 되기도 했다.

북한 인민군을 면전에서 처음 본 것은 2008년 가을 금강산 관광 때다. 40초반의 나이였지만, 처음 인민군을 직접 본 나는 무척 긴장되었고, 관광 내내 극도의 경계심을 늦추지 못했던 것을 지금도 기억한다. 그만큼 북한 공산당의 만행이나 반공교육은 우리의 뇌리를 움켜쥐고 놔주지 않고 있었던 거다. 분명 반공교육은 뭔가 잘못돼 있는 듯 했다. 그러한 교육이 지금까지 우리의 의식이나 행동양식에 잘못된 영향을 주어 왔으니까.

멸공소년단이 구성되었으나 사실 흐지부지 되었고, 특별한 행사도 없었던 것으로 기억한다. 간간이 침투해 오던 무장공비와 간첩 사건, 도끼만행 사건, 대한항공 폭파 사건, 아웅산 폭파 사건 등 굵직굵직한 북한의 도발은 한시도 반공교육을 등한시할 수 없게 만들었다. 군대에서도 그만큼 강화된 훈련이나 경계근무로 긴장감을 극도로 끌어 올렸다. 우리 세대의 투박한 말투와 급한 성격도 아마 이러한 교육이나 군사 문화에서 많은 영향을 받았을 것으로 여겨진다.

봄, 가을 농번기 때는 일손이 부족한 농가를 찾아 단체로 낫을 들고 가 보리를 베기도 하고, 학교에서도 자체적으로 학생들이 2~3일 동안 부모님 일손을 도와 주도록 짧은 농번기 휴교를 실시하곤 했다. 방학 때는 주로 외할머니 댁에 갔던 기억이 난다. 사실 부모님과 함께 가족 여행을 다니는 것은 극히 드문 경우다. 가장 가고 싶었던 곳은 여름 방학 중 바닷가 해변이었으나 생계를 위해 늘 바쁘고 형편이 어려운 상황에서는 언감생심이었다.

온 가족이 함께 가는 가족여행은 끝내 가 보지 못했다. 다만 친척들의 대사, 즉 결혼이나 조문에는 종종 부모님을 따라다녔던 기억이 난다. 버스를 타는 것만으로도 차를 탄다는 기분에 매우 좋았다. 가끔 택시도 탔으나 짧은 거리만 이용했을 뿐이다. 학교에서는 보이스카우트, 걸스카우트를 모집했는데 우리 중 다소 부유한 집안의 학생들이 가입할 수 있었다. 유니폼을 입고 간단한 교육을 받은 후 캠핑도 하고 다른 학교 학생들과 교류도 하는 것을 보면서 참으로 부러워했다. 그들은 평상시에도 가끔 그 유니폼을 입고 등교하기도 했다.

어릴 적 한가위는
둥근 달이 찌그러진 주전자를 붙들고
산등성이에 기대어
졸고 있는 밤

중략 -

보름달이 중천에 떠오르면
접힌 허리 그대로 스러져
끙끙대는 어머니 신음소리는
힘찬 풀벌레소리와 엇박자 화음

그때 접힌 허리
아직껏 다 펴지 못하시면서
그래도 그때가 행복했다는
주름살이 자글자글한
백발의 하회탈이 웃는다

홍석민 - 「그래도 그때가」 부분

초등학교를 졸업한 뒤 모두들 근처에 있는 중학교에 입학했다. 주위 여러 초등학교 또는 분교에서 모여든 낯선 친구들과 함께 입학했다. 여전히 교사(校舍)를 반으로 구분 지어 남녀 구별을 명확히 했다. 까만 교복을 입어야 했는데, 나는 형이 입던 옷을 그대로 물려받았다. 물론 형도 다른 사람으로부터 얻어 입은 것이었고 나 역시 낡은 곳을 수차례 깁고 손질한 뒤 입었다. 가방 역시 형이 쓰던 것을 그대로 이어받았는데, 얼마나 오래 사용했는지 군데군데 찢어지고 닳아 있었지만 배움의 기회가 주어진 것만으로도 다행이라 생각했다. 형님 두 분은 어려운 가정 형편으로 인해 중학교 진학마저 할 수 없었으니까.

또한 당시 중학생은 까만 운동화 착용이 규정이라 운동화만큼은 부모님이 사주셨다. 고무신을 벗고 까만 학생 운동화를 신었을 때 기분은 날아갈 것만 같았다. 하지만 그런 만큼 규율도 엄격했다. 두발은 일명 스포츠머리로 단정하게 깎아야 했으며, 복장 또한 단정히 해야 하고 이름표, 교표, 학년표를 올바르게 부착해야 했다. 매일 아침 교문에서 학생주임 선생님과 3학년 선도부 선배들이 지켜 서서 검열을 했고, 이에 지적당하면 체벌을 당했다.

가끔 선배들은 쉬는 시간에 후배들 교실에 들어와 선배들에게 예의를 갖출 것, 못된 짓 하지 말 것 등을 경고하는 훈시를 했다. 그 자리에서도 경청을 하지 않거나 맘에 들지 않으면 무참히 학생들을 때리기도 했다. 몽둥이를 들고 다니는 선배도 있었고 주먹과 발로 차거나 심지어 뺨을 때리기도 해서 이들에게서 느끼는 공포감이란 아주 대단했다.

선생님들 가운데에도 늘 회초리를 가지고 다니신 분들이 많았고, 말썽을 부리거나 떠드는 학생들을 매로 다스리는 일이 흔한 일상이었다. 교사로 임용되면 '교편을 잡았다'라고 표현하는데, 교편(敎鞭)은 '가르칠 교'에 '채찍 편'으로 이루어진 말이다. 수업 시간에는 단순 농담도 허락치 않았으며 선생님 질문에 대답을 못 하거나, 장난치다 걸려도, 졸다가 들켜도 모두 매로 다스리는 수업은 그야말로 지루하고 따분하기 그지없었다.

두어 달이 지나자 광주에 난리가 났다며 '별도의 지시가 있을 때까지 집에서 대기하라'고 했다. 곧이어 우리집에 비보가 날아들었다. 광주에 있던 너희 큰아버지의 실종 소식이었다. 매일 할아버지는 광주 시내 곳곳에 안치된 시신을 뒤적이며 큰아버지를 찾는 과정에서 무슨 일이 일어난 건지 자세한 상황을 알게 되었다. 그렇게 5.18은 너무나 가슴 아픈 역사의 현장으로 지금도 머릿속에 생생하게 남아 있다.

당시에는 그처럼 독재에 저항하다 많은 젊은이가 희생되었던 반면, 지금은 안전문제로 대형 재난 사고가 발생하고 있어 안타깝다. 이렇듯 예상치 못한 일들로 젊은이들이 희생당하는 상황은 되풀이되지 말아야 하는데, 지금도 여객선 '세월호' 사건이나 이태원 참사 같은 대형 사고가 여전히 반복되고 있어 몹시 마음이 무겁다.

시대에 따라 각 위험요인을 살펴 미리 안전사고에 대비해 주의사항을 숙지시키거나 자식들이 스스로 인지할 수 있도록 교육함으로써 재난 사고의 희생양이 되는 일이 없도록 해야 한다. 특히 요즘은 한 가정에 한 자녀 시대인 만큼 자식을 잃은 부모의 슬픔은 더욱 클 수밖에 없고, 평생 이를 가슴에 안은 채 살아가야 한다. 설령 좋은 일이 생겨도 즐겁지가 않고 삶의 희망도 사라진다.

가난을 철창 감옥에 단단히 가두고 싶었던 정점은 육성회비를 제때 납부하지 못할 때였다 담임선생님의 꾸중을 듣거나, 심지어 여학생들이 수시로 지나다니는 복도에서 무릎 꿇고 두 손들어 벌을 서야 했는데 할 수만 있다면 가난과 당장 헤어지고 싶었다 급기야 가난을 평생 업고 사는 부모님이 꼴도 보기 싫었다 그 다음날 아침식사 시간에야 무슨 죄라도 지은 양 고개를 떨군 채 기어들어가는 목소리로 육성회비 달라고 소곤거렸다 어머니는 학교 갈 때가 다 돼서야 말한다며 역정을 내셨고 묵묵히 듣고 계시던 아버지가 불쑥 한마디 하셨다 "내 갖다 팔아라" 순간 당황스러운 마음에 제대로 씹지도 못하고 넘긴 깍두기가 목에 걸려 눈물이 찔끔 흘렀다 어느 때보다 무거운 침묵 속에 아침식사를 마쳤다 또 다시 학교에 가 담임선생님께 꾸중 들어야 할 차례다

이런 저런 삶의 무게를 잔뜩 떠안겼던 우리들은
제대로 흥정을 해 볼 겨를도 없이
서둘러 헐값에 아버지를
저승에 팔고 말았다
홍석민 - 「내 갖다 팔아라」 부분

수업은 온통 주입식이었다. 선생님이 칠판에 내용을 적어주면 우리는 그것을 그저 공책(노트북)에 받아 적었다. 약간의 실험 기기와 교육 교재가

있었지만 대부분 교과서 위주의 암기식 교육이었다. 선생님 중에는 가끔 다정다감하신 분들도 있고, 매를 전혀 들지 않거나 체벌을 가하지 않으시는 분들도 있었다.

이러한 교육과정 속에서 우리는 선배나 선생님들을 가까이 하기에는 심리적으로 그들이 너무 두려웠고, 그래서 불필요한 말을 많이 하지 않게 되다 보니 더욱더 경직된 모습으로 성장하게 되었다. 교복을 입던 시절이라 학교 밖에서도 학생답지 못한 행동은 곧바로 지적당했고, 지나가던 어른들마저 나서서 혼내거나 심지어 때리는 사람들도 있었다. 사회 분위기가 다들 그러한 방향으로 흘러가고 있었고, 체벌이 당연시되었던 시대 상황의 연속이었다.

반면, 친구들 사이에서는 즐겁고 유쾌한 시간을 보냈다. 중학교 2학년 때 수학여행을 갔는데, 소풍 가는 것보다 백 배는 더 설레었다. 버스를 타고 학교를 떠나 친구들과 2박 3일 동안 함께 보낸다는 것만으로도 마냥 즐겁고 행복했다. TV로만 보았던 남해대교, 석유화학단지, 유명 사찰 등을 돌아보는 것은 신세계를 보는 듯한 경험이었다. 당시로서는 적지 않은 여행 경비를 부담해야 했고 평소 귀했던 여행 가방이나 용품을 준비해야 하는 부담감도 있었다. 급한 대로 옆집에서 빌리기도 하고 다소 어울리지 않은 용품을 가져오기도 해서 쑥스러워하던 모습들이 해맑았다.

3학년이 되자 근처에 신생 고등학교가 있었지만 도시 학교에 진학하는 것을 목표로 학력고사를 준비하며 공부에 집중했다. 물론 학교에서도 많은 신경을 썼다. 특별반을 만들기도 하고 학부모님 면담을 통해 진로 문제를 결정하기도 하고 철도, 전기, 해양 등 특수고등학교에 진학하도록 추천서를 써 주기도 했다.

하지만 여전히 시골 가정 형편은 도시 학교로의 진학 결정을 어렵게 했다. 부모님들도 고민이 많았고, 학생들 역시 도시로 나가고 싶은 마음은 꿀떡같았지만 그저 눈치만 살필 수밖에 없었다. 이런 경우 대개 형과 누나들이 나섰다.

> 1980년 늦여름, 커다란 태풍이 제주도 곁을 지나 낮은 구릉이 듬성듬성 펼쳐져 있는 고향으로 성난 들소처럼 달려들었다 성난 들소 떼가 마을 정면으로 뚫고 지나간 뒤, 마을에서 두 집 남은 초가집중 한 채가 풀썩 주저앉고 말았다 오막살이 별명을 가진 초가집은 여섯 가족을 끌어안고 겨울이면 눈물 왈칵 쏟아내는 생솔가지 냉갈을 참아가며 따듯한 아랫목을 내어주고 여름이면 모깃불 옆 평상을 놓아 애호박된장찌개 하나 올려놓고 소박한 저녁시간을 만들어준, 감성이 풍부했던 작지만 저택 같은 집이었는데 멀리서 진짜 멀리서 온 자연의 성난 뿔 같은 어렵고 두려운 손님을 맞아 무릎 꿇어 조심스레 큰절 하듯 그대로 주저앉아 다시는 일어서지 못했다
>
> **홍석민** - 「달님의 추억」 부분

나의 경우도 마찬가지였다. 다행히 형님들의 도움으로 고교 진학 학력고사를 치르고 무사히 광주 소재 K고에 배정되었다. 그렇게 낯선 도시에서의

고교 생활이 시작됐다. 자취방은 학교에서 걸어서 20여 분 떨어진 기차길 옆 단독주택 작은방이었다. 아주머니가 경상도 분이었는데, 화끈한 성격에 많은 호의를 베풀어 주셨던 기억이 난다. 어린 나이에 멀리 와서 고생한다며 계란찜도 해 주시고 추운 날이면 낮에 잠깐 연탄을 우리 쪽 아궁이에 넣어 따뜻하게 방을 데워 주셨다.

계약 기간은 1년이 아니라 10개월이었고 남은 2개월이 쌓여 3학년 여름방학쯤 세 번째 계약이 만료되었다. 당시에는 가정 형편이 최악이라 더 이상 자취방을 구하지 못할 처지에 놓여 전전긍긍하고 있었다. 자취하던 친구들에게 함께 기거하자고 조르는 내 모습을 지켜보던 한 친구가 자기 부모님께 말씀드려 자신의 방을 함께 사용하자며 내게 제안했다. 그렇게 고교 3년은 어렵사리 채워졌다.

검정 교복은 고교 입학과 동시에 일제 잔재의 문화로 폐지되고, 교복 자율화가 이루어졌다. 어려운 형편에 철마다 옷을 구입해야 하는 문제가 걱정거리였다. 다행스럽게도 아무도 내가 입고 다니는 옷에는 별 관심이 없었다. 2학년 때 수학여행을 가게 되었는데, 이 여행에 참여할 수 있었던 것은 할머니의 눈물겨운 희생 덕분이었다. 중학교 때의 수학여행이 해당 지역 일대를 돌아보는 것이었다면 고등학교 때의 수학여행은 전국을 여행하는 것이었다.

눈길에서 넘어지지 않으려면
남들이 밟지 않은 곳을 밟고 지나가야 한다

가정 형편상 대학 진학은 더 이상 기대할 수 없음을 직감했다. 그래도 아쉬움에 사관학교에 응시했는데 혈압 문제로 신체검사마저 통과하지 못하면서 대학은 점점 멀어져 갔다. 대학 진학을 포기하고 있을 때쯤 친구 어머니의 권유로 해양대학에 응시하였다. 질긴 바다와의 인연이 그렇게 시작됐다.

첫 번째 승선에서 퇴선의 아픔을, 세 번째 승선에서 좌초 사고를 경험했다. 다시는 배를 타지 않겠다는 각오로 하선해서 이곳저곳을 전전하며 마땅한 직업을 찾지 못하자 다시 바다 관련 일을 시작했고 우여곡절 끝에 선주가 되었다.

지금 생각해 보면 바다는 내 인생의 훌륭한 터전이었고, 예상보다 높은 성과와 보람을 안겨주었다. 이렇듯 어쩔 수 없는 선택도 미래에 만족을 가져다주는 경우가 있다. 그래서 진정 하고 싶거나 배우고 싶은 분야에 가지 못하고 실패할 경우에는 새로운 분야나 남들이 꺼려하는 분야에 도전하는 것도 고려해 볼 일이다.

왜 늘 과묵하셨을까?
주워 담을 수 없는 세치 혀의 실수로
뼈아픈 후회 가슴에 안고서야
산 같던 아버지의 그림자 들여다봅니다.

왜 자식들에게는 엄하셨을까?
삼십 년 후

투정부리는 자식 앞에
불현듯 당신의 근엄한 모습으로 섭니다.

왜 독한 술, 담배를 즐기셨을까?
삶의 무게가 송곳처럼 짓누를 때마다
피어오르는 연기 속에서
넘실거리는 술잔 속에서
허우적거리는 당신을 봅니다.

왜 마음 편히 쉬지 못하고 일만 쫓으셨을까?
한 평 넓이 땅속에 누워
언젠가는 쉬는 날의 연속이라는 무언의 질타
심장이 바늘에 찔린 듯 아립니다.

아버지와 그날처럼
아들놈과 마주앉은 자리
막걸리 잔을 채우다 말고
빤히 쳐다보던 아들놈은
나에게 어떤 점들이 궁금할까?

홍석민 - 「아버지는」 전문

洪氏
家訓

4

대화와 소통

타자기는 그 많은 기호와 문자를 가졌지만
두드리지 않으면 단 한마디도 표현하지 못한다.
대화는 단순히 입을 열게 하는 것이 아니라
우주를 품은 마음의 문을 두드리는 것이다.

할아버지와 우리의 대화는 사실상 많지 않았다. 주로 어르신들을 보면 인사 잘하고 그저 착하게 살 것을 주문하는 것이 대부분이었다. 자식의 입장에서는 부모님의 뜻을 그대로 받들고 부모님의 말씀에 다소 어폐가 있더라도 말대꾸를 하지 않는 것이 예의였다.

대화가 많지 않았던 이유는 할아버지 세대가 일제 강점기, 그리고 독립 후 사회적 혼란기와 전쟁을 겪으면서 교육을 제대로 받지 못한 시대적 배경이 가장 큰 요인이라 할 수 있겠다. 결국 우리 역시 할아버지로부터 어떻게 자식들과 다정다감하게 대화할 수 있는지, 그 방법을 배우지 못해 너희들과의 대화 또한 우리가 생각해도 빵점이 되고 말았다. 하지만 할아버지를 탓하지는 않는다. 할아버지 역시 당신의 아버지로부터 제대로 된 교육을 받지 못하셨고, 우리보다 더 열악한 환경에서 자라셨다는 것을 이해하기 때문이다.

엄하기만 하셨던 할아버지께는 존댓말을 사용했고 할머니에게는 반말 비슷하게 투정 부리는 대화들이 많았다. 할아버지와 우리 사이에서 할머니가 조정자 역할을 했고 숨구멍 역할을 해 주신 셈이다.

할아버지는 말없이 말을 하셨다

당시 아버지들은 누구랄 것 없이 다들 숨막히도록 과묵하셨다. 아버지를 이해하려면 그 나이가 돼 봐야 한다는 말이 있다. 아버지가 되어 그런 상황에 맞닥뜨려봐야 '아버지의 마음이 이러했구나!' 깨닫게 된다는 의미인데, 한편으로는 답답하기도 하고 다른 한편으로는 가슴 시리기도 하다.

할아버지 역시 감정을 드러내고 싶은 마음은 간절하셨겠지만 시대적 분위기와 체통 때문에 그러지 못하셨으니까.

할아버지는 말없이 말을 하셨다. 대표적으로 우리의 성적표를 보고도 이렇다 할 말씀이 없으셨고 설령 자랑하고 싶은 경우라도 자식 자랑은 팔불출이라며 가능하면 자식의 일은 입 밖에 내지 않았다.

군에 입대할 때가 결정적이었다. 군 입대는 지금과 달리 훨씬 사건 사고가 많았던 시절이라 비장한 각오를 하고 가는데 할아버지는 그저 '잘 다녀와라' 한 마디가 전부였다. 아니면 아무런 말없이 아들의 뒷모습을 바라보는 것이 통상적인 모습이었다. 그리고 뒤돌아서서 가슴으로 우셨다. 그게 그 시대의 아버지였다.

당시에는 부모님께 편지를 쓰게 되면 꼭 '부모님 전상서', '아버님 전상서'라 적고 시작했다. 내용도 중요하지만 격식도 중요했다. 그만큼 경직된 사회 분위기를 반영한 모습이라고 보면 된다.

반대로 할머니는 늘 대화를 해 왔던 편이라 편하게 친구 대하듯 이야기를 나눌 수 있었다. 심지어 고향에 내려가도 주로 대화 상대는 할머니였고, 할아버지는 인사만 꾸벅하고 마는 모습, 왠지 할아버지만 대하면 엄숙한 분위기가 떠나질 않았다.

사람들 사이에는
함부로 끼어 들 수 없는 작은 틈이 있다
서로 부대낀 부스러기 한 움큼

그 사이에 검문소가 있다
아무나 허가받을 수 없는 좁은 문

그 사이에 샛강이 있다
다리를 놓을 수 없는 여울목

그 사이에 갈대밭이 있다
갈피를 잡을 수 없는 곳

그 사이에 동굴이 있다
섣불리 들어가지 못할 어둡고 두려운 공간

그 사이에 높은 산이 있다
도저히 넘지 못할 설산

그 사이에 바다가 있다
깊이를 가늠할 수 없는 상심의 바다

그 사이에 인공위성이 있다
지척에 두고도
지구밖에 있는 그를 통해야 하다니

그 사이에 DMZ가 있다
들어가면 쏴 죽이는 정글

수십 년 서로 어울려 쌓은 정은
더 이상 쓸모없는 화로처럼
155마일 휴전선처럼

홍석민 - 「사람들 사이」 전문

    할머니들은 몇 가지 특이한 어법을 사용하셨다. 우선 시골에서는 곡식을 사고파는 행위를 반대로 말하는 관례가 있다. 곡식을 사러 갈 때는 '팔러 간다'고 하고 집에 있는 곡식을 팔러 갈 때는 '사러 간다'고 표현한다.
    또한, 늘 할머니는 괜찮다는 말을 입에 달고 사셨다. '나는 괜찮다. 너희들만 잘 살면 된다'고 지금도 녹음기처럼 되풀이해 말씀하신다. 요즘도 자식이 용돈을 드리면 고맙다고 하시기보다는 '뭐 하러 주냐?'고 반문하신다. 이 말에 숨은 뜻은 용돈을 줘서 고맙다는 의미다. '왜 굳이 그리 말씀하시냐'고 여쭈면 너희들도 힘들 텐데 용돈을 받기가 미안하고 안타까운 생각에 그렇게 말씀하신다는 것이다. 그래서 말씀드렸다. 우리가 선물을 드리거나 용돈을 드릴 때 그냥 '고맙다'고 하시는 말씀을 듣고 싶다고. 혹여 드린 선물이 마음에 들지 않으시면 다음에는 원하는 것을 말씀해 주시면 좋겠다고, 당당히 말씀하시라고, 그럴 자격이 충분히 있으시다고.
    할머니의 괜찮다는 말씀에 마흔이 넘도록 속았다. 정말 괜찮은 줄 알았다.

아니었다. 사람은 누구나 맛난 것 먹고 싶고, 좋은 물건 갖고 싶고, 용돈이 두둑했으면 좋겠고........ 여느 부모님이라도 같은 심정일 것이다. 다만 과거에 자식들을 배불리 먹이지 못한, 원하는 공부를 맘껏 하게 해 주지 못한 죄책감을 떨쳐내기 위해 늘 겸손의 모습을 견지하고 있었던 것을.

특히 할머니는 용돈을 드려도 '뭐 하러 주냐? 너도 힘들 텐데'가 인사였다. 선물을 사들고 가면 나무라기 일쑤였다. 우리가 정말 잘못한 줄 알았다. 하지만 이삼 일 지나면 칭찬이 여기저기서 날아든다. 할머니는 곧바로 동네에 나가 자랑하고 다른 형제자매들에게도 말씀하신 것이다. 처음에는 당황스러웠으나 이제는 어느 정도 익숙해졌다. 이것이 바로 우리 부모님의 대화 방식이었다.

왜 부모에게 대화는 부드럽게 해야 하는가?

우선 우리 세대들이 자식들을 함부로 대하며 말투도 다소 짜증스러운 경향이 있다는 것을 인정한다. 나 역시도 종종 그랬으니까. 비단 삶의 무게가 무겁다는 이유만으로 정당화할 수 없음도 안다. 알면서도 바꿔보려 노력하지만 생각했던것과 달리 잘 되지 않는다. 이렇게 우리에게도 많은 노력이 필요하다는 것을 깨닫지만 한편으로는 교육 차원에서 너희들에게 칭찬과 더불어 잔소리를 반드시 해야겠다고 느꼈다.

자신은 담배를 피우면서도 자식에게 담배를 피우지 마라 훈계하듯, 술에 취해 허우적거리는 못마땅한 행동을 알면서도 자식들은 그러지 못하도록 잔소리하는 것을 멈출 수 없듯이, 부모 마음이란 다 그러하다. 다만 그 마음을 표현하는 방식이 다소 거칠고 모가 나서 자식의 마음을 다치게 하는 경우가 있어 안타깝다. 부모들은 학력이나 지식의 유무를 떠나 분명 자식보다 오래 살았고 많은 것을 경험했으며, 그만큼 지혜를 가지고 있다. 즉, 너희가 보지 못한 삶의 이면이나 과거의 관계 등을 알고 있다 보니 자식의 사소한 실수에도 마치 자신의 과보인 듯 생각되어 다소 짜증 섞인 말을 하게 되는 경우가 있다.

이때 부모들도 감정을 추스르고 부드러운 어투를 사용하여 논리적으로 이유를 설명하도록 노력해야겠지만, 다른 한편으로 너희 자신도 부모님의 의중을 다소 헤아리는 노력이 필요하다. 부모님이 하시는 잔소리가 다소 못마땅하더라도 일단 수긍하는 것이 좋다. 시도해 보지도 않고 설불리 단언하면서 대들듯 하는 것보다는 우선 부모님의 말씀대로 해 보고 난 이후 마음대로 안 되는 이유를 말씀드리면서 양해를 구하는 것이 좋다.

두 번째, 공손히 질문을 던져라. '혹시 저에게 기분 나쁜 일이라도, 서운한 부분이라도 있으신지' 물어보는 것이 좋다. 아니면 왜 그렇게 말씀하시는지, 아니면 왜 그렇게 처리하셨는지 이유를 묻는 것도 좋다.

여기서 한 가지 양해를 바란다. '그렇다면 부모님은 조부모님께 그렇게 하셨습니까?'라고 묻는다면 사실 할 말은 없다. 즉, 우리도 그렇게까지 공손하게 하지는 못했다. 하지만 너희들이 무조건 잘못한다고 지적하기보다는 너희들은 보다 나은 모습으로 성장하기를 바라는 우리의 욕심에서 잔소리를 한다는 것을 이해해 주기 바란다. 위에서 말한, 담배를 피우지 말라는 경우처럼. 이제 너희들이 서운했던 이유나, 기분이 상한 이유를 말씀드리면서 부모님께서 추후에는 그러지 않으셨으면 좋겠다는 의견을 전달하면 좋겠다는 바람이다.

그렇게 어른스럽게 다가오는 자식에게는 어느 부모라도 함부로 소리치거나 경솔하게 대하지 못할 것이다. 그러한 자식들에게는 욱하는 성질을 가진 부모라도 그만큼 조심스러워 지는 것이다. 또한 부모들은 자신의 부모에게 배우지 못했던 것을 반대의 입장에서 배울 기회를 갖게 되는 것이다.

우리는 똑똑 노크만 했을 뿐인데
너희는 화들짝 놀라는구나!

한때 가족 간의 명절 대화가 이슈가 된 적이 있다. 부모, 삼촌, 숙모가 조카들에게 질문하는 내용이 부담돼서 명절에 고향이든 친지 집이든 가기도 싫고 무슨 변명을 대서라도 자리를 피한다는 것이었다.
"어느 대학을 갈 거냐?"
"취업은 했니?"
"결혼은 언제 할 거니?"

본인들도 가뜩이나 심리적인 스트레스를 받고 있는 상황에서 이런 질문을 받으면 더욱 당황스럽다는 것이다. 그런데 너희들이 당황스러운 것은 스스로 부담을 만들기 때문이기도 하다. 삼촌, 숙모는 너희에게 부담을 주려고 묻는 질문이 아니라 인사성 질문이다. 또한, 오랜만에 만난 조카들에게 당장 대화를 할 수 있는 부분이 너희들이 맞이한 눈앞의 상황이나 직접적인 관심거리라고 판단해서 그런 말을 하는 것 뿐이다. 그때는 아래와 같이 받아주면 좋겠다.

"대학은 여러 군데 생각 중인데 아직 어디로 가야 할지 모르겠어요. 삼촌은 어떻게 하셨어요?/부모님은 어느 대학 가라고 하시는데 거기는 제 적성에 안 맞아 고민이에요. 성적이 안 되기도 하고요."
"취업하려니 쉽지가 않네요. 최대한 노력 중이에요. 취업하면 삼촌한테 바로 연락드릴게요./취업이 어려우니 창업도 생각 중이에요."
"요즘 결혼은 다들 늦은 나이에 하는 추세예요. 저도 좀 더 있다 하려고요. 삼촌 주위에 괜찮은 사람 있으면 소개 좀 해 주세요./때 되면 하겠지요? 하하 관심 가져 주셔서 감사해요."

　우리는 어릴 때 부모님을 슈퍼맨으로 생각하고 자랐다. 아프지도 않고 그 어떤 일이든 해 낼 수 있는, 하지만 알다시피 우리의 부모님도 실패와 좌절을 겪으면서 위로의 말이 절실히 필요한 평범한 사람이라는 사실을 너무도 뒤늦게 깨달았다.

　요즘은 상하 구분 없이 따뜻한 위로의 말들이 감동적이다. 물론 우리가 그런 상황에 처하면 역시 듣고 싶은 말들이겠지. IMF 시절에는 '아빠 힘내세요. 우리가 있잖아요!'라는 노랫말이 큰 호응을 얻었다. 우리는 왜 이런 말들을 할아버지 할머니께 해 드리지 못했는지 안타까운 마음이다.

'엄마(아빠)가 내 엄마(아빠)라서 행복해요'
'부모님 사랑합니다.'- 우리도 너희를 사랑한다.
'네가 내 자식이라서 기쁘다/자랑스럽다'
'아버지(어머니)를 세상에서 가장 존경합니다.'

'왜 좋은지 물으신다면 그냥 좋아요'

'힘들지? 쉬었다가 해라'

'그만하면 잘했다. 아빠엄마보다 낫다'

아빠 엄마도 처음이라 당혹스러운 때가 많다

　너희가 살아가면서 마주치게 되는 많은 상황들이 대부분 처음 겪는 일이라 많이 당혹스럽겠지만, 마찬가지로 엄마 아빠도 처음 겪는 경우에는 어떻게 대처해야 할지 몰라 당혹스러울 때가 많다. 너희들이 생각할 때 부모들은 오랜 경험과 풍부한 지식이 있어서 모든 상황에 여유 있게 처리할 수 있는 능력의 소유자처럼 생각될 것이다.

　하지만 대부분 부모들도 일상을 벗어나서는 새로운 경험들이라는 것을 이해 바란다. 겉으로는 여유로워 보이는 경우라 할지라도 속으로는 당혹스러울 때가 많다. 즉, 당혹스러움을 갖는 것은 나이와 상관이 없고, 서로 그런 마음을 배려하면서 대화를 하는 것이 필요하다는 것을 이해해라. 너희들이 어려서 우리에게 불평불만을 쏟아내는 과정에서 울기도 하고 두려워서 떨기도 하는 모습을 보았다. 너희들의 당황스러운 모습을 보게 되는데, 한편 그 맞은편에 있는 우리도 처음일 때가 많아 당혹스럽기는 마찬가지다.

　어떻게 대응해야 할지 몰라 큰소리부터 치거나 화를 내는 경우가 다반사였다. 마음은 드라마나 영화 속 연기자처럼 몸을 낮추어 눈높이를 맞추고 차분히 들어주거나 안아주는 부모가 되리라 다짐하지만 실제로는 부끄러운 모습으로 너희 앞에 서 있었다. 이때 말보다는 안아주는 것만으로도 충분히 마음의 소통이 이루어진다. 또한 괜찮다고 다독여 주는 것도 아이가 마음의 안정을 찾고 자존감을 느끼게 해 줄 것이다. 너희가 그 자리에 서거든 아이에게 그렇게 해 주어라.

철조망을 뚫고 나와
결승선을 통과하는
그래서 바닥이 드러나는
자신이 차츰 사라지는
빈 영혼에 양식을 채우는
그래서 입 밖으로 밀려난
허풍쟁이들

홍석민 - 「술 한 잔」 부분

어느 날 대학생인 S군이 고민을 털어놨다. 가정 형편도 그리 좋은 편은 아니며 특히 어머니가 건강이 좋지 않아 고민이 많다고 했다. 아버지는 건설업에 종사하시는데 정확히 무슨 일을 하시는지 거의 대화를 해 보지 못했다고 했다. 즉, 아버지는 항상 어렵고 두렵기만 하다는 것이다.

그래도 이제 대학생이 되었으니 아버지에게 술을 배우고 싶다고 용기 내어 말씀드려 함께 술자리를 해 보라고 조언해 주었다. 부모 자식 간의 대화에 특별한 노하우가 필요한 것은 아니다. 단지 서로가 대화의 물꼬를 틀 기회를 만들지 못해 서먹서먹한 분위기가 이어졌을 뿐이다.

그렇게 마주 앉아 아버지의 얼굴, 모습을 가까이 바라보면서 그동안 궁금했던 내용이나 하고 싶은 이야기를 자연스레 풀어나가면 된다. 대개 아버지들은 그런 기회를 은근히 기대하고 있으며, 아이들이 어느 나이가 되면 해 주고 싶은 비밀스런 가족 이야기들을 가지고 있다.

그 후 다시 만난 S군의 얼굴에는 웃음이 가득했다. 아버지와 술을 마시면서 그동안 마음속에만 간직했던 많은 대화를 나누었다고 했다. 서로의 오해가 풀렸으며 아버지가 하시는 일, 살아온 과정, 고민도 듣게 되었다고 한다. 아버지는 매우 흡족해 하시면서 다음에 이런 자리를 자주 갖자고 했다는 것이다. 물론 S군도 그간의 아버지에 대한 거리감을 좁힐 수 있어서 무척이나 행복해했다.

유머와 위트는 마음속에 늘 간직해야 할 히든카드

원활한 대화를 위해 한 가지 아쉬운 부분은 재치 있는 유머를 곁들인 대화들이 부족하다는 것이다. 미국 대선 토론회에서 두 대권 주자가 TV토론에 나와 서로 상대의 약점을 물고 늘어졌을 때, 이를 재치와 위트로 받아치는 경우 오히려 승기를 잡는 경우가 많다고 한다.

우리도 불리한 상황에서 유머러스한 말로 상대와 웃으면서 대화를 마칠 수 있는 여유를 가졌으면 하고 바라지만, 현실에서는 그렇지 못한 경우가 훨씬 많다. 그러자면 대화의 능력도 뛰어나야 하지만 상대와 상황을 충분히 이해해야 하고, 언어의 묘술까지 갖추어야 가능할 것이다.

미남, 미인이라도 센스나 재미가 없으면 관심이 떨어지기 마련이다. 실제로 여자들이 유머가 있는 남자들을 좋아한다는 통계도 있다. 유머가 있는 남자를 좋아하는 이유로는 우선 웃긴 남자에게서 자신과의 공통점, 즉 일종의 동질감을 느낀다는 것이다. 또한 유머를 날릴 때마다 순간적으로 그 상대를 똑똑한 사람으로 느낀다고 한다. 유머를 적절히 구사하는 센스는 비단 여자의 인기만이 아니라 대화의 유연함을 유지하면서 상대의 호감을 얻어내는 수단으로도 유용하다.

유머를 잘 구사하는 방법으로는 이미 알고 있는 유머라도 반복해서 말하는 연습을 한 뒤 전달해야 이를 말하는 동안 자신은 웃지 않고 상대를 웃게 할 수 있다. 거기에 자신만의 특유의 유머스러운 제스처나 말투를 이용하면 더욱 효과가 좋다.

대화를 잘 하려면
유창한 말솜씨보다는 상대의 마음을 읽어라

일반적으로 대화를 잘하는 방법 중 최우선으로 손꼽는 것이 경청이다. 남의 말을 잘 듣는 것이 대화를 잘하는 첫 번째 조건인 것이다. 자신의 이야기를 경청하는 데 짜증을 낼 사람은 없다.

두 번째는 배려와 존중이다. 상대를 배려하고 존중해 주는 자세만 지켜도 대화에 무리가 없다. 가까운 사람일수록 상처를 주는 말이 감정의 씨앗이 되고, 마음에서 멀어지면 결국 소통은 어려워진다.

배려하는 방법은 상대에게 말할 기회를 충분히 주는 것이다. 말의 부분 또는 전체에 대해 인정해 주는 방법도 좋다. "어느 부분에 동의한다", "맞다고 생각한다" 또는 "전체 다 맞는 말이다. 하지만 나의 의견도 들어주었으면 좋겠다" 등. 내가 몰랐다는 것을, 이해하지 못했다는 것을 인정하는 자세도 대화를 훨씬 부드럽게 한다.

존중의 표현은 높임말을 사용하고 상스런 말씨를 쓰지 않는 것이다. 그러면 상대 역시 조심스럽게 말을 할 것이다. '가는 말이 고와야 오는 말도 곱다'라는 말처럼 먼저 말을 곱게 써야 한다.

마지막으로 상대의 양해를 구하라. "말씀 중에 죄송합니다만, ~/외람되지만/혹시 제 얘기가 기분 나쁘셨다면 사과드립니다./제가 거기에 대해 한 말씀 드려도 되겠습니까?/제 의견을 말씀드려도 되겠습니까?" 등과 같다. 거기에 미소 지은 표정으로 약간의 위트와 유머를 섞어가며 대화를 부드럽게 이끌어 나간다면 더 이상 나무랄 데 없겠다.

지금까지 대화가 어려웠던 이유는 대화의 내용보다는 대화의 방법이 문제였던 것이다. 대화가 원활치 않았던 것은 유창한 말솜씨가 없어서가 아니라 상대를 무시하는 어투나 태도, 강한 자기주장, 선입견 등 때문이다. 즐겁고 품위 있는 대화를 위하여 먼저 경청의 자세를 취하고 상대를 배려하며 나의 주장도 아낌없이 펼치는 대화가 되도록 노력해 주기 바란다.

洪氏
家訓

5

공부와 대학

21세기 문맹은 글을 읽고 쓸 줄 모르는 것이 아니라 새로운 세상을 배우지 않는 것이다.
공부는 단지 지식을 모으는 행위를 넘어 쓸모 있는 정보를 교환할 수 있게 하고
밝은 미래를 열어가는 탄탄한 길을 놓는 일이다.

다른 분야에 특별한 재능이 없다면
공부하는 것이 가장 성공 가능성이 높다

프로에 입문하지는 못했지만 꽤나 운동을 잘했던 선배의 말이다. 그의 논리를 빌리자면 운동의 경우 프로선수가 되는 비율은 1~2%에 지나지 않는다는 것이다. 물론 그중에는 수억, 수십억 원의 연봉을 받으며 스포츠신문 1면을 장식하는 경우도 있지만 이는 극히 소수일 뿐, 많은 프로선수들이 대기업 신입 직원의 연봉에 못 미치는 수입을 올리는 경우가 대부분이라고 한다.

하지만 웬만큼 공부를 해서 직장인이 되고 나면 연봉 수천만 원을 받게 되고, 특별한 사유가 없는 한 은퇴할 때까지 소득이 계속 이어질 테니 공부 쪽이 훨씬 성공 가능성이 높다는 것이다.

단순히 돈(급여)의 논리로만 따져서 이야기했지만 지극히 현실적인 시각으로 정리한 내용임을 인정한다. 프로선수가 되는 것이 최대의 성공이라 생각하는 사람이 있을 수 있고, 꿈의 무대에서 뛰어 보는 것만으로도 성공의 의미를 부여할 수도 있으니 말이다.

> 선생님은 아이들이 들고 온 가방이 크고 작든
> 싸고 비싸든 가리지 않고 마구 퍼 담아주지만
> 아이들은 넓은 운동장에서 신나게 뛰어놀다
> 빵빵한 가방 무거울 까봐 죄다 버리고
> 가지고 다닐 만큼만 담아갑니다.
>
> 홍석민 - 「학교」 부분

미국의 링컨, 에디슨, 스티브 잡스 등은 학교를 제대로 다니지 못했거나 대학을 포기하고도 성공한 예다. 하지만 생각해 보라! 그러한 경우가 미국에서나, 한국에서나 얼마나 될까? 우리나라에서도 학생들이 학업을 중도 포기한 경우가 많으나 정작 성공 스토리는 흔치 않다.

따라서 부모는 자녀들이 통상적인 규율이나 관례를 크게 벗어나지 않는 학창 시절을 보내기를 바라는 마음이다. 돌아온 탕자의 얘기도 있지만 사실 선생님이 인도하는 길을 성실히 따르면서 노력해 성공한 사람들의 스토리가 많고 충분히 감동적이다.

또한, 열심히 공부했으나 비록 사회적으로 성공하지 못할지라도 주위 사람들에게 걱정 끼치지 않고 피해 주지 않으며 자기만족에 살아간다면 그것 또한 의미 있는 삶이라 생각한다. 인생이란 꼭 대성해야만 한다거나 스타가 되거나 큰 명성을 얻어야만 하는 것은 아니잖은가?

성공은 유명대학 출신별로 주어지는 순서가 아니라 자신이 어떻게 준비하고 실행하느냐에 달려 있다

한국의 많은 대학이 지방 대학이다. 시쳇말로 '서울상대'(서울에서 상당히 먼 대학)인 것이다. 비록 이런 지방대학을 졸업했다고 하더라도 실망할 일은 절대 아니다.

대학과 자신의 미래의 관계에 있어서 단지 대학의 유명세와 지역은 크게 상관이 없다. 성공은 절대 유명 대학 순서대로 또는 서울에서 가까운 대학 순으로 이뤄지는 것이 아니다. 어느 대학을 졸업했느냐보다는 스스로 자신의 미래를 어떻게 준비하고 실행했느냐에 따라 결정된다는 것을 명심해야 한다.

해양대학 강의를 하는 동안 종종 학생들의 상담역을 맡았다. 지방 대학인 해양대학에 오기 전에 더 좋은 대학에 응시했다가 떨어졌다는 패배감과 자격지심을 갖고 있는 학생들이 의외로 많다는 것을 알게 되었다. 이는 아마도 여러 대학을 동시에 선택 지원하는 제도의 폐해일지 모른다.

나는 그러한 학생들을 볼 때마다 단호한 어조로 타일렀다. 해양대학을 목표로 공부했다가 실패하고 되돌아간 친구들도 많다는 것을 상기하라. 앞으로도 실패를 맛보게 될 것이다. 그러나 실패를 기억하고 되풀이하지 않을 때 약이 된다. 약이 쓰다고 뱉어 버리면 아무런 효과도 없을 것이다. 쓴 약을 참고 삼킬 때에야 비로소 효과가 나타나는 것이다.

희망하는 대학보다 자신의 열정을 믿어라

어떤 학생들은 지방 대학에 다니는 자신을 스스로 못마땅하게 여기는 경향이 있는데, 그런 모습은 결코 미래를 위해서도 향후 학교생활을 위해서도 바람직하지 않은 모습이다. 자신이 속해 있는 집이 가장 행복하다고, 다니는 학교가 최고라고, 우리나라가 세상에서 제일 살기 좋은 나라라고 생각해야만 자부심이 생기고 열심히 하려는 의지가 생기는 법이다.

반대로 우리집이 불행하다고 생각하면 가출을 결심할 것이고, 별로인 학교라 생각하면 공부 의지가 꺾일 것이고, 살기 불편한 나라라고 생각하면 이민을 고려할지도 모른다.

어떤 학생들의 경우 자기 실력을 과신하여 겨우 이런 대학에 합격했다는 자책에 고민하고 갈등만 하다가 학교 성적이 썩 좋지 않은 경우를 보았다. 졸업 후 대학성적표는 진로 선택에서 상당한 걱정거리로 작용했을 것이다. 졸업 후 취업할 때는 입학 성적이 아니라 졸업 성적을 보고 판단하기 때문이다.

21세기 문맹은 글을 읽고 쓸 줄 모르는 것이 아니라 새로운 것을 배우지 않는 것이다

나는 시골에서 땅 한 평 없는 부모님에게 고집을 부려 광주에 있는 K고에 진학했다. 당시 형편상 당연히 자취를 해야 했다. 한겨울에만 잠깐 연탄을 피웠고 웬만한 추위에는 이불만 두 겹 깔고 살았다.

매 주말이면 빈 양동이를 들고 내려가 주말 동안 부모님 일손을 거들어드린 뒤, 일요일 늦은 오후 어머니가 담가주신 김치를 양동이에 담아 버스에 올랐다. 시외버스는 물론이고 시내버스에서도 혹 김칫국물을 흘릴까 봐 노심초사 마음 졸이며 자취방으로 돌아오곤 했다. 그때는 생활비로 겨우 몇천 원을 받아들고 왔는데 아무리 배가 고파도 내려갈 차비는 아껴 둬야 했다. 가져온 반찬은 3일을 넘기지 못했다. 나머지는 간장과 콩자반으로 버텼다. 도시락은 밥만 싸가지고 가 친구들의 반찬을 넘봐야 했다. 어려운 여건 속에서도 고교를 졸업하고 해양대학에 입학했다.

당시 체벌이 일상화돼 있던 혹독한 해양대 기숙사 생활을 견디고 바다로 나아갔다. 퇴선과 좌초라는 대형 사고를 경험한 뒤 하선해 육상 근무를 하면서도 대학원에 진학해 학위를 취득했다. 작은 회사를 경영하면서 병행한 대학원 과정은 실무에 많은 도움이 되었다. 또한 아무것도 내세울 것 없는 나에게 긍정마인드를 심어 주었고 든든한 백그라운드가 돼 주었다.

대학원 과정을 마치고도 늘 책을 가까이 했다. 자기계발서를 읽으며 부족한 나 자신을 보완하고자 했고, 경영 서적을 읽어가며 작은 회사나마 보다 효율적으로 운영하고자 노력하였다. 현재도 매달 한 권의 책을 읽겠다는 계획하에 책을 읽는 습관을 버리지 않고 있다.

21세기의 문맹은 글을 읽고 쓸 줄 모르는 것이 아니라 새로운 것을 배우지 않는 것이라 한다. 실제로 공부는 평생 해야 하는 것이다. 사람답게 살아가려면 사람공부를 해야 하고, 부자가 되려면 금융공부를 해야 하며, 이성 친구를 사귀려면 심리공부를 해야 한다.

이때 명심할 것은 공부 좀 했다고 으스대거나 어정쩡한 지식으로 잘난 체하지 말아야 한다는 것이다. 사람은 자기 잘난 맛에 살아가지만, 아무리 늦어도 죽을 때가 되면 자신이 얼마나 무지하고 어리석었는지 실체를 알게 된다.

4차 산업혁명시대
외국어와 컴퓨터는 필요충분조건이다

입사 초기부터 업무능력을 인정받을 수 있는 방법 두 가지가 있다. 첫째, 특정 외국어 하나쯤은 외국인과 업무를 진행하는 데 차질이 없을 만큼 유창하게 실력을 갖추는 것, 둘째, 컴퓨터를 다루는 데 있어서 워드, 엑셀,

PPT를 자유자재로 사용할 수 있을 정도의 실력을 갖추는 것이다. 대기업에서 인사관리 업무를 오랫동안 맡았던 분의 얘기다.

내가 했던 영어 공부 방법을 하나 소개하자면 영어방송(나의 경우 '6시 굿모닝팝스') 듣기를 일상화하여 외국어를 받아들이는 데 익숙해지도록 했고, 말하기의 경우 여러 가지 표현 중에서 하나의 표현을 선택해 자연스럽게 말할 수 있도록 여러 번 반복해서 익혀두는 것이었다. 또한, 내가 제대로 듣지 못했거나 이해하지 못했을 경우를 대비해 다시 한번 말해 달라거나 달리 설명을 요청하는 문장을 적당히 이용했다.

사실, 우리 역시 국내 어딘가 낯선 곳에 가서 누군가와 대화를 나눌 경우 그곳의 생소한 지리나 사투리 때문에 원하는 답을 얻기까지 꽤나 부가적인 말들을 많이 하게 되는 경험을 한다. "다시 한번 말해 주시겠습니까?", "뭐라고 하셨죠?", "어디를 가야 알 수 있나요?" 등. 옆에서 이를 지켜보는 사람은 둘 사이에 대화가 잘 되고 있는 것처럼 느끼겠지만 말이다.

언어의 활용은 그런 것이다. 우리처럼 외국인을 만나면 당황해서 입을 꼭 다물어 버릴 것이 아니라 내가 아는 문장을 최대한 활용해 상대의 의중을 파악하는 것이다. 그들의 언어와 문화를 모르면 어떤가? 잠시 번거롭고 귀찮을 일이지 창피해하거나 부끄러워할 일은 아니다. 결국 용기야말로 외국어 활용의 가장 든든한 백그라운드인 셈이다.

컴퓨터의 경우, 게임에만 치중하지 말고 적어도 자기가 컴퓨터를 사용하는 시간의 1/3만 투자해서 문서 작성이나 컴퓨터 활용 능력을 키워라. 컴퓨터는 사회 생활에 필수품이 된 지 오래고, 특히 업무를 수행함에 있어 군인의 총과 같은 위치에 있다. 총을 잘 쏘는 군인이 상대를 제압하고 이길 가능성이 높듯이 컴퓨터 사용 능력에 따라 미래의 승자가 될 가능성 또한 높다.

> 새로운 일을 시작하기 전에도 책을 찾습니다.
> 찾아오지 않아도 오랜 침묵으로 반듯한 자세를 지키며
> 색이 바래도, 먼지가 쌓여도 불평 한마디 하지 않는
> 가르침의 고수 앞에 오래도록 고개를 떨굽니다
> 그렇게 우리는 책을 통해서 예행연습을 하고
> 미리 실패를 경험합니다
>
> **홍석민** - 「책」 부분

공부에 취미가 있다면 박사학위에 도전하라

원래 Ph.D.는 라틴어인 'Philosophiæ Doctor'의 준말이다. 'Philosophiæ Doctor'는 말 그대로 철학 분야에서 공부를 많이 한 사람들에게 대학이 부여하는 일종의 자격이다. 과거에는 학문이라고 하면 주로 철학을 가리키는 것이었으며, 철학만이 진짜 학문이라는 인식이 있었다고 한다. 그래서 자연히 이러한 '박사' 학위명도 철학 분야에만 한정되어 있었던 것 같다. 철학이 다소 시들해지면서 Ph.D.라는 자격도 별로 인기가 없다가 19세기 유럽 대학들을 통해 다시 부활했다.

이때는 반드시 철학 분야만 아니라 자연과학이나 인문과학 분야에서도 학생들을 가르칠 자격이 있는 사람에게 학위를 부여하기 시작했다.

그 후 20세기에 접어들어 미국 대학에서도 함께 사용하다가 점차 몇몇 분야별로 박사 학위의 호칭을 달리 사용하기 시작했다. 요즘은 D.A. (Doctor of Arts), D.M.A. (Doctor of Musical Arts), Ed.D. (Doctor of Education), Th.D. (Doctor of Theology) 등으로 나누어 쓰기도 한다.

결국 박사란 특정 영역에 대해 전문적인 지식을 쌓는 동시에 깊이 있는 연구를 통해 그 분야에 대해 자기 철학을 갖춘 사람, 이를 바탕으로 자기주장을 펼칠 수 있는 사람이라 할 수 있겠다. 석, 박사 학위를 취득하는 과정에서 조사 및 연구를 통해 논리적이고 합리적인 배경과 근거를 가지고 타당한 결론을 도출하는 연습을 하게 된다. 박사 학위를 취득하면 좋은 점은 당해 분야에 나름의 권위를 가질 수 있는 것, 즉 당당히 자기 주장을 펼 수 있고 객관적으로도 인정을 받게 되니 일석이조다.

가끔 어떤 사람과 대화하다 보면 참으로 답답하다 느끼는 경우가 있을 것이다. 언어의 경제성 때문에 그렇다고 한다. 한두 마디면 될 것을 장황하게 두서없이 늘어놓는 설명을 듣다 보면 누구나 진절머리가 난다. 우리는 그런 사람더러 '꽉 막혔다'고 하는데, 그 대화 상대가 답답함을 호소하는 경우를 왕왕 보게 된다. 꼭 대학원에 진학해야만 이러한 문제가 해결되는 것은 아니지만 이왕 공부에 취미가 있다면 학문적으로 인정받을 수 있는 대학원 진학을 권장한다. 공부와 학위를 갖추면, 전문가로서 진출할 수 있는 분야도 그만큼 넓어진다. 강의, 교수, 연구 등에 참여할 수 있고 그 분야 권위자로 인정받으며 보다 심오한 조사와 연구 활동을 수행할 수 있게 된다.

그 외에도 공부는 해야 할 이유는 많다. 보다 나은 삶의 질을 위해서,

그리고 '아는 것이 힘'이기도 하고, 가지고 있는 하드웨어를 그만큼 유용하게 쓰는 소프트웨어이기도 하기 때문이다. 심지어 치매 예방에도 효과가 있다고 한다. 공부를 해야 할 나머지 이유는 스스로 더 많이 찾아보기 바란다.

부자가 되고 성공하려면 독서를 많이 해라

권오현 삼성전자 전 회장은 '리더가 독서광이 되어야 하는 이유는 가장 쉽고 효과적으로 실력을 키우는 방법이기 때문이다'라고 했다. 특히 리더의 덕목 중 하나인 통찰력은 독서를 통한 사고력에서 나온다고 했다.

안중근 의사가 추구(推句)에 수록된 글을 인용한 '一日不讀書 口中生荊棘(일일불독서 구중생형극)'은 '**하루라도 글을 읽지 않으면 입안에 가시가 돋는다**'는 의미다. 그만큼 독서의 생활화를 강조한 말이다.

『부의 추월차선』의 저자 엠제이 드마코(MJ DeMarco)는 운전을 하던 시기에도 한가한 시간에는 꼭 책을 읽었고, 고객을 기다릴 때나 화장실에서도 책을 읽고 또 읽었다고 한다. 그는 특히나 자신이 원하는 종류의 성공을 거둔 사람들에 대한 책이나 자서전 읽기를 권장한다. 또한, 졸업과 동시에 학습을 그만두는 것은 부에 대한 자살 행위라며 생활 속에서 자신만의 대학 만들기를 역설한다. 운전대학, 운동대학, 화장실대학, 기다림대학 등.

『리딩으로 리드하라』의 저자 이지성은 특히 '고전은 수백 년을 살아남은 책이다. 쉽게 말해 천재들의 저작이다'라고 말하며 인문고전의 독서를 강조했다. 조선시대의 지배 계급과 과거 중국의 지배 계급 역시 인문고전 독서를 업(業)으로 삼았다는 공통점이 있다면서, 21세기에도 지구의 지배 계급이라

할 수 있는 선진국들이 인문고전 독서에 열광적이라고 전한다. 그러면서 고전을 공부하는 미국의 고등학교와 대학을 예로 들었다.

미국 명문 사립고교의 인문고전 독서 열기는 놀라울 정도라 한다. 1) 플라톤의 『국가』를 읽고 소화한다. 2) 도서관에서 플라톤의 『국가』를 주제로 집필된 모든 책을 찾아 읽는다. 3) 플라톤의 『국가』를 주제로 에세이를 쓰고 토론한다. 이런 식으로 인문고전을 한 권씩 철저하게 독파하고 떼는 일이 미국의 명문 중고교에서 일상적으로 벌어지고 있다는 것이다.

또한, 미국 대학 중 세인트존스대학(St. John's University)에서는 4년 내내 인문고전 100권을 읽고 토론하고 에세이를 쓰는 게 교육의 전부라 한다. 약 160개 대학에서 인문고전 100권 독서 프로그램이나 인문고전 독서 중심의 전공 과정을 제공하고 있다는 것이다.

특히, 시카고대학(University of Chicago)은 로버트 메이너드 허친스(Rover Maynard Huchins) 총장이 취임한 뒤 노벨상 왕국이라는 별명을 얻을 정도로 많은 노벨상 수상자를 배출했다. 허친스 총장은 취임하자마자 학생들에게 고전 100권을 각 분야마다 읽도록 했다. 이후 수많은 노벨상 수상자를 배출했다는 소문은 익히 아는 내용이다.

그러면서 저자는 다음과 같은 독서 방법을 소개한다.

1. 통독하게 하라
2. 정독하게 하라
3. 필사하게 하라
4. 자신만의 의견을 갖게 하라

5. 인문고전 연구가와 토론시켜라

통독은 첫 페이지부터 마지막 페이지까지 내리 읽는 것을 말한다. 필사는 책을 베껴 쓰는 것을 말하는데, 책 전체를 필사하는 게 가장 효과가 좋다고 한다. 하지만 정독을 하면서 밑줄을 그어둔 부분만 필사해도 괜찮다. 필사는 노트에 해도 좋고 컴퓨터에 타이핑해도 좋다.

또한 천재들은 인문고전을 대하고서 자신이 평범하다는 사실을 깨달았고, 이를 극복하고자 했으며 그들이 주로 실행했던 방법은 **반복독서, 필사, 사색**이었다고 한다.

반복독서는 천재들의 독서에서 공통적으로 나타나는 특징이자 천재들이 가장 강조한 독서법이기도 하다. 주자는 '다른 사람이 한 번 읽어서 알면 나는 백 번을 읽고, 다른 사람이 열 번 읽어서 알면 나는 천 번을 읽는다'고 했다.

천재들이 가장 선호한 필사 방식은 원전을 처음부터 끝까지 한 글자도 남김 없이 그대로 베껴 쓰는 것이다. 주의할 점은 번역서가 아닌 원전을 베껴 썼다는 것이다. 천재들 중에서 인문고전을 번역서로 읽은 사람은 거의 없다.

또한, 필사의 천재가 권유하는 최고의 필사는 영혼을 뒤흔드는 문장들을 마음속에 새기는 것이다. 즉 암송하는 것이다. 칸트는 엄청나게 긴 고대 로마 고전 작품들을 단 한 줄도 틀리지 않고 암송하는 것으로 유명했다고 한다.

한편, 초서란 인문고전에서 중요한 부분을 뽑아서 옮겨 적은 뒤 이를 주제별로 분류, 편집해서 책으로 만드는 것인데, 조선의 천재들이 취한 기본적인 인문고전 독서법이었다.

17세기 근대사상가 프랜시스 베이컨(Francis Bacon)은 '독서는 오로지 사색하고 연구하기 위해서 하는 것'이라 했다. 사색을 기록하는 방법은 책을 읽다가 떠오르는 생각을 따로 준비한 종이나 노트에 즉시 적는다. 또는 책을 읽다가 떠오르는 생각을 책의 여백에 즉시 적는다. 책 한 장 또는 책 전체를 읽고 사색한 뒤 그것을 독후감 식으로 적는다.

독서하는 방법

『세상을 읽는 통찰의 순간들』의 저자 김경준의 책 읽는 방법을 소개한다.
1. 책을 접어서 읽는 것. 다시 보고 싶을 때 언제든지 볼 수 있도록 책을 읽다가 중요하거나 기억하고 싶은 구절은 밑줄을 치거나 메모를 한다.
2. 골라서 읽는다. 필요한 부분만 읽는다. 중요하지 않은 부분은 대충 읽는다.
3. 아끼지 않는다. 편하게 밑줄 치고 메모하고 접는 등 쉽게 사용한다.

중국의 시성 두보(杜甫)가 쓴, 독서와 관련된 시 한 편을 소개한다. 두보가 안사의 난으로 조정에서 물러나 산림에 은거한 백학사(柏學士)의 집을 지나다가 인품이 높고 독서가 깊은 백학사를 흠모하여 지은 시 『백학사의 초가집을 지나며 쓰다(題柏學士茅屋)』이다.

푸른 산의 학사가 은어를 불태우고(碧山學士焚銀魚)
백마 타고 달려가 산야에 은거하였네(白馬卻走深岩居)

옛사람은 삼년 겨울 독서에 자족하였는데(古人已用三冬足)

그대 젊은 나이에 만여 권을 읽었구나(年少今開萬卷餘)

맑은 하늘 초가집 위엔 구름이 뭉게뭉게(晴雲滿戶團傾蓋)

가을 물은 섬돌 가득 도랑으로 넘치네(秋水浮階溜決渠)

부귀는 반드시 부지런히 힘써야 얻는 것이고(富貴必從勤苦得)

남아는 모름지기 다섯 수레 책을 읽어야 한다(男兒須讀五車書)

요즘 시대에 비추어 보면 다섯 수레는 다섯 차량으로 이해해야 알맞을 것 같다. 그만큼 독서량을 많이 가지라는 의미인데 나 또한 동의하고 적극 권장하는 바다.

나의 독서법

처음에는 무조건 많이 읽는 것에 방점을 두었다. 그저 두서없이 책을 읽었다. 어떤 분은 독서를 가리켜 콩나물 시루에 물을 주는 것과 같아서 그저 한 번 지나가듯 해도 자주 물을 주면 콩나물이 쑥쑥 자라듯 독서 또한 그러한 것이라고 했다.

일 년에 백 권을 읽겠다는 계획을 세우기도 하고 일주일에 한 권이라는 설정도 했다. 그러나 그 같은 막무가내식 독서는 곧 실패하고 말았다. 결국 양보다는 질적인 독서를 해야겠다는 생각이 들었다. 나의 일정상으로는 한 달에 한 권이 가장 적당했다.

책을 고를 때는 대형 서점에 직접 찾아가서 우선 베스트셀러 코너를 유심히 살핀다. 그곳에서 책을 고르면 일반적으로 많은 사람들이 접한 곳이라 읽고 난 후 주위에 대화 상대가 생길 가능성이 높다. 또한 책을 선택하는 시간을 줄일 수 있어서 좋다.

물론 꼭 필요한 책들은 해당 코너에 가서 찾는다. 하지만 여전히 수많은 책들이 산재해 있는 대형 서점은 원하는 책을 선택하는 데 혼란을 가중시킨다. 사전에 충분히 조사하고 가는 것이 선택 시간을 줄이는 방법이다.

어려서부터 책은 귀중히 다루라는 교육을 받았다. 초등학교 때는 새 책을 무상으로 지급받으면 지난해 달력을 가져다 겉표지부터 입혔다. 그때는 교과서의 가장자리가 쉽게 헤지고 떨어져 나갔다. 그때의 기억으로 지금도 책은 소중히 다뤄야만 한다는 생각에 사로잡혀 있다.

물론 책은 소중히 다뤄야 한다. 문제는 책을 깨끗이 유지하는 것만이 소중히 다루는 것이 아니라는 것을 이제야 깨달았다. 책의 내용을 습득함에 있어 접고, 밑줄 치고 한들 책을 소중히 다루지 않는 것이 아니다. 눅눅한 곳에 방치해 곰팡이가 피거나, 다시 보지 않는 것이 오히려 책에 대한 예의가 아니다.

그리고 점점 낙서도 했다. 나의 생각도 아이디어도 필요하다면 필사도 했다. 그리고 최종적으로 여러 번 봐야 하겠다는 판단이 서면 책의 주요 부분을 발췌한다. 특히 목차와 머리말을 주의 깊게 읽는다. 그래야 책의 구조가 선명히 들어온다. 나중에 책을 쓸 때에도 적잖은 도움이 되기 때문이다.

읽은 후에는 마지막 여백의 페이지에 서명과 함께 날짜를 기입해 두는 습관이 생겼다. 언제 내가 읽었는지 알아볼 수 있도록 한 것이다.

하지만 여전히 독서의 만족도는 높지 않았다. 분명 읽은 듯한데도 인용을 하려 들면 그 내용이 선명히 떠오르지 않았고, 결국 직접 해당 부분을 찾는 데도 한참을 허비해야만 했다. 그래서 책을 읽으면서 표시해 둔 부분은 분량이 많고 적음을 떠나 무조건 타이핑해서 나만의 독서록을 만들었다. 나의 생각이나 느낀 점을 삽입하는 것은 최소화했다. 그래야 주요 발췌본을 읽으면 마치 책 전체를 다시 두 번, 세 번 읽는 효과가 나기 때문이다.

洪氏
家訓

6

인간관계
(동성, 이성 친구, 선후배를 중심으로)

세상에는 나쁜 사람과 좋은 사람이 있는 게 아니라
나와 맞는 사람과 맞지 않는 사람이 있을 뿐이다.
확언컨대 자기 자신도 어떤 사람에게는 맞지 않는 사람일 테다.

정에 얽힌 인연이라는 굴레 - 혈연, 지연, 학연

정(情)과 인연(혈연, 지연, 학연)에 근거한 우리 문화는 과거에 조상들이 서로 나누고 도와줌으로써 당시 넉넉지 못한 생활과 고단한 삶을 이겨내는 데 활력소 역할을 했다. 산업사회 이전은 농경사회를 기반으로 하다 보니 많은 노동력이 필요했던 만큼 서로가 품앗이를 했고 계와 향약을 만들어 집안의 대사와 어려운 일을 해결해 나갔던 것이다.

우리는 살아가는 과정에서 혈연, 지연, 그리고 학연을 만들어 냈고 실제로 많은 시너지 효과를 냈다. 하지만 점차 사회 전체에 미치는 일까지 소위 '끼리끼리 문화'가 확산되면서 파벌이 형성되었다. 서로 밀어주고 챙겨주면서 세를 이루다 보니 일부에서는 부정부패를 낳는 환경으로 자리잡았다.

과거에는 좋은 일이 있을 때마다 주위 사람들을 불러 잔치를 벌였는데 요즘도 합격, 승진을 하면 한턱내는 관례가 남아 있다. 집을 장만하기 어려웠던 시절에는 이사 후 반드시 집들이를 했으며 직접 집에서 만든 팥죽 등 많은 음식을 장만해 잔치를 벌였다.

음주운전이나 음주 후 추태에 대해서도 생각보다 관대한 사회적 분위기는 계속되고 있다. 술자리에서 있었던 이러저러한 에피소드들이 마치 추억인 양, 자랑인 양 또 다른 술자리에서 큰 소리로 떠들어 댄다.

교통사고가 발생하면 일단 서로 큰 소리부터 치고, 자신을 인정해 주지 않으면 '내가 누군지 아느냐?'고 마치 대단한 사람인 양 거들먹거리던 시절이 있었다. 군대 가기 전, 대학 입학 후, 죽마고우를 만났을 때는 부어라 마셔라 마치 머지않아 세상의 종말이라도 오는 양 끝없이 마셔댔다.

술을 마시고 계산할 때면 서로 먼저 계산하려는 모습은 얼핏 보기에는 좋은 장면 같지만, 실상 그것이 갖는 속성은 다양하다. 선배들은 체면 때문에, 업무상 협력 관계에 있는 경우에는 상대측에 잘 보이기 위해서, 친구 관계에서는 나도 한 번 사야 한다는 부담감에서, 동호회 모임의 경우라도 서로가 한 번쯤 과시의 목적에서 먼저 계산대 앞에 서 보려 했다.

물이 고이면 썩게 마련이다

　시간이 흐를수록 인간관계의 본질은 흐려지고 그저 인연에 기대어 불필요한 요식 행위에 많은 투자를 아끼지 않는다. 무엇이 잘못된 것일까? 인연으로 맺어진 관계는 그 근저에 설사 실수를 저질러도 적당히 봐줄 것이라는 든든한 뒷배경으로 믿는 경향이 강하고 실제로 그러한 일들이 자주 일어나면서 더욱 믿게 되는 것이다.

　그렇듯 옛날에는 용서를 구할 때 흔히들 '한 번만 봐주세요'라는 말을 하곤 했다. 잘못을 저지르고 부모님에게 들켜도, 선생님께 발각돼도, 그리고 교통위반 후 경찰에게도 '한 번만 봐달라'고 했다. 들킬 때마다 사용했으면서도 '한 번만' 봐달라고 했으니 지금 생각하면 다소 황당한 말 같은데 그때는 자연스레 사용했다.

깨복쟁이 친구들

　어려서부터 함께 어울려 놀았던 친구들을 우리는 죽마고우(竹馬故友)라 부른다. 대나무 말을 만들어 함께 타고 놀던 친구라는 뜻인데 우리는 통상

깨복쟁이 친구라고 한다.

　사실 그 어려운 시절에 같은 해에 태어나 서로 온종일 어울려 함께 놀곤 했으니 친형제 같은 존재였다. 아주 어릴 적부터 어울리기 시작해 초등학교와 중학교를 졸업할 때까지 10년 이상 온갖 추억을 함께 만든 경우, 죽을 때까지도 끈끈한 우정이 유지되는 경향이 있다.

　도시의 고등학교에 진학하면서 한창 감수성이 예민할 때 사귄 친구들 역시 죽마고우 못지않게 깊은 우정을 나누며 어울리게 된다. 대학 친구들은 자유와 낭만이라는 환경에서 만나 즐겁고 유쾌한 캠퍼스 생활을 하며 함께 사회 진출을 도모했기에 더구나 군 문제가 함께 걸린 경우라면 역시 적잖은 추억을 만들어 속 깊은 우정을 간직하며 산다.

　어려서 만난 친구들일수록 허물없이 지내며 서로가 마음을 다독일 수 있는 친구들이다. 그런 만큼 친하면 친할수록 더욱더 서로에게 기본적인 예의를 지키며 허물을 덮어주고 장점을 칭찬해 주는 우정을 유지하면 노년에도 잘 익은 호박처럼 삶이 풍성하고 즐거운 마음으로 어울릴 수 있는 친구로 남는다.

　사회 생활을 하면서도 친구들이 생겨나는데 학창 시절 친구만큼 가까워지기에는 다소 한계가 있고 이해관계가 얽혀 서로의 마음을 온전히 내비칠 수 있는 사이를 만들기에는 어릴 적 친구들에 비해 어려운 점이 있다.

이성 친구

　고등학교 때까지는 이성 친구의 존재에 대해 부모들의 부담이 전혀 없었다.

집에 데리고 와도 무방하고 인사를 시켜도 단지 이성 친구로만 받아들였기 때문이다. 대학생이 되면 약간 달라진다. 이제는 성인이고 언제든 미래를 약속하고 함께 살기를 결행할 수 있는 나이라 생각되니 다소 긴장이 된다. 통상 친구일 때야 여자 친구도 그냥 그저 친구부모로서 대하다 보니 별 부담이 없었다. 하지만 격식을 차리고 오거나 뭔가 심각한 상황으로 몰고 가면 부모들은 당황할 수밖에 없다.

이제 여자 친구는 언제든 며느리가 될 수 있고 잘못되면 불편한 관계가 될 수도 있는 시점이라, 서로가 만나는 순간부터 의식을 하게 된다. 며느리가 될 사람이라면 우리가 생각하는 며느리 기준에 맞는지, 아들에게 어울리는 사람인지, 우리집에 적응은 잘 하려는지, 성격은 좋은지, 건강한지, 부모님들은 어떤 사람인지, 어떤 가정교육을 받았는지...... 그래서 부모들은 한결같은 질문을 던진다.

"부모님은 모두 계시고?", "부모님은 무슨 일을 하시니?"
"형제들은 어떻게 되니?", "장남, 장녀인지 막내인지?"
"고향은 어디니? 시골? 도시?"

꽃은

따스한 햇볕에는

꼼짝없이 서 있지만

가벼운 산들바람에도

흔들리듯

사랑은

순한 바람처럼

부드럽게 흔드는

재주가 있어야 한다.

홍석민 - 「사랑은」 부분

부모들은 왜 쓸데없는 질문을 할까?

    살아오면서 많은 것을 경험한 터라 여지없이 묻게 되는 질문이다. 부모님이 살아계시는 것은 건강하다는 반증이고, 하시는 일에 따라 대략 그 집안 분위기를 엿볼 수 있다. 이혼이든, 사별이든 편부모일 경우 다소 복잡한 생각을 할 수밖에 없다. 더구나 단순 사별이라 하더라도 질병사라면 가족력이 있을 수 있고 사고사라도 다소 염려스러운 부분이 내재돼 있다고 생각되는 것이 부모 마음이다.

    물론 일부러 의심을 하거나 의도적으로 부정적인 생각을 갖는 것은 아니다. 자식의 앞날에 가능하다면 사소한 것이라 할지라도 불편한 요소가 될 수 있는 것은 검증하고 싶은 마음이 부모의 심정이고, 그래서 다소 무리한 질문까지 하게 된다.

    결론적으로, 부모가 살아 계시다는 것은 장수집안임을 알 수 있고, 직업에 따라 어떤 집안 분위기나 영향력을 받고 자랐을지에 대한 추측도 가능하다. 그래서 가능하다면 화목한 가정에서 선한 영향력을 많이 받은 사람이었으면 하는 마음이다. 즉, 신체적으로 건강하고 이타적인 영향력을 많이 증여받은, 즉 정신적 재산이 부자인 사람을 선택하고 싶은 것이다.

형제자매가 있는지?

우리는 형제자매가 많으면 좋다고 생각한다. 우선 형제자매간에 우애 있게 살게 되면 보기도 좋고 실제 인생을 살면서 때론 친구로, 때론 협력 관계로 든든한 버팀목이 되어 주기 때문이다. 어려움은 나누고, 서로 예절과 배려 등을 배우게 되니까.

반대로, 독자일 경우, 개인주의가 강해 가족 모임에도 다소 회의적일 수 있겠다는 염려가 있다. 물론 대개는 그렇지 않을 것이지만 혹여라도 그런 사람이라면, 하고 염려스러워 하는 것이다. 장남이나 장녀일 경우 집안일에 앞장서야 하는 부담감이 걱정되고, 시누이가 많을 경우 과도한 간섭이 걱정되며 형제자매가 너무 많아도 신경이 많이 쓰인다.

요즘은 이런 질문을 하면 하나같이 꼰대 취급을 하는데 그래서 묻지 않는 분위기로 바뀌어 가고 있다. 하지만 부모로서 대놓고 묻지 않을 뿐이지 마음속에서는 수없이 질문하고 궁금해하는 내용이다. 미래가 아무리 많이 변화한다 해도 아마 이런 부분은 너희도 머지않아 공감하게 될 것이다.

고향이 어디인가가 왜 중요할까?

혹시라도 살아온 과정이 많이 달라서, 먹는 것이 많이 달라서 고생할까 봐 그런 점들이 걱정되는 것이다. 한국에서 태어나 외국에 살았다면, 더욱이 외국인이라면 그런 염려가 더해지는 것이다.

백인이거나 흑인일 경우 부모들이 감당해야 하는 충격은 개인차는 있겠으나 다소 클 수도 있다. 단순히 우리와 피부색이 다르다는 이유로 그런 것이 아니다. 우리 문화에 쉬이 적응할 수 있을지, 우리 집안의 분위기에 맞추어 생활할 수 있을지 걱정되는 것이 사실이다. 국제화 시대에 무슨 뒤떨어지는 생각이냐 하겠지만 문화적인 차이로 고생하는 경우를 종종 봐 왔기에 부모들은 염려하는 것이다. 무조건 거리가 있는 지역이라 반대하는 것이 아니라 이런 경우일수록 서로 이해의 폭을 넓힐 수 있는 방안을 찾자는 뜻이 강하다.

달달한 막대사탕
오래도록 빨아 먹고 나니
깡마른 막대 하나 덩그러니

아무데나 버리면 그만인데
버릴 곳 마땅찮으니
끝내 들고 다닌다

홍석민 - 「사랑6」 전문

심지어 자존심 상한 부분을 물어볼 수도 있다. 부모님이 왜 이혼하셨는지? 출신학교는 어디인지? 몇 평 아파트에 사는지? 단지 부모 입장에서는 삶에서 얻은 염려를 직접 확인해 보고 싶은 것이다.

더구나 마땅치 않은 질문을 던졌을 때 대답하는 태도에도 부모들은 큰 관심을 갖는다. 즉 인성을 보는 것이다. 못마땅한 부분이 많으면 많을수록 둘의 관계를 되돌려 놓고 싶은 마음이다. 그렇지만 대부분 부모들은 자식과 상대의 의견을 존중해야 한다는 전제를 인정하고 있다.

왜 그렇게 복잡해요?
그냥 사람만 보시면 되죠?

그렇다. 그냥 사람만 보고 싶다. 하지만 그동안 사람에 치여 온 과거가 그렇게 놔두지 않는 것이다. 사람에게 신뢰와 사랑을 주고받고, 이웃이나 지인 간에, 그리고 친구 간에 어우렁더우렁 평범하고 아름다운 삶을 살고 싶었다.

하지만 거기에는 반드시 경쟁, 반감, 다툼, 시기와 질투를 넘어 사기 행각, 법정 분쟁 등으로 이어지는 실망과 좌절을 맛본 경험자이기에 그렇게 단순히 넘기기는 어렵다. 부모 자신이 과거에 경험한 불행한 기억이 없다 하더라도 간접적으로 많은 경험이 있는 바, 섣불리 대충 확인하고 넘어갈 수가 없다. 나중에 너희들이 부모 입장이 되어도 마찬가지일 것이다.

나는 대학 시절에 가능하면 여러 명의 이성 친구를 사귀어보라고 권장한다. 최근 형제자매가 많지 않은 상황에서 이성의 행동거지나 심리를 이해하기가 쉽지 않은 환경 탓이다. 고등학교까지 남녀 학생들이 함께 어울려 공부하지만 대부분 학생들은 대학 입시 준비 때문에 이성 친구를 사귀어볼 기회가 많지는 않았을 것이다.

우리는 초등학교 1~2학년 때만 남녀 합반이었고 줄곧 교실이 분리되어 수업받았으며 중학교 역시 남녀 공학이었지만 공간과 수업은 철저히 분리되어 있었다. 시골에서는 같은 동네 친구들끼리 종종 어울려 놀기는 했으나 이성 친구가 되기에는 친척지간이 많았고 서로 이해관계가 얽혀있어서 거의 불가능했다.

고등학교 때는 대부분 도시 학교로 진학했으며 아예 남고, 여고로 나뉘어졌다. 이성에 대한 궁금증은 더욱 많아졌지만 남녀가 함께 할 수 있는 활동은 종교적인 예배 활동이 전부였다. 더구나 학력고사를 통해 대학을 가던 시절이라 지금처럼 대학 입시에 몰두해야만 했으니 이성교제는 거의 할 수 없었다.

대학에 진학해서야 본격적인 이성교제가 가능했다. 하지만 나의 경우 남학생들만 있는 대학에 진학했고 엄격한 규율이 있는 특수대학인 만큼 타 대학생들과 미팅하기도 쉽지만은 않았다. 와중에도 자유롭게 이성 친구를 사귀는 친구가 있었는가 하면, 이렇다 할 이성 친구 하나 없이 대학을 졸업하고 군에 입대하는 친구들도 많았다.

일반적으로 대학에서 이성 친구들을 사귀지 못할 경우 추후에도 이성 친구를 사귀는 일에 대해서는 소극적인 마인드가 된다. 다양한 이성 친구를 사귀어 보면서 그들의 특성을 파악해 두는 것이 결혼 상대를 선택할 때 많은 도움이 된다. 외모만 중시하거나 경제적 이유로 배우자를 선택하는 우를 범하지 말기를 바란다.

믿는 종교는?

우리가 가진 종교가 서로 다를 경우 가족 간에 분쟁을 야기할 수 있다는 점을 고려해야 한다는 것을 이해하기 바란다. 그동안 주위에서 종교적인 문제로 가족끼리 다수의 분쟁을 겪는 것을 직접 보고 들었던 터라 적잖이 신경이 쓰이는 부분임에 틀림없다.

예를 들어, 특정 종교 신자의 경우 동일 종교를 믿는 조건으로 결혼을 허락한다든지, 제사를 지내지 않는다든지, 서로 다른 종교를 갖는 경우 심한 분쟁으로 치닫는 경우를 종종 봐 왔다.

결국 가족이 되었을 때 믿는 종교에 따라 야기될 수 있는 문제를 미리 점검하는 것이다. 결혼은 단둘이 하는 게 아니라 양가의 결합이라는 평범한 진리를 경험하게 되는 첫 관문이기도 하다. 이렇게 질문하는 과정에서 행동거지를 보고 성격과 됨됨이를 파악하고 우리 가풍에 적응이 순조롭고 가족과 생활이 원활할 것인지 예측하게 된다.

그러면서 상대를 스캔하기도 한다. 얼굴에 나타난 모습에서 성격을 가늠해 보기도 하고, 불편한 몸은 아닌지 체격 등도 살펴본다. 지금이야 의학이 발달하고 의료체계가 잘 정비돼 있어서 출산이 무리 없이 진행된다지만 사실 과거에는 출산과 관련하여 여자들의 건강한 신체, 체력은 무엇보다도 중요한 요소였다.

부모는 한순간도 너희들의 건강과 미래를 살피는 데 소홀히 해 본 적이 없고 너희들에게 거는 기대치가 있으므로 결혼할 상대가 이에 못 미치면 실망 또한 그만큼 클 수밖에 없다. 그 기대치라는 것을 미리 알려주고 어느 정도 서로 대화를 하거나 타협이 되면 좋은데, 마음속으로만 품고 있다가 자식이 거기에 못 미치면 화부터 내게 되니 자식 입장에선 당황스러울 수밖에 없을 것이다.

부모의 반대를 무릅쓰고 굳이 결혼을 강행하겠다고 하면 '내가 너를 어찌 키웠는데 이러느냐?', '내 눈에 흙이 들어가기 전에는 안 된다' 등 참으로 힘든 시간을 마주해야 한다. 이때 부모들이 저렇게 반대를 하니 마치 내 편이 아닌 듯한 착각을 하게 되는데 전적으로 너희 편이다 보니 나온 현상임을 깨닫기 바란다.

결론부터 말하자면, 결혼과 이후 낳게 될 자식에 대해서는 오롯이 너희들이 결정하고 책임질 일이다. 다만 이성 친구를 선택하고 결혼을 하기까지는 부모들의 지혜가 담긴 조언을 철저히 참고하고 고려해 주기를 바라는 마음이다. 그래야 너희가 예상치 못한 시행착오를 대폭 줄일 수가 있을 것이다.

사진기자들이 역사적인 그날의 재판을 낱낱이 기록해
영원히 지워지지 않을 증거들을 모아
두꺼운 책으로 엮어 주었는데
십 년 뒤 아이들은 가끔 재판기록을 열람하며
그 날의 증인을 앞에 두고 검사처럼 묻는다
지금도 서로 사랑하는 거 맞아요?

홍석민 - 「죄와 벌」 부분

결혼을 하면 부모님과 지속적인 관계나 유대를 유지해야 하고 다른 형제자매와도 다양한 교류를 이어가게 될 테니 그들로부터 긍정적인 반응을 얻어 축복받는 결혼이 되어야 하는 이유다. 부모는 삶의 지혜를 전달하는 선에서 끝나야지 나서서 자식의 미래를 섣불리 결정하면 안 된다는 것이 내 생각이다. 결혼과 그에 따른 가족의 미래는 온전히 자신들만의 일이고 본인들이 헤쳐 나갈 미래이다.

죽도록 사랑하여 결혼을 하더라도 곧 냉철한 현실을 마주하게 될 텐데 사랑이나 이상적인 꿈만 가지고는 결혼 생활도 오래가지 못하게 된다. 적어도 결혼은 무거운 현실 책임이 따르고 반드시 해야 할 상호의무가 공존한다.

"마음만 맞으면 뭔들 못하겠어요? 사랑의 힘은 위대하다는데" 이해한다. 하지만 그렇게 시작해서 마주하는 현실은 생각보다 냉혹하다. 다시 말하지만 책임질 수 있는, 그리고 의무를 이행할 수 있는 선행조건을 갖출 필요가 있다는 것을 강조하고 싶다.

부모들이 너희들보다 지식과 정보는 부족할지 몰라도 수십 년을 살아오면서 직간접의 경험을 통해 터득한 삶의 지혜는 풍부하다. 누군가 부정한 마음을 먹었을 때, 아픈 가족이 있을 때, 엇나간 자식이 하나라도 있을 때, 기타 어려운 가정문제가 생겼을 때 겪게 될 고충을 너무나도 잘 알고 있다. 그러니 자식은 그런 고통을 경험하지 않았으면 하는 간절한 바람을 갖고 있다. 인생의 반려자를 고르는 데 있어서 잔소리가 많아질 수밖에 없는 이유다.

'오래 오래 행복하게 살았답니다'의 주인공이 되려면

이제껏 만났던 친구들 중 100% 이해와 공감을 해 준 친구가 얼마나 있었는지 모르겠지만 정말 친한 친구와도 다투고 헤어지는 경우가 많았을 것이다.

결혼을 하면 아마도 지금까지 살아온 시간보다 훨씬 많은 세월을 함께 할 것이다. 결혼은 친구와 다르게 인생의 남은 시간을 서로 공유할 사람을 선택하는 것이다. 싸우고 헤어지는 사이가 아니라 싸우더라도 같이 살아야 하는 사람이고 죽도록 미워도 모든 걸 보듬어야 할 가족이 되는 것이다. 결코 까다롭게 굴자는 것이 아니라 나와 공유하는 삶에서 내가 상대를 이해하고 존중하며 끝까지 갈 수 있는가를 점검하자는 것이다.

서로가 서로에게 모든 것이 다 만족스럽지는 않을 것이다. 그런 부분에 대해 내가 그리고 상대가 보듬어 줄 수 있는지, 또한 보듬어줄 의지를 확인하자는 것이다. 그래서 동화 속 해피엔딩처럼 '오래오래 행복하게 살았답니다'의 결과를 향해 가자는 것이다.

결론적으로, 배우자는 사회적으로나 경제적으로 훌륭한 사람을 고르는 게 아니라 일평생 서로가 맞추어 나갈 수 있는 사람을 찾는 것이다. 서로가 가진 장점을 북돋워 주고 서로에게 필요한 부분과 부족한 부분은 함께 채워나갈 마음의 준비가 돼 있어야 한다는 것이다. 그것도 평생을~.

**사람이 해롭거나 이롭거나 그저 그런 관계는
선악에서 비롯된 것보다 상대적이기 때문이다**

앞에서 말했듯이, 정에 뿌리를 둔 대표적인 인연은 세 가지가 있다고 했다. 가족관계에서 혈연, 지역에 기반을 둔 지연, 그리고 같은 학교를 졸업한 학연이라는 것이다.

우선, 혈연은 증여·상속 문제가 과거보다 훨씬 복잡하게 얽히면서 가족 간의 유대관계가 많이 약해지고 다툼이 심화되었다. 가장 돈독해야 할 혈연관계가 무너지고 있는 것이다. 증여·상속 문제로 소송이라도 벌어지면 이웃보다도 못한 사이, 심지어 원수지간이 되어 다시 보지 않거나 연을 끊는 경우도 허다하다.

두 번째, 지연은 교통의 발달과 잦은 근무지 이동으로 토착민의 비율이 낮아지면서 역시 태어난 지역을 기반으로 하는 지연의 관계 및 의미가 퇴색하고 있다. 잠시 잠깐 살았거나 제2, 제3의 고향이 생기면서 특정 지역에 대한 감정 역시 한정적일 수밖에 없다. 언제든 이동하여 살 수 있고 근무지가 종종 바뀌면서 태어나고 자란 지역을 기반으로 하는 지연 역시 그만큼 약해질 수밖에 없다.

반면, 국적은 바꿀 수 있지만 죽어도 학적은 바뀌지 않는다는 말이 있듯이 동문을 기반으로 하는 학연은 사실 지울래야 지울 수 없는 인연이다. 더구나 같은 전공에 하는 일도 비슷하거나 서로 이해관계에 있다면 그들 사이는 당연히 특별해질 수밖에 없다. 경쟁이 심한 데다 어떠한 공통점이라도 찾아내어 연결을 시도하려는 사람들의 심리로 볼 때 앞으로도 가장 강한 인연으로 남을 수밖에 없다. 동기동창은 물론이고 같은 과의 선후배들은 더구나 미래에도 서로 얽힐 수밖에 없는 특별한 인연이라 하겠다. 사실 학교에서는 어느 누가 나와 인연이 계속될지 알 수가 없다.

하지만 학교 선후배는 살아가면서 실제로 많은 형태의 인연으로 엮이게 된다. 의형제를 맺는 경우도 있고 같은 직장에 들어가거나, 동업을 하거나 심지어 결혼을 하게 되는 경우도 허다하다. 그런 만큼 특히 학교 동문들과는 인간관계를 잘 유지해야 한다.

어느 조직, 어느 사회나 사람들의 구성은 비슷하다. 즉 거기에는 각각의 성향을 가진 사람들이 다 포함돼 있다는 것이다. 그것은 인성을 기준으로 선발하는 것이 아니라 능력에 따라 선별된 개인들로 조직이 만들어지기 때문일 것이다. 여기에서 우리는 한 가지 명심해야 할 것이 있다. 단지 동문이라는 이유로 무조건 믿는다든지, 또는 함부로 대하지 말아야 한다는 것이다. 동문 중에도 부정한 마음을 품거나 악의적인 의도로 접근하는 경우가 있을 수 있다.

동문의 성향에 따라 얼마만큼 거리를 유지해야 할지 판단할 수 있는 능력이 필요하고 가깝거나 친하다는 이유로 막말을 하거나 홀대하면 안 된다. 사람이 해롭거나 이롭거나 그저 그런 관계는 본질적으로 선악에서 비롯된 것보다 서로 상대적이기 때문이다.

친구를 보면 그 사람을 알 수 있다?

이성 간에는 궁합이라고 하는데, 굳이 말하자면 동성지간에도 궁합이라는 것이 있다. 이상하게 그 친구나 특정 선후배와는 손발이 잘 맞아서 좋은 결과를 만들어내는 경우가 있을 것이다. 또 어떤 친구와는 의도와 달리 종종 부딪치는 경우도 있을 수 있다.

사람들을 가려 만나라는 것이 아니라 내가 그 사람들에게 어떻게 처신할 것인가를 말하는 것이다. 누구든 자신의 비밀을 지킬 수 있는 사람에게 마음속 비밀을 말하고 싶고, 성실하고 믿음이 가는 사람과 동업, 협업을 도모하고 싶다.

또한, 불량하거나 나쁜 의도를 가진 사람과는 이해관계를 맺고 싶지 않은 것이 인지상정이다. 결국엔, 내가 선하고 좋은 사람이어야 그러한 상대가 다가온다는 것을 잊지 말아야 할 것이다.

반대로, 경계해야 할 것들이 있다. 이러한 동기애와 우정을 이용해 가끔 자신의 이익을 탐하는 친구들이 있다. 1990년대 중반 다단계 판매 사기가 문제되었던 적이 있다. 가입하면서 고가의 보온 매트를 구입하고 추가로 세 사람을 포섭하여 판매하는 구조인데, 결국 한 사람당 세 사람씩 추가로 포섭하면 매출이 기하급수적으로 늘어나는 판매시스템이었다.

수입 또한 단계적으로 분배되는 구조라 정점에 있는 사람은 상상을 초월하는 수익이 생기는 판매 방식이라며 많은 사람들을 유혹했다. 그때 포섭하기 가장 좋은 사람들이 동기동창이었다. 사회에 진출하면서 세상물정을 모르는 이들에게 현혹되기 딱 좋은 곳이었다.

반세기가 지나도

여전히 투박해서

뾰족뾰족해서

석수장이들마저

웬만큼 강심장이 아니고서야

정과 망치를 들이대지 못하는

그래서 아직껏

다듬어지지 않은

까칠까칠한 원석

오래된 양은냄비처럼

밑은 까맣게 그을리고

찌그러질 대로 찌그러졌어도

그 안에 끓인 음식 맛은

일품이듯

어느 때 맛을 봐도

구수한 너

홍석민 - 「딱 너다」 전문

친구라는 이름의 이방인들

　나에게도 그런 기회가 있었는데 몇 가지 의문스러운 점을 따져 가입하지 않았다. 우선, 그렇게 좋은 상품과 판매구조라면 왜 대형백화점이나 대기업에서 뛰어들지 않는가? 왜 일류대 졸업생은 이런 곳에는 관심 없고 대기업에 취업을 하는가? 방송 매체를 통한 상업 광고는 왜 하지 않는가?

　한 번은 대학동기에게서 전화가 왔다. 오랜만의 통화라 반갑게 받아주었고 만나러 온다 하길래 별 생각 없이 허락했다. 그는 찾아와서 이런저런 옛날이야기로 친분을 과시하더니 돈을 빌려달라고 사정했다. 거절하지 못한 성격이라 빌려줬더니 그 후 연락이 끊겼다. 나중에 들리는 소문으로는 여러 명의 동기들에게 같은 수법으로 상당한 금액을 챙긴 후 연락이 끊겼다.

　그 후 다시는 동기들에게 돈 빌려주지 않겠다 다짐했는데 그 후로도 다른 동기들에게 돈을 빌려줬다 떼이기를 반복했다. 그렇게 쓰리고 아픈 기억이 되풀이 되고 나서야 내성이 생겼다. '돈 잃고 사람 잃는다'는 옛말을 절실히 깨닫게 되었고 상당한 수업료를 치르고 나서야 그런 친구들에게 냉철해지기 시작했다.

　가만히 따져 보니 그들이 말하는 급한 사정보다는 내 부모형제들의 사정이 더 급한 경우가 많았다. 오히려 가족들에게는 무심했던 자신을 발견했다. 더구나 통장의 잔고는 사업상 유동자금이지 결코 여유자금이 아닌 것도 깨달았다. 또한 사업상 은행으로부터 빌린 돈으로 치면 내가 제일 채무가 많은, 그야말로 최고의 빚쟁이였다.

　그런데도 마치 여유가 있는 사람으로 자신을 착각하고 친구들에게 돈을 빌려주고 있었다니, 그리고 그들은 약속이라도 한 것처럼 연락을 끊은 것으로 보아 분명 나는 일회용 친구였음에 틀림없었다. 그들의 의도는 그게 아닐지라도 일회용처럼 이용당한 느낌을 쉬이 지울 수가 없었다.

믿어라, 하지만 검증하라!

　심지어 사기행각을 벌인 친구도 있었다. 사업을 같이 하다가 뒷통수를 치는 경우 감정 싸움을 넘어 법정 다툼까지 가야 했다. 처음에는 사기인 줄 모르는 경우가 많다. 물론 상대도 처음에는 사기 칠 의도가 없었으리라. 생각한 대로 되지 않으니 결국 서로를 비난하게 되고 손해를 입히게 된 상황이었으리라.

　어떤 일이든 조금이라도 의심스러우면 주위의 존경받는 선배나 은사님 즉 멘토를 찾아서 상담할 것을 권한다. 가장 명심해야 할 것은 본인이 의도하든 의도하지 않았든 불행한 결과가 발생하지 않도록 사전에 충분한 검증이 필요하다.

　또한, 오랜 기간 소식도 없던 친구가 갑자기 연락해 본인의 결혼 소식을 전하는 경우가 있는데 거기까지야 서로 축하해주고 축하받는 사이라는 기대에 별 생각 없이 응해 준다. 하지만 자기 결혼이 끝남과 동시에 연락을 끊던지 아니면 의도적으로 다른 친구들의 결혼식에 참석하지 않는 경우가 있어서 뒷맛이 씁쓸할 때가 있다.

　사실 그런 경우를 미리 예측하기란 쉽지 않으니 어떻게 처신해야 좋은지 단정해서 말해줄 수는 없다. 다만 불현듯 다가오는 친구는 과신하지 말고 주위 친구들을 통해 한 번쯤 검증하기 바란다.

애경사 참석은 품앗이다

애경사에 대한 생각은 월간지『좋은 생각』에서 읽은 내용이 다소 도움이 될 듯하다. 애경사의 경우, 과거 서로의 도움이 필요했던 시대에 품앗이 성격을 띠고 있으니, 냉정하다 할지 모르나 참석 대 참석 아니면 불참 대 불참의 대응이라 생각하면 굳이 서운해할 이유가 없다는 것이다.

따라서 나의 경우는 세 가지 형태로 분류해서 예를 갖추기로 했다. 애경사 통보를 받았을 때 우선 꼭 참석해야 하는 경우는 과거에 나의 애경사에 참석했던 사람을 비롯하여 친척, 고객, 도움을 받은 분들이다.

둘째, 참석의 유무가 애매한 경우는 부담 없이 참석 여부를 결정한다. 가도 되고 가지 않아도 되는 경우로 그때의 사정에 따라 마음 편하게 결정하면 된다. 나의 애경사에 초청할지 여부도 마음 편하게 결정하면 된다.

마지막으로, 참석하지 않아도 되는 경우라면 미련 없이 지운다. 이는 상대를 무시하는 행위가 아니라 서로가 참석에 대한 부담을 갖지 않는다는 의미이다.

**세상에는 나쁜 사람과 좋은 사람이 있는 게 아니라
나와 맞는 사람과 맞지 않는 사람이 있을 뿐이다**

다시 말하지만 인간관계는 자신을 먼저 생각해 봐야 할 문제다. 상대보다 자신을 먼저 뒤돌아보는 자세로부터 결국 원하는 인간관계를 찾을 수 있을 것이다.

또한, 내가 좋은 평을 받아야 많은 친구들이 관심을 갖게 되고, 그중에 자신과 코드가 맞는 사람과 인연이 맺어질 가능성이 높다. 세상에는 나쁜 사람과 좋은 사람이 있는 게 아니라 나와 맞는 사람과 맞지 않는 사람이 있을 뿐이다. 그래서 나이가 들수록 나와 맞는 사람, 즉 편한 사람을 찾는다. 같이 있으면 편한 사람, 자신 또한 그런 사람이길 바란다.

편한 관계를 말하자면 친구는 친구의 예를 다하면 된다. 서로 반갑게 만나고 추억을 회상하며 즐거운 시간을 보내라. 거기에서 발생한 비용 부담은 더치페이 또는 누군가 부담 없이 결제한다면 감사의 인사를 건네고, 기쁘고 슬픈 일은 위로와 격려를 해 주는 아량을 가지면 된다.

이해의 관계라면 공사를 구분하는 것이 중요하다. 친구라면 위에 언급한 예에 더하여 이해관계의 일이 우선되어야 한다. 즉, 동업을 하거나 협력관계 등 비즈니스 관계라면 계약관계나 공식적인 업무가 우선되어야 하고, 투자나 모임 등도 역시 규정에 따라 공적인 업무 처리가 우선되어야 한다. 친구니까 적당히, 잘못해도 이해해 줄 것이라 기대는 하지 말아야 한다. 그래야 신뢰도 우정도 지켜갈 수 있다.

洪氏
家訓

7

일과 직업

공기는 움직여야 바람이 되고 물은 움직여야 파도가 된다.
주위에는 수없이 많은 물과 공기가 존재한다. 바람과 파도를 일으키는 사람이
타인의 마음을 움직이고 무미건조한 지구를 살린다.

일과 관련하여 다음 두 가지 격언에 대해 깊이 공감하게 되었다. 하나는 **'경쟁은 거지같지만 경쟁이 없으면 거지같이 살게 된다'**는 말인데 인류역사를 관통해 온 자연법칙이라고 한다. 다른 하나는 탈무드 격언 중에 나오는 **'자신의 힘으로 생활할 수 있는 자는 하늘을 두려워하는 종교인보다 위대하다'**라는 것으로, 유대인들이 얼마나 경제적 능력에 대해 위대하게 생각하는지 알 수 있다. 우리는 자라면서 공부를 싫어했고, 일하는 것을 좋아하지 않았지만 두 가지는 인생의 필수요건이며 결국 사랑하게 되고 숙명처럼 엮여 평생을 함께해야 한다.

할아버지 세대는 어려운 상황에서도 삶에 대한 강한 욕구와 더불어 가족을 챙기는 희생정신으로 근면 성실하게 일하고 또 일하여 세계를 깜짝 놀라게 한 한강의 기적을 만들어 가난을 탈피했다. 우리 세대는 유신독재와 이에 뒤이어 정권을 잡은 군사 정권의 독재와 강압의 시대를 겪으며 수많은 피를 흘려 오늘과 같은 민주화 시대를 이루어 냈다.

상상해 보라. 대한민국이 아직도 1960년대의 가난을 탈피하지 못하고 비렁뱅이 신세를 벗어나지 못했다면? 또한 독재정권하에 통제와 억압으로 자유로이 살지 못하고 있다면 어떠하겠는가?

춥고 배고프고 처참했던 가난의 실상을 이겨보려 죽기 살기로 일했던 정신, 사람들은 이를 '헝그리 정신'이라 하지만 우리에게는 그저 한시라도 빨리 벗어나고픈 지독한 현실이었다. 그렇게 지나온 과거의 장막을 걷어내고 경제력과 민주화를 이루어 이렇게 자유롭고 여건이 잘 조성된 시대는 우리 역사상 일찍이 없었다. 전 세계 어디를 둘러봐도 찾기 힘들 정도로 좋은 여건임에 틀림없다.

그런데 왜 포기하는가? 왜 도전해 보지 않는가? 왜 눈높이를 낮추지 않는가? 단언컨대, 쉽고 편하고 스트레스 없이 고액의 대가를 주는 곳은 없다. 설령 있다손 치더라도 결코 오래가지 못한다. 젊어서 고생은 사서도 한다는 말이 있다.

정해진 하루 분량을
바닥까지 소모하고
빨간 불이 들어오면
다시금
찾아드는 저녁 충전소

멈추어 입 벌리고
헐떡이다가
파란불 가득차면
또 다시
기적 빵빵

또 하루 꿈틀할 수 있다고...

홍석민 - 「하루살이」 부분

수억 광년 떨어진 별은 늘 빛을 발하지만
별빛을 볼 수 있고 없고는 머리 위 구름이 결정한다

 사실 우리는 젊은이들이 미래를 포기한다는 것에 분노한다. 얼마나 힘들면 저럴까 싶기도 하지만 아닌 건 아닌 것이다. 평생 육체노동으로만 살다가 죽기는 싫다는 젊은이도 몇몇 있었다. 왜 미리 단정 짓는가?

 우리도 젊어서는 대부분이 육체적 노동으로 시작했다. 공장, 식당, 운전, 건설 등 어떤 분야든 일자리만 있으면 학비를 위해서, 생활비를 위해서 주저 없이 뛰어들었다. 이것이 직업으로 연결되어 어렵고 더럽고 힘든 과정을 참아내며 오늘날의 경제성장을 이끌어 내는 데 작은 역할을 했으며 이제는 나름대로 그 달콤한 열매를 맛보고 있다.

 '5포세대' 또는 '7포세대'로 일컬어지는 요즘 젊은이들의 세태를 우리는 이해할 수 없다. 단지 말을 만들어 내기 좋아하는 기자들의 현란한 기사 제목에 불과할 뿐, 실제로는 많은 젊은이들이 이러한 포기 의사가 없다는 것을, 포기하지 않았다는 것을 믿고 싶다. 그러한 젊은이가 그저 잠시잠깐 암담한 현실에 실망한 상태에 처한 것이라 이해하고 싶다. 제발 스스로 만든 구름을 걷어내고 찬란한 별빛을 보라. 비록 비구름이 가리고 있다 하더라도 변함없는 별빛을 믿으며 가슴속에 담아라. 혹시 포기 의사가 있다면 귀찮더라도 우리 이야기 즉 잔소리를 진지하게 들어주기를 바란다.

『한국인을 말한다』 – 마이클 브린(Michael Breen)

 한국에서 15년간 기자 생활을 한 영국인 마이클 브린이 쓴 『한국인을 말한다』에서 한국인은 부패, 조급성, 당파성 등의 문제가 있지만 다음과 같은 훌륭한 장점이 있다고 했다.

평균 IQ가 세계 최고이며, 문맹률이 1% 미만인 유일한 나라로서 일본 중국을 포함하여 세계 4대 강국을 우습게 아는 배짱이 있는 반면 약소국에게는 관대한 나라라고 했다. 더구나 세계 각국의 유수한 대학마다 우등생 자리를 휩쓸고 있으며 유태인을 게으름뱅이로 보이게 할 만큼 부지런하고 세계에서도 가장 기가 강한 민족이라고 했다.

물론 그가 주관적으로 보고 느낀 것이라 다 맞는 얘기라 할 수는 없겠지만 나는 적어도 이 작은 나라가 기죽지 않고 세계 속에서 당당히 살아가는 배짱 있는 나라이며 우리가 그 주인공이라는 데 동의하고 싶다.

그동안 출장이나 여행을 통해 동남아의 많은 나라 사람들을 만나게 됐을 때 그들 대부분이 앞서가는 한국과 한국 사람들을 부러워했다. K-pop의 영향도 있겠지만 그보다는 근면성실하고 책임감 있는 국민성과 열정적인 모습을 더 부러워했다.

성공의 초점은
성과가 아니라 그 사람의 인격이어야 한다

어떤 이는 우리나라 국민의 경제활동이 가장 활발했던 시기가 1981년부터 1996년까지 15년간이라고 주장한다. 물론, 이전 1970년대의 경제성장률이 꽤나 높았지만 그때는 도약기였으므로 실질적인 국민경제의 활성화가 다소 약한 시기였다. 하지만 경제적 기반을 어느 정도 이룬 상황에서 가파른 경제

성장을 이어간 이때는 무엇을 해도 다들 성공하던 시절이었다고 말한다.

우리 역시 이때 취업을 한 세대로 사실 취업 걱정은 하지 않았다. 대학생들은 데모에 열중했고 사회는 민주화 열기로 늘 혼란스러웠다. 하지만 취업시장에서는 사람이 부족했다. 학업 성적도 학생 운동의 전력도 아무런 문제가 되지 않았다. 아마도 공직에 지원할 때는 여전히 연좌제와 범죄 전과, 학생 운동 전력 등이 문제될 수 있었으리라.

과도한 업무와 야근 그리고 흥청거리는 밤문화 때문에 힘든 반면, 일할 곳이 많고 성과급도 주어져 일할 맛이 나던 시기다. 요즈음 불안한 취업시장을 보면 젊은이들이 불쌍하다는 생각도 들지만 한편으로는 그때와 비교해도 근본적으로 취업 환경이 달라진 것은 별로 없다고 본다.

우리는 대·중·소기업과 3D 업종을 가리지 않았고 야근과 초과 근무는 당연하게 생각했던 시절이라 어디든 취업이 수월했다. 지금이야 3D 업종은 외국인들이 차지하고 있고 제조업 분야의 중소기업에도 인력난이 계속되는 것을 보면 취업은 자신이 마음먹기에 달렸다 할 수 있다. 물론 요즘의 취업 준비생들도 할 말은 있을 것이다. 좋은 스펙을 가지고 단순 업무나 하려고 지금까지 공부하고 준비했던 것은 아닐 것이다.

하지만 생각해 보라. 공부를 많이 한 사람은 단순하고 육체적인 일을 하면 안 되는가? 생각을 조금 달리 해 보면 스펙 역시 꼭 필요한 데서나 유용한 것이다. 성실한 자세와 똑똑한 머리로 그곳의 환경을 개선하고 신박한 아이디어를 적용해 자신만의 세계를 만들어 가면 전문가 수준에 이르고, 중소기업을 넘어 세계적인 기업으로 키워갈 수도 있을 것이다.

**크고 화려한 서양란은 향이 없으나
작고 소박한 동양란은 향이 강하다**

사실 우리 세대도 취업이 잘 되긴 했지만 미래가 불확실하기는 마찬가지였고 업종에 따라 경기의 부침은 계속되었기 때문에 마냥 좋을 순 없었다. 나의 경우도 가정 형편 때문에 생각지도 않은 해양대학 진학을 선택했으며, 첫 승선 7개월 만에 배가 쪼개지는 바람에 퇴선한 경험이 있고 세 번째로 승선한 유조선의 경우 일본 미주시마항에서 좌초 사고를 겪었다. 하선한 후 육상 근무지를 찾아 여러 곳을 전전하였으나 마땅한 곳을 찾지 못했다. 선뜻 내키지는 않았지만 해운 관련 업체의 문을 두드려 선원관리 업무를 시작으로 이런 저런 업무를 맡아 매진하였다. 어떤 미래가 기다리고 있는지 모른 채 미래를 위한 준비로 해양대 대학원에 진학해 배우고 익혔다. 그저 먹고 살기 위해 열심히 공부했고 작은 회사를 설립해 최선을 다했다.

당장 화려한 모습에만 열광하지 말아라. 비록 오늘의 나는 작은 사람이지만 향기로운 향을 품으면 사랑받을 것이고 미래에도 그 향은 사라지지 않을 것이다. 사람들은 현재의 결과만을 보며 쉬이 평가하는 경향이 있다. 하지만 누구에게도 미래는 불확실하며 결과를 예측하기는 어렵다. 다만 진인사대천명(盡人事待天命)의 자세로 나아가다 보면 좋은 결과를 얻을 것이다.

어두운 세상을 밝히려면
날벌레가 귀찮게 구는 것쯤은 견디어야 한다

　1970년대, 위험하다며 부자들이 꺼리던 해운업에 뛰어든 어떤 선주가 일본에서 고물이 다 된 선박을 구입했다. 한국 선원을 인수 멤버로 보내 그 선박을 한국으로 가져오기로 한 날, 아침 일찍부터 선주는 부산항에 나가 기다렸다. 아무리 기다려도 자기 배는 보이지 않고 자기가 구입한 배와 비슷하긴 한데 너무나 깨끗한 배가 들어오자 넋 놓고 보고 있었다고 한다. 배가 부두에 가까이 다가오자 그제서야 자기 배라는 것을 알게 되었다는 일화를 들은 적이 있다. 그 짧은 기간에 선원들은 낡은 선박을 정비하고 페인트칠을 해서 새로운 선주가 몰라볼 정도로 멋지게 만들어 왔다는 일화는 지금 생각해도 가슴 뭉클하다.

　물론 3D 업종이나 급여가 낮은 직장을 고집하자는 얘기는 아니다. 시대가 바뀌었고 기술이 발전하면서 일자리에도 분명 변화가 생겼다. 하지만 경제활동으로 삶을 영위하는 방법은 그 자체로 크게 변하지 않는다. 즉, 어떤 곳이라도 그곳에서 전문가가 되면 도약의 계기가 마련되고 자신의 영역을 확장해 나갈 수 있다.

　밤이면 홀로 길가에 서서 어둠을 밝히는 가로등에는 수많은 날벌레가 날아들어 성가시게 한다. 그렇다고 불을 꺼 버리면 날벌레는 날아가겠지만 그 주위는 어두운 세상이 될 것이다. 어떤 일이든 쉽고 깨끗하고 귀찮지 않은 조건을 다 갖춘 일이란 없다.

**공기는 움직여야 바람이 되고
물은 움직여야 파도가 된다**

웅진 윤석금 회장이 성공의 비결을 묻는 질문에 이렇게 대답했다. "저는 누구보다도 판매에 자신이 있고, 판매에 있어 전문가가 되었기 때문에 성공했다고 자신 있게 말합니다. 따라서 성공의 비결이란 한 분야의 전문가가 되기 위한 끊임없는 노력일 것입니다."

그때 나는 판매전문가라는 말에 충격을 받았다. 일반적으로 '전문가' 하면 변호사, 법무사, 건축사, 세무사, 회계사 등을 떠올린다. 그러나 우리가 생각을 바꾸어야 하는 것은, 정말 우리가 미처 생각지 못한 엉뚱한 분야에서도 그 방면의 전문가가 있고 또 그들이 성공한다는 것이다. 누가 방문 판매의 전문가를 꿈꾸겠는가? 이 분야에 비전이 있다고 생각했겠는가?

어떠한 일이라도 우리가 흔히 접하는 모든 분야에 대해 전문가가 있을 수 있고 어느 분야든 전문가가 되면 성공할 수 있다는 것을 깨달았다. 우리 주위에 가득 찬 공기라도 힘차게 움직여야만 바람이 되고 세져야 강풍이 된다. 물 또한 움직여야 파도가 되듯이 말이다. 우리 주위에 공기와 물은 무수히 널려 있다.

**무수히 징을 맞아야
예술 작품이 탄생한다**

우리가 30대에 막 진입했을 때 IMF 구제금융을 받으며 마치 곧 나라가 망할 듯한 분위기에 모두가 절망했다. 수많은 기업이 무너졌고 근로자들은 하루아침에 실직을 당했으며, 국민들은 자발적으로 금 모으기 운동을 벌이며 기울어져 가는 국운을 어떻게든 떠받치려 애썼다.

1990년대 중반 기업마다 품질경영의 붐이 일었고 이러한 사회적 분위기를 반영한 대책을 강구하기 위해 뼈를 깎는 경영쇄신이 이어졌다. 이때 특히 변화에 대한 인지능력의 중요성이 강조됐는데, 이는 개구리의 죽음으로 비유되기도 했다. 물이 든 실험실 유리 비이커에 개구리를 넣고 천천히 물을 끓이면 물의 온도가 서서히 올라감에 따라 그 변화를 감지하지 못하고 결국 개구리는 죽게 되지만, 이미 뜨거운 물에 넣으면 순간 개구리가 비이커를 박차고 튀어나온다는 것이다. 즉, 세상 변화를 감지하지 못하는 인간들은 죽은 개구리와 같은 신세가 된다는 의미의 충격적인 실험이다.

변화에 순응하는 대표적인 방법으로 에드워드 데밍(Edwards Deming)의 PDCA 싸이클을 들 수 있다. 이는 계획을 세운 뒤 실행에 옮기고 결과에 대해 점검/평가를 하며 그에 따라 적절한 조치를 취하는 과정을 반복하면서 끊임없이 품질을 개선해 나가는 방법이다. 나의 경우도 품질경영에 대해 컨설팅을 하면서 그의 전도사 역할을 자임했다.

물론, 나 자신도 그러한 방법으로 변화를 계속해 단순 컨설팅에서 선박의 안전관리, 운항관리, 보험관리, 선박검사/심사, 선박관리, 화물영업, 결국에는 선주가 되는 과정에 이르기까지 마치 애벌레가 변태를 하듯 3~4년을 주기로 변화를 시도하였다.

또한, 실직의 파장이 컸던 만큼 직장인들은 평생 직장보다 평생 직업을 찾으려 노력했다. 명예퇴직, 조기퇴직, '38선' 등 다수의 유행어가 등장한

가운데, 자신의 일터를 평생 직장으로 알았던 사람들이 돌연 실직으로 내몰리자 직장인들은 반강제적으로 변태를 시도하게 된 것이다.

무조건 충성심을 강요하던 직장문화도 급변하기 시작했다. 당시 신입 직원들은 도발적인 생각, 즉 능력과 노력에 상응하는 대가를 주는 조직에만 남고 자신의 변화를 조직이 못 따라오면 언제든 떠날 준비가 돼 있었다. 회사도 일괄채용 방식보다는 필요할 때 필요한 인원만 선발하는 수시채용, 개별채용 방식이 확대되었다.

우리나라를 대표하는 기업 중 하나인 S기업도 발 빠른 인사혁신 방안을 마련했다. 신입 직원을 뽑아 키우는 순혈주의에서 외부 인재를 영입하는 혼혈주의로 바꾸었고, 범용성 인재보다는 자기 나름대로 주특기가 있는 인재를 선호했다. 또한, 평균적 인재보다는 끼 있는 인재를 선발하는 등 피도 눈물도 없는 냉정한 평가시스템을 도입하였다.

마지막으로 순응, 협조적인 인재보다는 도전적이고 적극적인 인재에 보다 많은 관심을 갖기 시작했다. 고스톱에서 사사구통과 같은 인재는 필요 없다는 것이다. 즉, 한 분야에서라도 1등을 하는 인재가 필요하다고 인식한 것이다.

그러한 인적자원 확보 방법은 점차 개선을 거듭하면서 오늘날의 인사채용 방법으로 발전해 왔다. 이는 조직원들도 자신의 능력을 끊임없이 개발하고 변화해야만 살아남을 수 있다는 반증이기도 하다.

밤새 흘린 땀방울 베개 속에 스며들어

어딘가에 있을 보물섬 지도 그려놓고

이른 아침이면 서둘러 나아가

시퍼런 물속 목표지점을 향해

끝이 뾰족한 작살을 던진다

홍석민 - 「일의 바다」 부분

요즘 젊은이들은 스펙 쌓기에 열을 올리고 있다. 왜? 좋은 취직자리를 위해서? 과연 많은 스펙이 그만큼 취업에 도움이 될까? 많을수록 좋을 수는 있지만 모두 좋은 평가를 받을 수는 없다. 해당 조직이나 업무에 필요한 부분만 선택적으로 가산 점수를 받을 것이다.

정작 기업들이 가장 중요시하는 부분은 스펙이 아니라 인성이라고 한다. 물론 때로는 인사 청탁에 의한 낙하산 인사나 친·인척의 새치기도 있을 것이다. 하지만 그런 세태에 분노하고 있을 수만은 없다.

그런 사람들도 기본적으로 어느 정도 실력을 갖춘 인재이거나 다른 관점에서 보면 조직에 필요한 인재들일 것이다. 만약 그렇지 않고 단순 부정인사라면 언젠가는 탈이 나게 돼 있다.

면접시험은 누구라도 어렵다

우선 통상적으로 머리 손질과 단정한 옷차림으로 깔끔한 이미지를 유지해야 한다. 적어도 면접자는 한 세대 위의 선배들이며 따라서 피면접자보다는 보수적일 가능성이 높다. 표정은 가능하면 미소를 짓거나 여유로운 모습을 띠는 것이 좋다. 물론 쉽지는 않은 일이다. 그런데 여러분이 만약 면접자라면 긴장되고 피곤해 보이거나 무덤덤한 모습의 피면접자를 선택하겠는가? 아니면 밝고 미소를 머금은, 생기 있는 모습의 피면접자를 선택하겠는가?

둘째, 친한 선배님을 만나는 마음가짐이면 좋겠다. 떨어지더라도 당당하게 임하자는 생각으로 편하게 선배님을 대하듯 자연스럽게 대화를 나눈다면 오히려 좋은 결과를 얻을 것이다. 면접자는 피면접자의 긴장된 입장을 알지만 불안해하는 모습보다는 초연한 자세를 유지하는 편한 모습에 호감을 가질 수밖에 없다.

셋째, 질문에 스토리로 대답하라. 예를 들어, '누구를 존경하는가'라는 질문을 받았다면 '매일 아침 8시면 출근해 30년 동안 하루도 빠짐없이 한 회사에 근무 중인 아버지를 가장 존경합니다'와 같이 짧지만 임팩트 있는 대답이 좋다.

넷째, 프로정신을 보여줘라. 몇 년 대충 근무한다는 생각으로는 아무것도 안 된다. 설사 몇 년 근무하지 못하고 그만두더라도 평생 죽기 살기로 임하겠다는 마음 자세를 보여줘야 한다. 여러분이 면접자라면 적당히 일하다 다른 곳으로 갈 사람을 선택하겠는가? 아니면 조금 부족하지만 평생 함께 할 사람을 선택하겠는가?

다섯째, 스펙에 너무 기대지 마라. 이미 토익점수와 실제 영어 사용 능력에는 상당한 차이가 있다는 것 정도는 면접자들도 다 알고 있다. 또한, 아무리 많은 스펙을 자랑해도 정작 회사에 필요한 것은 일부 스펙뿐일 것이다.

상대적으로 너무 많은 분야에 실력이 있는 친구라면 오히려 채용하기 부담스럽거나, 피면접자의 입장에서 선택의 폭이 넓어 머지않아 다른 곳을 찾아 떠날 수도 있을 것이라 오해할 소지도 있다.

여섯째, 상대적으로 단점인 부분을 어떻게 커버할 것인지 연구하라.

낮은 토익 점수나 지방대 출신을 커버할 수 있는 장점을 부각시켜라. 획기적인 아이디어로 일에 대한 남다른 의지, 회사에 대한 많은 정보, 열정을 최대한 표현할 수 있다면 어느 정도는 보완이 가능하다.

최종 낙점은 마음의 생김새

대개의 경우 최종적으로는 인성 문제가 당락을 결정짓는다. 입사하여 무난하게 조직 생활과 업무에 적응하고 회사 문화에 순응하며, 성실하고 예의 바르게 매사 임할 수 있는가가 결정적일 수밖에 없다. 아무리 똑똑하고 우수한 인재라 하더라도 분란을 야기하거나 협업하지 못하고 독자적인 활동으로 위화감을 조성하게 된다면 그것 역시 조직에서 결코 바라지 않을 일이다.

요즘 대기업의 경우 색다른 방법으로 인재를 선발하고 있다고 한다. 서로 집단 토의를 통해 상대적인 지식의 정도, 리더십이나 미팅 주관 능력, 상대를 배려하는 모습 등을 평가하여 창의적이고 미래지향적인 인재를 선발 채용한다는 것이다. 하지만 상대적으로 중소기업은 아직껏 일반적인 방법으로 면접을 하고, 보수적인 생각으로 인재를 선발하고 있다는 점을 알아두면 참고가 될 것이다.

자기소개는 자기만의 것으로

이력서는 대학 1학년 때부터 작성하기 시작해 점차 보완해 가는 것이 좋다. 하나의 이력이 추가될 때마다 보람도 느끼고 자신감도 오를 것이다. 아니면 선배들의 이력을 보고 자신도 미리 이력서를 작성해 두고 그것을 달성해 가는 것도 좋으리라.

또한 미래의 자기소개서 역시 미리 작성해 두고 실제로 그렇게 되도록 노력하는 것도 하나의 방법일 수 있겠다. 하지만 최종적으로는 자신만의 특징 있는 이력서와 자기소개서를 써야한다. 비록 거짓말일지라도 인사팀 담당자는 장기 복무에 대한 강한 의지를 보여주는 사람을 좋아한다. 실제로 면접에서 장기 복무 의지를 보인 사람이라 해도 단기간 근무하고 사라지는 경우가 있고, 별 의지 없이 입사해도 정년까지 근무하는 경우도 있다.

결국 인사담당자는 읽기 쉽고 독특한 이력서와 자소서를 읽는 데 더 많은 흥미를 가질 것이며 장기 복무에 대한 강한 의지와 회사가 가진 미래 계획, 이념 등을 이해하고 그에 동조적으로 일할 수 있는 사람을 선호할 수밖에 없다.

합격증을 내일의 우체통에 넣어두어라!

한진해운 사태가 벌어진 지 얼마 지나지 않았을 때다. 모 해양대에서 요청한 특강을 마친 뒤 질문을 받기로 했다. 한 학생이 손을 들더니 "한진해운 사태가 한국해운과 해운업계에 어떤 파장을 불러올 것 같습니까?"하고 물었다. 순간 "한진해운 사태가 한국 해운을 어둡게 하는 것이 걱정입니까?

아니면 여러분 취업 걱정으로 두려운 겁니까?" 하고 되물었다. 아니나다를까 꽤 많은 인원을 채용하던 한진해운이 문을 닫게 생기자 취업 문제에 불안해진 학생의 질문이었다.

재차 물었다. "질문하는 학생은 성적이 어느 정도 됩니까?" 그가 대답했지만 내가 알고 있는 한진해운 취업 가능 점수와는 거리가 멀었다. 성적을 올리고 나서 걱정할 일이라 일축하고 말았다. 가끔 본인의 성적이나 자격은 갖추지 않은 상태에서 넘보지 못할 목표에 관심을 갖는 경우를 종종 본다. 관심을 갖지 말라는 의미가 아니라 먼저 자신의 자격과 조건을 갖추는 것이 우선이다.

남의 떡이 커 보이는 것은 인지상정(人之常情)

가지 않는 길에 대해서는 늘 아쉬움이 남는다. 가고자 했으나 못 간 경우는 더할 것이다. 하지만 그들과 대화를 통해 알게 된 것은 이렇다. 서로가 가 보지 않은 길을 가는 상대를 부러워할 뿐 대부분은 상대의 길을 가보려고 시도하지 않는다는 것이다.

사업을 시작하면서 나는 늘 저녁 식사와 주말 골프 접대에 시달려야 했다. 처음에는 속으로 접대를 받는 그들이 부럽기도 하고 원망스럽기도 했다. '당신들은 좋은 대학을 졸업하고 좋은 회사에 취직해 이렇게 접대도 받고 참으로 좋겠다.'

시간이 흘러 서로가 친숙해진 뒤 어느 저녁 식사 자리에서 "대기업에 근무하는 당신들이 부럽다"고 내가 말하자 그들은 오히려 나를 부러워했다고 털어 놓았다. '아버지 잘 만나서 회사 대표에 직장스트레스도 안 받고 돈 잘 버는 사장님이니 얼마나 좋을까?'라고. 그들은 회사의 성과주의에 엄청난 스트레스를 받고 있었고 생각보다 상사에 대한 불만이 많았으며 기회만 있으면 이직을 하든지 사업을 하고 싶다고 했다.

한편, 내가 아버지 사업을 물려받지 않았고 직장 스트레스 대신 화물영업과 자금운용에 엄청난 스트레스를 받고 있다는 사실에 놀라워했다. 마치 속마음을 들킨 사람들처럼 서로를 쳐다보며 한동안 웃었던 적이 있다. 세상은 그런 것이다. 상대의 일은 늘 쉬워 보이고 자신은 늘 어려움 속에 있다는 고정관념을 갖기 쉽다. 그것부터 버려야 한다. 어딘가 부러운 길이 있다면 그 길을 가는 사람을 만나 자세한 속사정을 들어보기 바란다.

사막 한가운데나,
극지방 설원 위에도 희망은 있다

내가 대학을 졸업하고 막 사회에 들어서던 시기인 1980~90년대는 취업 천국이었을 것이라 생각할지 모르겠지만, 당시에도 미래가 불확실하기는 마찬가지였다. 비민주적인 사회로 인한 불투명한 미래는 우리가 그토록 수많은 희생을 감수하며 민주화운동과 노동운동을 해야 했던 이유다. 지금이야 좋은 일자리만 탐내서 그렇지 우리 세대의 관점에서 보자면 지금도 일자리는 얼마든지 널려 있다.

어떤 면에서는 현재 미국과 비교해도 살기 좋은 곳으로 평가받는 곳이 우리나라다. 하지만 우리 내부적으로는 사회 전반에 대한 불만과 요구사항이 온통 폭증하고 있다. 첫술에 배부를 수 없는 것이다. 과연 이런 잔소리가 헛소리에 불과할까?

물론 너희가 처한 현실을 모르는 건 아니다. 비교적 급여와 복지가 열악한 중소기업에는 가고 싶지 않은 점, 국민연금은 너희가 은퇴할 시점에 고갈될 것이라는 예측, 4차 산업혁명의 쓰나미가 곧 닥칠 것이라는 불안감 등 우리가 겪어보지 못한 상황에 처한 현실에 참으로 당혹할 수밖에 없을 것이다.

하지만 반대로 긍정적인 면도 있음을 보아야 한다. 단언하건대, 강소 중소기업은 갈수록 더 각광을 받을 것이다. 국민연금은 반드시 제도적으로 보완되어 혜택을 누리게 될 것이다. 4차 산업혁명은 예상치 못한 곳에서 많은 일자리를 안겨다 줄 것이다.

지금의 노년, 장년들 역시 과거에는 불확실한 미래로 두려웠지만 열심히 일한 결과 예상치도 못한 노령연금을 수령하며 현재를 살고 있고, 예전보다 훨씬 풍요로운 노인복지혜택 또한 누리고 있다. 너희도 열심히 일한 뒤 훗날 나이가 들면 현재 주어지는 이상의 혜택을 반드시 누리게 될 것이라 예상한다.

국가는 시스템을 통해 문제를 해결해 가고 있으며 사회적 합의를 통해 시민들이 원하는 정책을 만들어가고 있다. 대한민국 정부는 앞으로도 이러한 방법으로 해결해 갈 것을 믿는다. 즉, 장차 너희가 주인이 될 나라이니 너희의 뜻대로 미래는 만들어질 것이다.

우리 세대에선 적은 월급이라도 고성장 시대, 저축의 시대에 살면서 역량껏 자녀교육과 내집마련이 가능했다. 지금도 눈높이가 너무 높아 문제일 뿐 얼마든지 가능한 일이라 본다. 왜 내집마련은 서울, 특히 강남을 기준으로 삼는가? 취업은 왜 대기업, 공무원만을 고집하는가?

물론 평생 일만 하고도 상대적으로 빈곤을 벗어나지 못한 부모님의 현실이 자신에게도 대물림 될 것이라는 불안감은 어느 정도 이해한다. 그러나 구더기 무서워 장 못 담그는 우를 범하지는 말아야 한다. 그게 나와 우리 세대의 생각이다. 지레 짐작으로 '우리도 그럴 것'이라 생각하는 것은 억측일 뿐이다.

수많은 사람들이 어려운 가정 형편을 딛고 열심히 공부하고 노력해 성공한 경우도 많다. 너희들이 꿈꾸는 그런 곳이 아닌 곳에서 땀 흘려 일한 끝에 부자가 되기도 한다. 단지 내 주변만 봐도 흔히 있는 일이다.

여전히 이해할 수 없다면 과거 중소기업의 자료를 찾아보기 바란다. 결코 부모로부터 이어받은 경우가 많지 않음을 알게 될 것이다. 그러니 몇몇 증여·상속 받은 경우를 빌미 삼아 상대적 빈곤에 너무 집착하지 않기를 바란다.

    나무동굴을 벗어나 세상에 드러낸 흑심은

    끝이 뾰족한 돌창을 들고

    동굴을 막 빠져나온 석기시대 근육질 가장처럼

    눈동자는 까맣고 날카롭지만

    마음은 시커멓게 타들어갈 만큼 고독하다

뭔가 저질러야만 하는 충동질에

의미 있는 글이든 의미 없는 낙서든

잘 그린 그림이든 알 수 없는 끄적거림이든

어딘가에 머리를 맞대고 자신의 생살을 짓이겨야만

존재 가치를 인정받을 테다

홍석민 - 「연필」 부분

슬기로운 미생을 준비하자

취업에 성공해서 본인은 열심히 일하고 있다지만 사실 성과가 나오지 않으면 팀장이나 회사는 매우 당혹스럽다. 스펙 좋은 사람을 뽑아서 그에 걸맞는 대우를 해 주었는데 업무 성과가 기대에 미치지 못하면 당연히 짜증 나고 스트레스를 받게 된다. 물론, 적응할 시간도 필요하고 여건에 따라 다소 다른 결과가 나올 수는 있다.

하지만 그에 따라 팀장이나 회사는 직위를 이용하여 짜증을 내게 된다. 사실상 업무 관계에서 누구든 개인적인 감정을 드러내는 것은 바람직하지 않지만, 그럼에도 불구하고 이들을 다소 이해해 줘야 할 부분이 있다. 리더는 리더로서 팀원을 이끌기 위해 긴장감을 주기 위한 것일 수 있고, 당근과 채찍을 가하는 하나의 전략일 수도 있다. 반대로 너희가 그 입장이 되면 어찌 할 것인가도 한 번 생각해 보았으면 한다.

만약 너희가 팀장으로부터 성과에 대해 지적을 받으면 지적에 대한 불만을 갖기보다는 자신을 뒤돌아보는 자세가 먼저다. 사람보다는 시스템을 점검하는 것도 필요하다.

**미래를 위한 준비는
성실하고 적극적인 자세가 기본이다**

현재의 꿈이나 계획과는 달리, 미래에는 지금 예상치 못한 일에 종사할 가능성이 높다. 그러나 기본만 잘 갖추어 두면 언제 어떤 환경이 닥치든 너희가 할 수 있는 일이 많을 것이다. 기본이란 외국어, 면허, 자격 등을 말하지만 사실 성실하고 적극적인 자세를 갖추는 것만으로도 기회는 찾아올 수 있다.

청소년기에는 자신의 적성이나 이에 딱 맞는 진로를 찾아내기가 매우 어렵다. 단순히 공부를 잘하거나 운동을 잘한다고 해서 특정 분야에 적성이 맞다고 단정짓기는 섣부르다. 잠재능력이나 천성적인 소질만 아니라 후천적 요소도 아주 많이 작용하기 때문이다.

결론적으로, 현재의 교육 체계하에서도 탄탄히 지식을 쌓고 인성과 정서 함양에 힘써 긍정적인 사고와 굳건한 체력을 갖춘다면 미래에 할 수 있는 일은 참으로 많을 것이다.

**4차 산업혁명시대
혁명 초기는 항상 시끄러웠다.
머지않아 이 또한 조용한 과거가 될 것이다**

공유경제가 대유행하면서 우버(Uber)와 에어비엔비(Airbnb)가 태어났다. 별도의 숙박 시설 하나 없이 세계 최대의 숙박업체, 택시 한 대 소유하지 않고도 세계 최고의 택시회사라니 참으로 상상할 수 없는 일이 벌어졌다.

클라우딩과 플랫폼 기술-대표적으로 가상화폐 문제가 우리 앞에 놓였다. 어떻게 대처해야만 할까? AI가 세상에 출현했고, 이들이 상당 부분 우리 일자리를 잠식할 것이라 추측들이 난무하다. 우리는 그들과 원만히 공존할 수 있을까? 그들이 무기로 돌변하지는 않을까? 그렇다 한들 그들에게 책임을 물을 수 있을까?

하지만 여전히 눈여겨봐야 할 점은 그들은 결코 인간일 수 없다는 것이며, 따라서 인간이 해야 할 일은 여전히 인간의 몫으로 남게 된다는 것이다. 그들이 인간을 지배하지 않는 이상 AI 변호사의 변론이나, AI 의사들의 진단에도 결국 최종적인 결정이나 실행은 인간 의사, 인간 변호사들이 하게 될 것이다.

AI가 사람이 하는 일에 투입되더라도 그들을 관리하는 일부터 유통, 분배, 정비, 수리, 개발 등 많은 부가적인 일들이 뒤따를 것이다. 일자리가 없어질 것을 걱정하기보다는 내가 할 수 있는 일을 파악하고 미리 준비하는 자세가 필요한 시점이다.

미친 사람이 세상을 바꾼다

코흘리갯적 우리는 한 마을에 겨우 한두 대밖에 없던 텔레비전 앞에 나란히 모여앉아 방송을 시청하곤 했다. 그것도 흑백이어서 지금처럼 선명하지 않았으나 그 속에서 움직이는 사람들은 너무나도 신기하고 새로운 세상을 보여줬다. 1980년대 접어들어 칼라TV가 등장하자 다시 한번 놀라운 세상을 경험했다.

일본은 라디오 등 가전제품을 초소형화하기 시작하면서 특히 젊은이들에게 선풍적인 인기를 끌었다. 노래를 담은 카세트 테이프가 용량 많고 변질되지 않는 CD로 바뀌는가 하면 기존의 아날로그 방식이 디지털 시대로 급격히 변하는 등 기술은 변화의 끝을 모르고 발전해 갔다.

우리가 젊은 시절, 누군가 머지않아 무선전화기가 나올 거라 말하면 미친 사람으로 취급했다. 세상에 그런 것이 어디 있냐고. 스티브 잡스(Steve Jobs)가 발표했다. 세상의 반응은 역시 '미쳤다'였다.

삐삐가 등장한 지 얼마 되지 않아 시티폰, 핸드폰, 그리고 스마트폰까지 참으로 숨가쁘게 기술의 리듬을 타고 왔다. 멀미가 날 정도였다. 아직도 할아버지 세대들은 스마트폰 사용을 어려워한다. 아니, 우리도 이미 어려운 상황에 봉착했다.

가끔 기기들이 작동하지 않을 때 당황스러워 너희들에게 사용법을 물어보면 의외의 방법으로 금세 해결하는 것을 보면서 다소 놀라곤 한다. 우리는 기기를 때리는 방법을 썼다면 너희들은 일단 껐다 켜는 방법을 쓰더라. 올바른 사용법을 익혀 주위 사람들에게도 그것을 알려줄 수 있는 사람이 되면 좋겠다.

향후 기술의 향배는 아무도 모른다. 하지만 어느 정도 예측은 가능해졌다. 거기에서 우리는 우리가 할 수 있는 역할을 찾아내야만 한다. 아직도 2차 산업혁명 기술인 전기의 편리함을 누리지 못하는 사람들이 세계 인구의

17%에 이른다. 컴퓨터 사용도 어려워하는 사람은 더 많다.

그들도 우리와 함께 살아가는 사람들이고, 누려야 할 행복이나 환경은 동일한 것이다. 즉, 여전히 아날로그도 필요한 세상이다. 분명 거기에도 답이 있을 것이다. 아날로그와 디지털 세상이 공존하는 세상에서 또한 새로운 일거리가 생길 수밖에 없다.

첨단 기술은 세대 간 인식의 차이도 벌려놓았다. '글을 쓰다'하면 우리는 펜으로 공책에 적는 것을 생각하지만 요즘 아이들은 컴퓨터 자판을 두드리는 것을 연상할 것이다. 할아버지들이 주판을 사용할 때 한 세대 아래인 우리는 전자계산기를 사용했다. 서로 살아온 환경이 다른 만큼 신뢰하는 부분도 달랐던 것이다.

결국 서로 다른 방법으로 배우거나 서로 다른 기술을 이용하며 생활한 만큼 어떤 문제해결을 위해 접근하는 방법도 다르고 각기 다른 반응이 일어나는 것에 대해서도 이해하고 수용할 줄 알아야 한다. 또한, 이해가 느리다고, 어떤 것을 모른다고 해서 무시해서는 안 된다.

새로운 시대 그리고 새로운 일거리

우리는 들판에 가서 땅에 씨앗을 뿌리고 가꾸고 가을이 되면 거두었다. 하지만 이제 건물에서도 농사를 짓는 시대가 도래했다. 추측컨대, 급격한 인구 감소로 많은 건물, 예를 들면 아파트, 쇼핑센터, 대학 건물이 빈 공간으로 남을 경우 이곳을 농업시설로도 이용 가능할 것이다.

여기에서 짓는 농사는 다소 비용이 발생하겠지만 자연재해 걱정이 없고,

농사를 지으려 굳이 멀리 이동할 필요가 없고, 도시 내에 위치하므로 물류비가 발생치 않으며 계절의 영향을 받지 않고 작물을 생산해 낼 수 있을 것이다.

이제 농사꾼이 아니라 농업기술사가 농사짓는 시대가 도래할지도 모른다. 여기에는 수많은 첨단 기술이 필요하겠지만, 따지고 보면 그것도 지금이야 첨단기술이지만 시간이 지나면 일상적인 기술이 되고 말 것이다. 더불어, 더욱 우수한 기술들이 계속 개발될 것이고 우리가 생각하는 농업은 이제 시공간을 넘어설 것이다.

우리가 어렸을 적에는 냉장고가 없었다. 당연히 제철 음식이 정해졌고 그때만 먹을 수 있었다. 만약 오래 두고 먹으려면 염장을 하거나 말려야만 했다. 간고등어, 채소절임, 말린 오징어, 시래기 등 소금에 절이거나 말려서 먹는 방법밖에 없었으나 신선함 그대로 상당 기간을 보존하는 냉장, 냉동시설은 생활필수품이 된 지 오래다.

하나의 냉장 시설마저도 갖기 힘든 시절이 있었던 반면, 지금은 냉장, 냉동, 김치냉장 등 기능별 냉장고를 사용하는 시대가 되었다. 이렇듯 새로운 기술은 새로운 생활 형태를 만들어 내고 새로운 일자리와 서비스가 필요한 사회로 이끌어 가고 있다. 미래가 불확실하다고 하지만 일자리에 대해 지나친 두려움을 가질 필요는 없다.

취업은 선택, 창업은 필수, 동업은 필요

대부분 우리나라 사람들은 동업을 반대한다. 동업의 결과가 좋은 경우보다 그렇지 않은 경우에 대한 소문이 더 많이 떠돌기 때문이다. 그래서 일반사람들은 동업에 부정적인 시각이 강하다.

'부모자식지간에도 동업을 하지마라'는 얘기가 있다. 얼마나 주위에서 동업의 결과가 좋지 않았으면 이런 말까지 생겨났을까? 이러한 배경에는 그동안 동업으로 적지 않은 파장을 불러온 경우가 많았으리라 충분히 예상된다.

이런 상황을 초래한 것은 우리나라 사람들의 성향에서 비롯된 것으로 보인다. 우리나라 사람들은 처음 본 사람에게도 가족 얘기 등 개인적인 신상 문제까지 다 말해 버리는 경향이 있다. 그만큼 믿음이 강하기 때문이겠지만 이것을 이용하는 사람들이 생겨나면서 문제가 시작된 것으로 추측된다.

과거에는 씨족사회를 이루어 같은 마을에 같은 종씨들이 모여 살았고 그러한 분위기에서 숨길 것도 못 믿을 것도 없었을 것이다. 대표적으로 계가 그랬다. 서로 믿고 적어놓은 장부도 없이 기억만으로 운영되었다. 때가 되면 차례대로 목돈을 타가는 형식이었는데 이를 악용하는 사람들이 생겨나면서 믿음이 깨지기 시작했다.

동업 역시 마찬가지 경우라 생각된다. 단지 친하다는 이유만으로 의기투합하여 일을 시작하게 되고, 결과물이 나올 때까지도 합의서 하나 없는 경우가 많았다. 예상치 못한 상황에 닥쳐서야 서로 아전인수격으로 주장하다가 의견이 틀어지기 시작해 결국에는 파국을 맞는 것이다. 그래서 이를 직접 경험한 사람도, 지켜본 사람도 결과적으로 좋지 않은 인식을 갖게 되었고 동업은 절대 하지 말라는 결론에 도달한 것으로 추정된다.

**동업에 실패하는 이유는
동업자가 나쁜 사람이어서가 아니라
직업윤리, 가치관, 비전이 서로 다르기 때문이라고**

　동업에 실패하는 이유는 동업자가 나쁜 사람이어서가 아니라 직업윤리, 가치관, 비전이 서로 다르기 때문이다. 동업은 서로 부족한 부분을 보완하고 채워 줄 것이라는 기대를 가지고 시작하게 된다. 하지만 막상 일을 진행하다 보면 곳곳에서 의견충돌이 일어난다.

　그것은 그 일에 대한 서로의 생각이나 관점이 다르기 때문에 나타나는 현상이다. 다행히 그때그때 합의점에 이르면 무난히 흘러가겠지만 그렇지 못하면 잦은 충돌을 빚게 되고 종국에는 좋지 않은 모습으로 갈라서는 것이다.

　나 또한 동업을 통해 해운업에 진출했고 시작이 좋아 한참 성장하는 과정에서 이해충돌이 생겨 초기에 큰 회사를 만들어 보자던 목표를 이루지 못한 채 동업자와 헤어졌다. 하지만 동업은 필요한 경우 해야 한다는 생각에는 변함이 없다. 다만 서로 충분한 협의를 거쳐 비전을 공유하고 동일한 가치관을 확인하는 과정을 거쳐야 추후 분쟁의 소지가 없다.

　이러한 내용을 정관에 넣어두는 것이 가장 좋고, 별도의 합의문을 만드는 방법도 좋다. 그러나 현실에서는 이를 문서화하기도 어렵고, 그렇게 만든 합의문에 서명하는 것 역시 왠지 서로를 믿지 못하기 때문에 필요한 절차라는 느낌을 주어 다소 어색하고 불편한 것이 사실이다.

　하지만 동업을 시작하기 전에 지분의 배분은 어떻게 할 것인지, 중요한 안건은 회의를 거쳐 만장일치가 되어야 진행한다든지, 이익이 났을 때 배분 문제라든지, 인사 문제 등에 대해 구체적인 협의안을 만들어 동의하고 서명해라. 사업을 시작함에 있어 서로의 역할에 대해 책임과 의무사항을 정하고 가능하다면 이메일이나 카톡으로 주고받아라. 그러면 별도의 서류를 만들지 않아도 분쟁이 발생할 경우 제시할 수 있는 근거가 된다.

사업체를 등록하는 과정에서 정관을 작성하여 제출해야 하는데 정관에 대한 내용을 공부하여 충분히 이해하고 있어야 한다. 최종적으로 회사 내에 문제가 발생하면 기준은 정관이 될 수밖에 없다.

다만 회사가 커지고 역할이 많아질수록 그에 대해서는 구체적 협의를 거쳐 결정하고 운영하되 그러한 내용들 역시 기록의 형태로 남겨둬야 한다. 주식배분에 있어서는 각자의 역할이나 성과에 따라 배분이 이루어지겠지만 특히 동업자 사이에는 이를 명확히 정리해 두는 것이 좋다. 결국 주식보유분과 그 비율에 따라 회사의 운영권이나 의결권에도 영향을 미치게 된다.

위에서 언급한 동업 실패 이유를 되짚어 보면 결국 동업에 성공하는 길은 서로가 직업윤리, 가치관, 비전을 늘 공유할 수 있도록 협의하는 자세와 상대를 존중하는 열린 마음에 있다고 볼 수 있다.

우리는 오르막 길
저들은 내리막 길
모두 다 헉헉거린다.

홍석민 - 「인생길」 전문

洪氏
家訓

8

취미생활

우리 삶의 들판에 다양하게 즐길 거리를 만들어 놓아야 인생이 즐겁다.
매일 올라가 사투를 벌여야 하는 사각링만 존재한다면 얼마나 삭막하겠는가?

컴퓨터게임의 함정에 빠지지 마라!

우리가 어렸을 적엔 갤러그라는 전자게임을 즐겼다. 부모님은 우리가 게임에 빠져 있는 모습을 볼 때마다 혼내셨고 아우성이었다. 점차 게임을 좋아하는 사람들이 늘고 대중화되면서 게임으로 성공한 사람들까지 생겨났다. 하지만 수많은 학생들이 게임으로 허비한 시간을 고려하면 상대적으로 사회적 실패비용이 더 많을 것이다.

우리도 게임의 즐거움을 안다. 하지만 학생 때는 게임에 많은 시간을 허비하는 함정에 빠지지 않기를 조언한다. 우선은 게임으로 인해 공부에 대한 집중도가 떨어지고 게임에 과도하게 빠질 경우 정상적인 생활을 하기 어려워지는 것이 문제다. 그리고 장시간 게임을 하다보면 눈의 피로나 어깨 근육의 경직 등 건강상 이상을 초래할 수도 있다.

사실 학생 때는 취미생활을 즐길 여유가 많지 않다. 특히나 시간적으로 그러하며 경제적인 부분도 만만치 않은 것이 사실이다. 그래서 가장 편하고 저렴한 비용으로 즐길 수 있는 것이 컴퓨터나 모바일 게임이다. 하지만 모바일 게임의 경우 길거리에서도 이에 집중하다가 사고에 노출되기 쉽고 눈의 피로를 가져와 독서나 공부에 지장을 줄 수 있다는 문제가 있다. 따라서 시간적으로나 경제적으로 여력이 있는 대학 시절부터 마음 편히 즐길 수 있으니 조금만 참았으면 한다.

물론 공부를 하다가 머리를 식힐 겸 일주일에 한두 번 하는 정도야 문제 될 것은 없을 것이다. 하지만 게임의 속성상 한번 빠지면 헤어나기 어렵고 자신의 의지와는 반대로 가는 중독의 함정에서 벗어나기 힘든 것이 사실이다.

무궁화 꽃이 피었습니다

　결코 짧지 않은 인생을 살면서 보다 즐겁고 행복한 삶을 즐기기 위해서는 다양한 취미가 필요하다. 우리가 어렸을 적에는 숨바꼭질, 나이먹기, 땅따먹기, 자치기, 구슬치기, 말뚝박기 등의 놀이를 하며 많은 시간을 보냈다. 더불어, 제기차기, 연날리기, 멱감기 등 다함께 어울려 놀 수 있는 놀이가 참 많았다. 혼자서는 할 수 없는 놀이라 협동심을 길러주었고 전자게임처럼 중독되지도 않으며 어느 시기가 되면 자연스레 멀어지는 것들이었다.

　우리가 청소년이었을 때에도 전자게임이 유행처럼 번졌다. 갤러그가 대표적이고, 테트리스도 인기 있었다. 교외 생활에서 탁구, 축구, 족구 등 운동경기가 흔히 열렸고, 등산이나 캠핑, 여행도 간간이 하긴 했으나 비용이 따르는 데다 시간이 필요한 사항이라 부모님의 허락이 쉬이 떨어지지 않았다.

　만화를 좋아해 만화방에서 시간을 보내는 친구들이 있었고, 영화보기를 즐기는 친구들도 있었다. 한창 많은 비디오방이 생겨나던 시절이었다. 대학생이 되자 당구에 빠져들었고, 대표적으로 건전한 취미에 속했던 장기, 바둑, 사이클 등에도 관심을 가졌다. 군대에 가면 흔히 즐기는 것이 축구 또는 족구다. 사회에 나와서는 배드민턴, 테니스, 여행에 관심을 가졌고, 사업을 하는 사람이나 여유가 있는 사람에게는 골프가 대세였다.

　가끔 스쿠버 다이빙이나 사격, 승마 등의 취미를 가진 사람들도 생겨났으나 흔치는 않았다. 물론 잡기를 즐기는 이들 또한 많았다. 화투나 포커(카드), 마작 등은 무료한 시간을 보내거나 돈내기 게임을 즐기는 데 유용한 것이었다.

아내는

장롱 속 많은 옷 중에

이번 모임에 마땅히 입고 나갈 옷이 없다

남편은

아내가 열심히 준비한 반찬 중에

딱히 먹을 만한 게 없다

홍석민 - 「많은 것 중에」 부분

자신에게 맞는 취미를 찾아라!

하고 싶은 것을 다 하기는 어렵다. 또한 모두 다 자신의 취미생활에 맞을 수도 없을 것이다. 사실 학창시절의 나는 생활비가 여의치 않아 당시 사람들이 흔히 즐기던 전자게임이나 당구는 엄두도 내지 못했다. 사회인이 된 뒤 경제적인 문제가 해결됐지만 이미 선수(?)들과 어울리기에는 때늦어 버렸다. 뒤늦게라도 배우려 노력해 봤으나 상당한 시간과 비용이 필요했고 이미 감각이 무디어져 더욱 힘들게 느껴졌다. 무엇보다 본 게임의 경우 함께 보조를 맞추기가 어려워 그저 옆에서 지켜볼 때가 많았다.

그러니 너희도 대학 시절에 미리 좋아하는 취미거리를 찾아 기초를 다져두어라. 그것이 나중에 평생의 취미생활로 이어진다. 동아리 활동도 열심히 할 필요가 있다. 배우지 않아도 할 수 있는 것은 얼마든지 나중에 할 수 있다. 나이를 먹은 뒤 배워도 된다. 하지만 반대로, 나이가 든 뒤 배우려면 벅찬 것들도 많다. 우선, 우리가 취미생활로 할 수 있는 것들을 알아보면 이러하다.

운동 - 운동은 어느 시기에나 필요하다. 자신에게 알맞은 운동 종목을 선택해서 미리 익혀두고 건강에 유익한 정도로 즐기면 여러 모로 도움이 된다.

낚시 - 짜릿한 손맛을 즐기기 위해 생각보다 많은 사람들이 즐기는 종목이다. 특히 바다낚시의 경우 배를 타고 바다 한가운데로 들어가 흔들리는 배 위에서 즐기는 맛이 일품이라고 한다.

캠핑 - 장비와 먹을 것을 마련해 온가족이 함께 떠나는 캠핑은 한적한 곳에 텐트를 치고 고기를 구워먹는 재미가 여간 쏠쏠한 게 아니다.

독서 - 책을 가까이 하기를 적극 권장한다. 소크라테스(Socrates)부터 빌게이츠(Bill Gates)까지 수많은 사람들이 독서를 강조했다.

음악 - 음악은 한 마디로 만국공통어다. 어디를 가든 음악이 없는 곳이 없고, 음악으로 고단한 삶을 달래고 어울리는 모습은 모두가 같은 인간이라는 것을 깊이 느끼게 해 준다. 그만큼 친근한 공감문화이기도 하다. 음악은 정서 순화에도 도움이 되고 마음을 안정시키며 감정을 조절하는 데도 효과가 있다.

대중가요는 가사를 보지 않고 몇 곡쯤 부를 수 있어야 한다. 그래야만 너희들끼리 어울려 합창을 하며 즐길 수도 있을 테니까. 팝송도 한두 곡쯤 익혀두면 분명 언젠가 장기 자랑할 기회가 생긴다. 일본과 중국 가요도 한두 곡쯤 익혀두는 것이 좋다. 외국에 나갈 때 그들 음악을 알고 있으면 더욱 친근감이 들고 쉽게 친해질 수 있다.

흔히 뽕짝이라고 하는 트롯 가요도 몇 곡쯤 알아두는 것이 아버지 세대와 어울리는 데 도움이 될 것이다. 젊은 친구가 우리 앞에서 트롯을 부르는 경우 인기가 대단하다. 또한 가고파, 비목 등 가곡도 몇 곡쯤 알아두면 또 다른 감미로움을 선사할 것이다.

더불어, 클래식 장르에도 관심을 기울여 볼 필요가 있다. 교향곡이나 오페라, 연주 음악에 관심을 갖고 즐길 수 있다면 보다 깊이 있는 음악의 세계를 경험할 뿐 아니라 음악적 정서도 무르익을 것이다.

악기 - 어렸을 적 우리는 음악 시간에 피리 부는 것을 배웠다. 그 외 이렇다 할 악기에는 쉬이 접근하지 못했다. 아주 드물게 기타와 바이올린을 연주하는 친구들을 볼 수 있었다. 그리고 사회 생활을 시작한 뒤에는 악기에 대한 생각을 까맣게 잊었다.

40대에 접어들자 악기를 하나 다룰 줄 안다면 하는 막연한 생각이 일었다. 누군가 악기를 가지고 연주를 할 때면 대단해 보이기도 하고 부럽기도 했다. 그러면서 60세가 다 된 나이에도 가끔 악기를 연주하는 자신을 그려 보지만 사실 이제는 악기를 다루기가 쉽지 않다.

요리 - 음식을 만들고 나눠 먹는 일이야말로 인간의 가장 기본적인 욕구를 충족하는 동시에 가장 일반적으로 여러 사람이 함께 어울리는 기회를 만드는 일이다. 요즘이야 한식, 일식, 중식을 떠나 유럽과 미국, 동남아, 심지어 아프리카 음식까지 접할 수 있는 세상이니 먹을 생각만으로도 행복한 세상이다.

나는 고교 시절 자취를 하면서 밥을 짓고 간단한 국은 직접 만들어 먹을 정도가 되었다. 김치찌개와 된장찌개, 계란찜이나 라면 등은 흔히 만들어 먹는 음식이었다.

캠핑을 가면 남자들이 나서서 삼겹살을 굽고 음식을 준비하는 모습을 보여줘야 했고, 요즘은 가족을 위해 가끔 김치찌개와 된장찌개를 비롯해 몇 가지 음식들을 선보이지만 여전히 다양한 음식을 만들 실력까지는 못 된다.

때론 외국 사람들에게 한국 음식을 소개할 기회가 있다. 그때마다 다양한 음식을 배워두지 못한 것을 후회하지만, 역시 현실은 음식보다 업무에 대부분의 시간을 보낼 수밖에 없다. 음식을 다양하게 만드는 능력을 갖는 것도 매력있는 일이다. 특히 커피에 대해서는 다양한 지식과 더불어 상대가 원하는 커피를 직접 만들어 줄 수 있는 바리스타 역할을 할 수 있다면 이 역시 매력적인 일이다.

수집 - 어렸을 때 딱지와 껌 종이를 모아 본 적이 있다. 조금 여유 있는 친구들은 우표와 동전을 수집하기도 했다. 한때는 성냥갑을 모으는 사람들도 많았다. 자영업을 시작하는 곳마다 개업선물로 작은 성냥갑을 만들어 나눠줬는데 지금은 라이터로 모두 대체돼 찾아보기가 힘들다.

음악 레코드판(LP), 카세트 테이프, CD 등을 모아두고 음악을 듣는 사람들이 부러웠다. 사진을 찍은 뒤 현상해 앨범을 만들어 차곡차곡 모아두기도 하고 다양한 컵을 모으는 사람들도 있었다. 이러한 취미는 훗날 추억으로 남을 좋은 소재다. 심지어 어떤 것은 상당한 금액으로 환산 가능한 것들도 있다.

여행 - 최근 누구나 가장 선호하는 취미 생활 중에 역시 여행을 빼놓을 수가 없다. 국내든 국외든 여행은 소풍 때부터 신나고 즐거운 상상을 지울 수가 없다.

경치 좋은 곳에 다다라
공기 맑은 곳에 이르러
아름다운 풍경에 머물러
깨끗한 물가에 앉아
백산 정상에 서서
망망대해에 누워
설원을 헤집어
낙도 순수한 미소에 답하며
맑은 호숫가 고목에 기대어
대자연의 파노라마 내려다보며
인간이 만든 거대한 흉물 올려다보며

누군가 밟고 만지고 갔을
무디고 무뎌진 계단에
닳고 닳은 귀퉁이에
자그마한 발자국과 지문을 덧댄다.

앞선 사람들도

이색적인 감흥 채우고

벅차오른 탄성 흘리며

탁 트인 환희 펼쳐들고

알 수 없는 두려움 쓰다듬고

가느다란 숨결 느끼며

미세한 손끝 온기

다음 사람에게 넘겨주고 갔으리라.

이름 모를 발자국과

짭짜름한 지문이

나를 덮친다.

홍석민 - 「여행」 전문

연령대별 맞춤 여행

20대 여행은 견문을 넓히고 경험을 쌓으러 가는 것, 즉 여행의 목적을 도전에 두었다. 방법으로는 트레킹, 자전거 여행, 무전 여행, 국립공원 산 등반, 섬이나 바다 여행을 주로 한다.

30대 여행은 역사 체험에 목적을 두고 국내외 문화유산지, 가족 캠핑, 역사 유물(박물관) 견학, 중국이나 일본의 유적 탐방 등을 계획했다.

40대에는 문화체험에 목적을 두고 음식 문화, 삶의 현장 등을 경험하고

자 했다. 해외 여행지로는 이집트, 그리스, 터키 등을 가 보는 것으로 정했다.

50대에는 대자연을 경험하는 데 초점을 두고 크루즈, 휴양지를 통해 미국이나 유럽의 대자연을 보고 싶었다.

60대에는 힐링하는 여행을 꿈꾼다. 이전의 양적인 여행에서 질적인 여행으로 여행의 성격을 바꾸고 한 곳에 오래 머무르는 장시간 휴가나, 맞춤형 여행, 휴식을 위한 여행에 초점을 맞추어 보았다. 국내외 장소 중 자주 가 보지 못한 지역에서 한 달 살기와 외국의 특정 지역에서 한 달 살기 등을 체험하는 것이 좋다고 생각한다.

70대의 여행은 추억 여행으로 정하는 것이 좋을 듯하다. 사진 정리, 시간 정리, 그리고 인생 정리라는 컨셉으로 그간 다녀본 여행지 중 다시 가 보고 싶은 곳에 가 보는 것. 특히나 모교 또는 과거에 살았던 곳, 근무했던 곳 등을 돌아보는 것도 의미가 있다.

4차 산업혁명 시대의 취미

정보의 홍수와 미디어 기술의 발달로 이제는 세계 여행이 훨씬 쉬워졌다. 심지어 전 재산을 처분하여 세계 여행에 도전하는 사람도 있다. 하지만 우리 생각은 아직도 그러한 도전이 액면 그대로 좋아 보이지만은 않는다. 모든 것을 건다는 것은 외롭고 힘든 일이며, 만만찮은 후유증이 뒤따른다.

물론, 도전에 따른 쾌감이 상당할 것이라는 추측은 가능하다. 더불어 여행의 행적을 유튜브에 올려 세계적인 유명 인사가 되기도 하고 때로는 상당한 돈을 번 경우도 소개된다.

그러나 현실적으로는 업무에 지장이 있을 수 있고, 성공적으로 소개된 경우보다 그렇지 않은 경우가 훨씬 많다는 것이다. 도전하지 말라는 이야기가 아니라 도전할 시기를 현명하게 선택하고, 보다 안전하고 현실적인 도전을 실행하라 권하고 싶다. 예를 들어, 경제적으로 안정권에 들어간 뒤나 사회적으로 여유가 생긴 위치에 올라갔을 때 충분한 준비를 마치고 떠나는 것이 좋다.

그렇지 못하다 하더라도 본격적인 해외여행은 40대에 시작하는 것이 좋다고 생각한다. 이유는 경제적, 사회적 상황이 좋아지면 마음의 여유가 생겨서 여행에만 온전히 집중할 수 있는 데다 여행의 참맛을 아는 경험과 지식, 정보를 바탕으로 여행의 질을 높일 수 있기 때문이다.

물론 한꺼번에 지구 한 바퀴를 도는 세계일주보다는 대륙별, 시기별로 나누어 다니는 것도 추천하고 싶다. 세계 여행이라 해서 꼭 단숨에 지구 한 바퀴를 돌아야 하는 것은 아니지 않은가.

또한 기술의 발달은 전혀 새로운 취미거리를 만들어 낼 것이다. 취미는 본업을 하는 데 필요한 휴식, 안정, 여유를 챙겨 줄 수단으로 유용한 것을 선택하기를 권한다.

봄이면

영취산에 올라

붉게 타오르는 진달래를 피우리라

여름이면

남해 명사십리 해변으로 나아가

숨겨진 폐부에 땡볕을 쬐리라

가을이면

내장산 화려한 단풍잎에 묻혀

응어리진 시를 쓰리라

겨울이면

태백 눈보라를 거슬러

순백의 발자국을 남기리라

나는 왜

늘 다짐뿐인가?

홍석민 - 「계절따라」 전문

洪氏
家訓
9

개인금융

다들 부자를 꿈꾼다고 한다. 부자가 된 사람도 많다고 한다.
하지만 부자를 자처하는 사람은 드물다고 한다.
그대가 부자를 꿈꾼다면 자신에게 물어보라. 왜 부자가 되고 싶은가?
어떻게 해야 부자가 되는지 생각해 본 적이 있는가?
진정한 부자는 어떤 사람이라 생각하는가?

신용의 싹을 틔워라

　신용카드가 나오기 전에는 종종 현금을 빌려 썼는데 지금은 각종 카드가 이를 대신하고 있어 현금을 빌리는 경우는 드물다. 그럼에도 불구하고 지갑을 두고 오거나 현금을 지불해야 하는 곳에서는 급히 돈을 빌려야 할 경우가 있다. 이때 빌린 돈은 아무리 금액이 적더라도 가능한 서둘러 갚아라. 특히 학생들 사이에 천 원 단위, 만 원 단위로 빌린 뒤 되갚지 않는 경우를 종종 보는데 이러한 습관은 평생 이어질 수도 있으니 조심해야 한다.

　'뭐, 친구 사이에!' 하면서 은근슬쩍 넘어가는 경우 이미 그 사람의 신용은 무너지고 있는 것이다. 아마도 다음번에는 빌려 주지 않을 것이다. 사회인이 된 이후에도 그때의 기억이 상대에게 계속 남아 있을 수 있으니 더욱 주의할 일이다.

빚을 질 때는
배우자를 선택할 때처럼 신중해라

　살면서 빚을 지지 않을 수 있다면 그것만큼 대단한 일은 없다. 하지만 사람이 살면서 전혀 빚을 지지 않기란 불가능에 가깝고 또한 바보스런 일이다. 마치 우리 몸에 필요한 소금과 같이 빚은 우리의 경제생활에 윤활 작용을 하는, 꼭 필요한 요소라 생각한다. 소금이 필요한 만큼 들어와서 우리 몸을 지탱해 주듯 빚은 우리 생활에 들어와 필요한 만큼 조정자 역할을 한다. 여기서 문제는 소금이 그렇듯 빚도 적당한 선을 유지해야 한다는 것이다.

　그럼 '필요한 만큼'이란 얼마를 뜻할까? 내가 생각하는 '필요한 만큼'의

빚은 현재 수입으로 원리금을 갚을 수 있을 정도의 능력 범위 내 금액이 적당하다. 물론, 일시적으로 빌린 돈이야 정한 기한 내에 갚을 수 있어야 한다. 위에서 말한 신용의 싹을 꺾어버리는 일은 없어야 한다.

만약 부동산에 투자하기 위해 필요한 돈이라면 은행에서 평가한 신용에 따라 빌려주는 범위 그대로가 적당한 금액이다. 사업자금도 마찬가지다. 하지만 기본적으로 은행대출을 받은 상황에서 그 외의 곳에서 추가적으로 돈을 빌렸을 때 주로 문제가 되는 경우가 많다.

투자한 곳에서 예상대로 수익이 발생하면 이를 해결해 나갈 수 있겠지만, 그렇지 못할 경우 신용에 심각한 위협이 발생한다. 특히 사업의 경우가 그렇다. 누군가의 돈을 이용하는 일은 전우로부터 총알을 빌려 쓰는 것과 같다. 빚을 내는 일은 배우자를 선택할 때처럼 매우 신중해야 한다.

네잎 클로버를 쫓는 눈은
성난 야수(野獸)를 닮아가고
거대한 캐슬과 팰리스를 향해
질투의 불화살을 쏘아대면서도

자신의 작은 어깨 위를 누르는
검불 같은 삶의 무게 귀찮다며
툭툭 털어내기 바쁘다

홍석민 - 「구멍 난 지갑」 부분

신용은 거래를 통해서 쌓이는 현금이다

은행은 한 번도 거래를 하지 않은 사람의 신용을 평가할 수 없다. 즉, 신용이 제로다. 단순히 저축을 하는 사람은 저축액의 80% 수준의 신용이 있다고 볼 수 있고, 대출을 받은 사람은 대출금의 120% 만큼의 신용이 있다고 하겠다. 즉, 은행은 리스크 20%를 감안한 신용을 인정해 준다.

은행은 또한 그 사람의 신용도에 따라 신용카드의 사용한도를 설정한다. 즉, 은행이 평가한 신용도에 따라 사용한도가 달라진다. 신용이 없는 사람은 카드 발급도 쉽지가 않다.

특별한 외부 수입이 없었던 가정주부가 이혼과 함께 상당한 재산을 분할 받은 뒤 은행을 찾아 신용카드 발급을 신청했더니 그동안 수입이 없었다는 사유로 신용카드 발급을 거절당해 매우 억울해했다고 한다. 돈에 있어서는 어디든 냉정하다.

또한, 개인의 신용도에 따라 대출금의 이율도 다르다. 물론 은행이 정한 신용도 평가 방식에 따라 다소 차이가 있을 수 있지만 대개 은행마다 대동소이하다고 볼 수 있다. 우수고객에게는 은행거래 수수료를 면제해 준다.

우수고객에게는 외국환 환전에 있어 우대환율을 적용해 준다. 단건으로는 미미한 차이지만 계속해서 쌓이고 쌓이면 외국과 거래를 하는 회사의 경우 이 또한 적지 않은 금액이 될 수 있다. 또한 때때로 사은품이 제공되고 명절에는 선물을 보내오는 경우도 있다. 경제적으로 큰 도움이 되는 것은 아니나 이는 곧 자신의 신용도를 확인할 수 있는 증표가 된다.

어떤 은행은 TWO CHAIRS라는 제도를 운영한다. 별도의 방을 만들어

우수고객을 모시고 특별한 고객의 자산관리 서비스와 상품을 제공하고 있다. 결국 은행은 직접적으로 나의 신용도를 말해주진 않지만 항상 신용도를 평가하고 있으며 그에 따른 혜택을 제공하고 있다.

전략적 사고나 목표가 없는 노력은 단지 노력일 뿐이다

나는 살면서 노력과 성과가 반드시 비례하지 않는다는 것을 부모님의 삶을 보고 깨달았다. 인생을 살아가는 데 열심히만 한다고 해서 모두 잘 되는 게 아니었다. 농사에 전력을 다하고 왼종일 황소처럼 일을 해도 시간이 지나면 지날수록 여전히 가난의 수렁에서 헤어나지 못하는 상황을 내 눈으로 목격했다.

그리고 깨달은 것은 무작정 노력하기 전에 가장 높은 성과를 낼 수 있는 방법을 먼저 찾아야 한다는 것이었다. 즉, 전략적으로 실행하는 법을 고려하여 기대하는 성과를 내야 성공도 하고 부자도 될 수 있는 것이다.

친구 아버지는 남들이 경작하지 않는 겨울 들녘을 무상으로 빌려 대단위로 보리를 재배해 수익을 내고 그것으로 농사지을 땅을 구매했다. 그렇게 매년 조금씩 자신의 농지를 늘려갔고 농기계가 보급되자 더욱 많은 농산물을 수확했다. 심지어 그 땅의 가격이 그때의 가격에 비하면 수백 배 뛰었다는 것도 최근 알게 되었다.

참고로 1960년대 후반 자장면 가격이 30원이었는데 2023년 현재 7,000원 정도이니 240배쯤 올랐다. 시골 땅값은 그 이상 뛰었다고 보면 된다. 물론 돈의 가치로 따지면 그때나 지금이나 별반 차이가 나지 않을 수 있다.

하지만 그곳을 경작해서 매년 생활비와 자식 교육 비용을 충당했다. 그러고도 당시와 동일한 가치로 남아있다는 것, 그게 땅(부동산)의 매력이다.

이러한 금융의 기초적이고 근본적인 현상들을 이해하면서 이제 우리가 전략적으로 실행해야 할 현실적이고 세부적인 내용들을 살펴보자.

금융관리는 사소한 용돈관리부터

우선 용돈 관리부터 이야기해 보자. 학생들의 용돈은 학교등록금이나 교복, 교재 비용과 기본적인 숙식 비용(하숙) 등을 제외한, 그 외 개인적으로 필요한 비용을 말한다. 하지만 여기에도 반드시 필요한 돈이 있고 자신의 재량에 따라 사용하지 않을 수 있는 비용도 있다.

예를 들어, 교통비와 점심값 등은 반드시 필요하고 중간에 군것질할 돈이나 게임비는 아낄 수 있는 부분이다. 따라서 용돈을 효율적으로 관리하는 데 있어서 이 점을 정확히 파악하고 구분하는 것이 중요하다.

용돈을 마련하는 방법은 대표적으로 가족으로부터 받는 것과 자신이 아르바이트를 해서 모으는 방법이 있겠다. 마음이야 풍족하게 쓸 만큼 금액이 주어지면 더할 나위 없이 좋겠지만, 남 보기에 많든 적든 돈은 늘 부족한 느낌을 준다는 게 현실이다. 즉, 누구든 자신이 가진 재산보다는 쓰고자 하는 욕구가 더 큰 것이 인지상정이다. 그러므로 이 두 가지 사이에서 밸런스를 잘 유지하는 것이 현명한 용돈 관리 방법이다.

안정적인 용돈 관리법으로는 부모님의 사정이 여의치 않으면 불필요한 부분은 스스로 자제하거나 아니면 아르바이트 등으로 보충하는 방법이 있겠다. 용돈을 여유롭게 사용하려면 댐의 원리를 이용해라. 물막이 공사를 하듯 한두 달 용돈을 아껴서 모아두고 그 다음 용돈부터는 해당 액수만 사용한다면 용돈에 있어 든든한 마음으로 생활할 수 있을 것이다. 명절 세뱃돈이나 친척들이 주는 용돈을 일시에 다 써 버리지 말고 비상금으로 모아두는 것도 정말 요긴한 때를 대비하는 데 도움이 된다.

한 가지 명심할 것은 용돈을 관리하면서 빚을 지는 습관을 갖지 말라는 것이다. 남에게 빌려 쓰는 습관은 쉬이 버릴 수 없다. 설령 빌린 돈이 적은 금액일지라도 이미 빚쟁이로 살고 있는 것이다.

사기꾼이 사기 치겠다고 사전 통보하는 경우는 없다

데이트 비용, 여행 경비 등 비교적 고액을 마련하기 위해 자칫 유혹에 빠지기 쉬운 때가 있다. 쉬운 예로 대포통장이란 것이 있다. 이는 통장을 만들어 타인에게 제공하는 것인데 불법적으로 사용되면 제공자도 형사처벌을 받게 된다. 지금은 제도적으로 쉽게 통장을 개설하지 못하도록 절차를 까다롭게 해 놓아 다행이지만 여전히 주의해야 한다. 절대 통장을 타인에게 빌려주거나 대용하도록 해서는 안 된다.

또한 요즘도 갓 졸업한 대학생들이 다단계 판매 방식으로 많은 돈을 벌 수 있다는 유혹에 빠지는 경우가 종종 있다. 누구나 말하듯이, 세상에는 절대 공짜란 없다.

함부로 사람을 믿지 마라!

나는 통상 사람들의 선한 인격을 믿는다. 여기서 함부로 사람을 믿지 말라는 것은 그의 인격을 말하는 것이 아니라 흔히 범할 수 있는 과오와 실수할 수 있음을 지각하라는 것이다. '돈이 거짓말하지 사람이 거짓말하지 않는다'는 말이 있다. 어쩔 수 없이 서로 신용을 잃게 되는 경우, 예기치 않은 선의의 피해자가 된다.

가난은 가진 것이 없는 것이 아니라
함께 할 이웃이 없을 때다

가난은 먹을 것이 부족할 때가 아니라
작은 먹거리도 나눌 사람이 없을 때다

가난은 그런 거다

누군가와
인생을 나누고 싶은 사람이 없을 때
그때는 진짜 가난뱅이다

홍석민 - 「가난」 부분

함부로 돈거래 하지 마라!

　과거의 현금거래는 문제가 많았다. 특히 점계라는 것이 그랬고, 빌려주고 못 받는 경우가 허다했다. 이 때문에 '**돈 잃고 사람 잃는다**'는 말도 있고 '**앉아서 주고 서서 받는다**'는 말도 생긴 것이다.

　가능하면 개인 간 돈거래는 하지 않는 것이 좋다. 실제로 나의 경우도 다수의 주위 사람들에게 상당한 금액을 빌려주었으나 돌려 받기는커녕 그들과 연락조차 닿지 않은 경우가 대부분이었다.

　특히 친구들 간에도 돈 거래는 하지 마라. 꼭 필요하다면 빌려준 뒤 되돌려 받지 않아도 내가 서운하지 않을 금액에 한해서만 하는 것이 좋다. 돈거래에 냉철한 모습을 보일 때 너무하다는 평가를 받을 수도 있고 '친구도 아니다'라며 돌아설 수도 있다. 하지만 돈을 빌려주고 연락이 끊기는 경우보다는 낫다. 아이러니컬하게도 그렇게 빌려주기를 거절한 경우라도 염려와 달리 대부분 거리낌 없이 계속 친구 사이를 유지한다는 것이다.

　젊었던 시절에는 외상거래도 많았다. 돈이 없으니 월급날까지 외상으로 사고 먹고 마시다가 월급 타면 여기저기 갚으러 다니기도 했다. 그러다 갑자기 이사나 전근을 가게 되면 남은 대금을 다 갚지 않고 떠나버리는 경우가 많았다. 이러한 폐해가 여기저기 나타나자 금전적 신용 문제가 대두되기 시작했다.

　1990년대 들어 신용카드가 일반화되기 시작하면서 외상 구매 형태는 신용카드 구매로 바뀌어 갔다. 그즈음 가게와 식당의 외상 장부도 점차 사라졌다. 물론 과도한 신용구매 또한 개인 신용에 문제를 일으키지만, 다행히 돈과 관련된 개인 대 개인의 문제는 대부분 사라졌다.

또한, 과거에는 보증이라는 제도가 있었다. 친구들끼리 보증을 서 주었다가 본인은 물론 일가족이 파탄지경에 이르는 경우가 왕왕 있었다. 이에, '빚보증 하는 자식은 낳지도 말라'는 말이 생겨날 정도로 보증은 심각한 사회문제가 되었다.

과거엔 형제지간, 즉 가족 간에도 이렇게 보증으로 무너진 경우가 많았고 보증을 서 달라는 요청을 받고 거절해야하는 경우 매우 곤혹스러웠다. 지금은 개인신용으로 한계가 지어져 있어 더 이상 보증 문제가 거론되지 않으니 다행이다.

> 당신의 심장이 빨리 뛰는 대신 행동을 더 빨리하고
> 그것에 대해서 생각해 보는 대신 무언가를 그냥 하라
> 가난한 사람들은 공통적인 한 가지 행동 때문에 실패한다.
> 그들의 인생은 기다리다가 끝이 난다
> 그렇다면 현재 자신에게 물어봐라
> 당신은 가난한 사람인가?
> 마윈 - 알리바바그룹 회장

부자가 되고 싶다면 금융 공부부터 해라

살아가면서 돈을 싫어하는 사람은 보지 못했다. 오죽하면 선물로 현금이 가장 좋다는 설문조사 결과가 나왔을까. 살아가다 보면 알게 모르게

돈의 위력을 실감하고 돈의 매력에 빠지게 된다. 다다익선, 그리고도 돈 욕심은 끝이 없다. 심지어 죽어도 좋으니 돈벼락을 맞고 싶다는 사람들도 많다. 그러면서도 금융공부를 하는 사람은 드물다.

놀라운 것은 실질적인 금융 지식을 학교에서는 가르치지 않는다는 것이다. 적어도 은행 업무를 볼 수 있도록 통장을 개설하고 금리와 환율에 대한 교육이나, 사기 예방을 위한 교육, 투자에 있어서 기본 원칙이나 주의할 점 등은 학교에서도 가르쳤으면 좋겠다. 앨런 그린스펀(Alan Greenspan)은 문맹은 생활을 불편하게 하지만 금융 문맹은 생존을 불가능하게 하기 때문에 문맹보다 더 무섭다고 했다.

할아버지, 할머니의 다툼 대부분이 돈 때문인지라 어려서부터 다짐했다. 크면 돈 많이 벌어서 효도하겠다고. 하지만 할머니 말씀처럼 남의 호주머니 속에 든 돈을 내 돈으로 만들기란 너무나 힘들었다. 반대로 내 호주머니 속의 돈은 여간해서 내보지 않으려 애썼지만 속수무책이었다.

내 통장이 바닥을 드러낸 것은 월급날이 그리 멀지 않은 날이었다. 사실 결혼 초기에는 신용카드를 두세 장 가지고 살았다. 한두 달만 참으면 들어온 월급으로 생활할 수 있었을 텐데 우선 쓰고 보자는 생각이 결국 신용카드로 선결제한 뒤 월급날엔 그것을 갚아나가는 생활 패턴으로 이어졌다. 여기서 신용이란 결국 빚을 의미한다는 것을 뒤늦게 깨달았다. 금융시스템이나 자본주의에 대한 기본 지식도 뒤늦게 공부하여 알게 됐다. 나 같은 시행착오를 겪지 않도록, 지금은 너희들에게 이러한 금융과 경제교육의 책임감을 강하게 실감하고 있다.

미래의 위험에 대비하라

　회사에 근무하자마자 4대 보험에 가입되었다. 국민연금, 의료(건강)보험, 고용보험, 산재보험이 그것인데 사실 당시엔 보험과 연금에 대해 아무 것도 몰랐다. 별 다른 이해나 지식 없이 그저 국가에서 강제로 시행하니까 따랐을 뿐이다.

　의료보험이야 우리가 질병의 위험에 처했을 때 최소한의 의료서비스를 받을 수 있으니 당연히 환영할 일이지만 연금은 멀기만 했다. 고용과 산재보험은 사용자가 가입해 주는 것이라 당연한 권리와 의무로 받아들였다.

　하지만 점차 보험은 우리의 생활 깊숙이 파고들었다. 자동차 보험부터 화재보험, 생명보험, 그리고 실손보험까지 생활에 유용한 보험은 이제 필수적으로 가입하는 시대에 살고 있다.

개인연금과 개인보험

　근무한 지 얼마 되지 않아 보험 설계사들이 나를 찾았다. 미래를 위해 준비하라는데 난감했다. 미래는 내가 생각하고 있지 않는 아주 먼 시점을 의미했으므로. 어느 세월에 정년 퇴직을 하고 보험금을 타는 시기가 올 것인지 까마득하기만 했다. 그때까지 보험료를 매달 내야하는 나의 금융인내력은 벌써부터 고개가 가로저어졌다.

　하지만 일명 보험아줌마는 쉽사리 포기하지 않았다. 알고 보니 잘 교육받은 숙련자들이었다. 사회 초년생의 심리부터 금전 현황까지 우리의 생각이나 현실을 환하게 꿰뚫고 있었다. 게다가 작은 선물까지 준비해 건네

주며 결국엔 서명을 받아가곤 했다.

"생활비도 부족한데 그걸 덜컥 가입하면 우짜란 말이에요?" 아내는 결혼한 지 얼마 안 돼 벌써 사나워지고 있었다. 그래서 많은 손해를 감수하고 해지하고 말았다. 몇 달 납입한 보험료는 대부분 중개수수료로 지급된 후 내가 받을 환급분은 거의 없었다. 보험아줌마가 더없이 얄미웠다. 다음에는 절대 가입하지 않으리라 마음먹었다.

이럭저럭 두어 해가 흘렀고, 잘 알고 지내던 선배 한 명이 쓰러졌다. 가입한 보험 얘기가 화제가 되었다. 많은 갈등 끝에 얄밉던 보험아줌마를 내가 불렀다. 내 가족을 위해 아무도 모르게 종신보험을 계약했다. 아내와 자식을 위한 가장의 훌륭한 결단으로 생각했다. 내가 쓰러져도 처자식은 살아야 한다는 미션을 완수하기라도 하듯이.

보험료 납입 기간은 이미 끝난 지 오래고, 곧 그 혜택을 받을 나이가 되어간다. 이럴 줄 알았다면 그때 보험을 해지하지 말 것을. 그대로 뒀다면 얼마 지나지 않아 그 좋은 혜택들 모두 누릴 수 있었을 텐데 다 차버리고 말이다.

하지만 단지 보험의 필요성만을 생각하고 보험 가입을 하다 보니 중복보험에 가입하는 경우가 많았다. 보험은 그 종류와 성격이 다양하다. 따라서 보험 가입에 따른 폐해를 피하려면 보장 내용이 중복되지 않도록 보험별로 꼼꼼이 살펴 가입해야 하고, 환급성인지 소멸성인지, 보험금 수령 시 어느 정도 세금이 적용되는지 공부도 하고 따져보기도 해야 한다.

**예·적금 시대는 지고
이제는 투자의 시대**

경제가 활황 분위기가 되자 갑자기 주식시장이 들썩거렸다. 주식에 투자하면 많은 돈을 벌 수 있다고 야단이었다. 세상에 돈 놓고 돈 먹는 짓을 정부는 왜 이리 쉽게 허용하는가?

그저 돈이 된다는 소리에 투자했다가 손해를 보고서야 원금을 훼손할 수 있다는 것을 알았다. 불이 따뜻하게 해 줄 것으로만 믿었지 너무 가까이 가면 나까지 태울 줄은 미처 몰랐다. 은행이 원금을 보장해 주니 당연히 그리 할 줄 알았다가 증권 시장에서 낭패를 보고서야 쉽지 않은 세상에 고개를 떨구었다. 투자의 세계에 원금 보장이란 없다. 투자로 인한 이익과 손해 역시 자신이 책임져야 한다.

이제 예·적금 시대는 지고 투자의 시대가 도래했다. 단순히 쌓기만 하는 예·적금은 원금을 잃어버릴 위험이야 없지만 기대수익을 보장하지 못한다. 돈을 버는 데도 많은 노력을 해야 하지만 투자에 대한 공부도 게을리하면 안 된다. 현명한 투자를 하지 않으면, 그래서 미래를 대비하지 않으면 뒤늦게 후회하게 될 것이다.

주식, 투기 아닌 투자를 하라

사람들이 한때 주식에 투자했다가 많은 손해를 봤다. 특히나 '주식투자를 하지 말라'고 하는 부모님이 있다면 바로 그런 경우일 테다. 한국의 대부분 회사는 주식회사다. 그런데 주식투자를 하지 말라는 말은 어불성설이다.

또한 대다수가 기본적인 투자원칙을 안다. 그럼에도 주식투자를 말리는 이유는 투자를 하다 보면 대부분 사람들이 돈에 대한 투기 욕구를 억제하지 못하고 투자 원칙을 지키지 못하는 우를 범하기 때문이다.

우량기업에 투자, 장기투자, 빚투(빚내서 투자) 금지만 지켜도 주식투자는 대부분 성공한다. 하지만 출렁이는 주식시장에 가면 이내 이러한 원칙은 망각되고 큰돈을 잡을 욕심에 무리한 투자와 단타나 빚투를 하게 된다. 그리고 마침내 투자금을 잃게 되는 경우가 허다하다. 그러한 인간의 내면을 잘 알기에 주식투자를 하지 말라고들 하는 것이다.

하지만 나는 주식투자를 권장한다. 투자의 시대에 주식투자는 21세기를 살아가는 현대인에게 반드시 필요한 부분이다. 주식회사에 다니면서 그곳에 자신을 기대고 사는 사람이 주식투자를 하지 않는 것은 직무유기다. 물론, 꼭 자신이 속한 회사의 주식투자만을 권하는 건 아니다. 또한, 학생들의 경우 주식투자는 수익이 목적이 아니라 경제 공부가 목적이라는 것을 명심하기 바란다.

겸임교수 시절 나는 학생들에게 주식투자에 대해 알려주었다. 금융에 관한 얘기를 나누다 보면 대부분 부모들이 무조건 주식 투자를 말린다는 안타까운 현실을 파악했기 때문이다. 주식은 마치 불과 같은 것, 또는 칼과 같은 것이다. 불은 원치 않는 곳에서 일어나면 막대한 손해를 입히지만 난방, 요리 등 우리 생활에 없어서는 안 되는 존재다. 따라서 주식을 하지 말라는 것은 불은 위험하니 사용하지 말라는 말과 같다. 칼도 마찬가지다. 잘못 사용하면 상처를 입힐 수 있지만 칼은 우리 생활에 아주 밀접하게 사용되면서 생활의 편리를 가져다 준다. 주식이 그런 것이다. 다만 위험한 짓(투기)을 하지 말고 안전한 투자만 하면 된다.

불과 칼을 사용할 때 안전 수칙이 있듯이 주식투자도 안전하게 하기 위해서는 조건이 따른다. 우선 주식에 관한 공부를 해야 한다. 주식 관련 서적을 구입하여 공부하되 투자금액이 많을수록 추가적으로 필요한 만큼 더 많이 읽고 궁리해야 한다.

투자 금액은 자신이 감당할 만한 정도, 학생 때는 한 달치 용돈, 월급 생활자는 한 달치 월급, 또는 여유자금의 20% 이내가 일반적으로 내가 생각하는 합리적 투자금액이다. 그리고 최소 6개월 이상의 장기투자를 지켜라. 물론 공기업이나 우량기업의 경우라면 10년 이상의 장기투자가 더욱 좋을 것이다.

이러한 투자 원칙을 꼭 지켜야 하는 이유가 있다. 우선 투자에 대해 공부하지 않으면 투자에 대한 경고 메시지가 있어도 이를 이해하지 못한다. 과도한 금액을 투자했을 경우라면 투자 원금 손실에 대해 심리적으로 불안감을 느끼게 된다. 상승장에는 기분이 좋아서, 하락장에는 불안감 때문에 평상심을 유지하기 어렵다. 단기투자의 경우는 이로 인해 본인의 일에 제대로 집중하지 못한다. 투자가 삶의 무게가 된다면 이 또한 바람직하지 않는 일이다.

부동산

부산에 소재한 모 해운회사에 취직하게 되면서 반지하 전세방을 계약

했다. 부동산과의 첫 인연은 그렇게 시작되었다. 얼마 되지 않아 결혼을 했고 아이가 태어났는데, 집이 응달진 곳이라 피부가 짓물러 고생하는 것을 보고 마음이 아팠다.

어느 날 부산 금정산에 올라 부산 시내를 내려다보는데 아파트 건물이 생각보다 많이 솟아 있었다. 저렇게 많은 아파트 중에 내 아파트 하나가 없다니, 충격으로 다가왔다. 더구나 배를 타고 적지 않은 돈을 모았으면서도 아파트는 머나먼 남의 일이 된 처지가 몹시 슬펐다.

다음날 나는 당시 주택은행을 찾아가 소형아파트를 구매하기로 과감한 결단을 내렸다. 결국 50%의 빚을 지고 햇볕 좋은 곳에 자리한 작은 아파트 한 채를 샀다. 그리고 처음으로 내 명의의 부동산이 생긴 것을 보며 자신감을 얻었다. 비록 회사와 거리가 더 멀어졌고 빚도 지게 됐지만 내 명의의 집이 생겼다는 사실에 흥분이 쉬이 가라앉지 않았다.

다른 사람들도 부동산은 그렇게 소유하고 있었고 그게 일반적인 방법이었다. 수년 후 30평대로, 또 수년 후 40평대로 이사했다. 투기가 아니라 필요에 의해서 샀지만 부동산 가격의 변동으로 어느 정도 차익이 생겼다. 만약 계속 전세를 고집했으면 지금도 전세살이를 하고 있을 지도 모를 일이다.

우리나라에서 부동산은 최고의 재산 증식 방법이다. 다만 원리금을 감당할 수준에서 투자해야만 버틸 수 있으며 오랜 기간 소유해야만 엄청난 (?) 수익을 가질 수 있다.

부동산은 발품을 판만큼 보인다고 했다. 평소에도 부동산에 관심을 가지고 주의 깊게 살펴볼 필요가 있다. 자신의 경제적 여건, 주위의 개발

가능성, 경기 순환이나 부동산 정책 등을 고려하여 부동산 투자를 기하는 것은 가족들에게 보다 나은 생활 환경을 제공하기 위한 가장의 역할 중 하나다.

펀드

사업을 하면서 펀드 자금을 사용하게 되었다. 물론 신용보증에서 소개를 하고 금융투자회사를 통해 받았기 때문에 서로가 믿을 수 있었지만 펀드를 이용하게 될 줄은 몰랐다.

국어사전의 정의에 따르면, 펀드란 투자 신탁의 신탁 재산을 뜻한다. 어떤 특정한 목적을 위해 돈이 모인 것을 의미하기도 한다. 은행이나 금융기관에서 말하는 펀드는 여러 사람의 돈을 모아 기업에 투자하는 것을 가리킨다. 보다 세밀하게 보면 불특정 다수인으로부터 모금한 실적 배당형 성격의 투자기금이라 할 수 있다.

여기서 간과해선 안 될 사실은 펀드는 그 목적이 투자에 있으므로 투자자에게 원금 보장이 안 된다는 것이다. 은행은 수탁받은 돈에 대해 정부가 5천만 원까지 원금보장을 해 준다. 하지만 투자 목적으로 받은 돈은 원금보장이 없다. 이러한 문제를 고민하다 나온 상품이 예금과 펀드를 섞은 상품(ISA)이다.

펀드는 우리가 모르는 사이 점점 깊이 우리의 생활 속으로 파고 들고 있다. 다양하게 나와 있는 금융상품들을 잘 들여다보면 펀드와 관련된 경우가 꽤 많다. 그러므로 약관을 비롯해 관련 내용을 상세히 알아본 뒤 가입해야 한다.

금

우리 세대는 결혼할 때 서로 사랑의 증표로 주로 금반지를 주고받았다. 그래서 신혼집은 다량의 귀금속이 있었을 터, 좀도둑이 그것을 노리는 경우가 많았다.

너희들이 태어난 후 1년이 지나면 주위 사람들을 초청해 돌잔치를 했다. 여기에 초청된 사람들은 돌반지를 선물했는데 대략 0.5돈짜리였다. 금을 선물하는 이유는 많은 재산을 모아 부귀영화를 누리라는 상징적 의미에서 기원되었을 것이다.

그렇게 금은 우리의 생활 속에 함께 자리해 왔고, 적지 않은 금이 모였을 때 꼭 뭔가 사고가 터지곤 했다. 그럴 때면 엄마들은 어쩔 수 없이 모아 둔 금을 내다 팔았다. 금은 그렇듯 우리의 삶에 있어 작은 금고 역할을 했다. IMF 시절에도 국민들이 각자 아끼던 금을 기부하는 등 범국민적인 금 모으기 운동으로 슬기롭게 국난을 이겨냈던 기억이 있다.

금값 역시 등락을 거듭한다. 하지만 화폐의 가치 하락 때문에 일정 부분 우상향한다. 세계 경제나 국내 경제가 심하게 흔들릴 때는 금을 선호한다는 점을 고려해 그때 미리 금을 사 두는 것도 투자의 한 방법이다. 금은 특히 환금성이 좋아 급히 현금이 필요할 때 팔면 바로 현금으로 사용할 수 있다는 이점이 있다.

씨앗을 베고 겨울을 넘기지 못한 농부는 되지 마라

너희가 돈이 필요할 때 부모들은 다 들어주고 싶다. 다만 지갑이 얇은 탓에 짜증을 내며 아껴 쓰라고 성화를 내는 것이 보통의 부모들이 가진 현실이다. 반면 합리적인 소비에 대해서는 늘 권장하고 싶다. 아끼라고 하니까 그저 아끼기만 하다가 더 안 좋은 결과가 일어나는 경우를 봐 온 탓이다.

대학 생활에서도 친구들과 교제 비용이 필요하고 취미 생활에도 용돈이 필요하다. 부모님께는 말 못하고 친구들에게 빌렸다가 제때 돌려주지 못해 친구들에게 왕창 신용을 잃거나 심지어 나쁜 짓을 하게 되는 경우도 보았다. 무리한 금액이 아니면 정당하게 부모님에게 요청해서 타서 쓰고, 또 기회가 된다면 직접 아르바이트를 해서 벌어 쓰는 것이 좋다.

그동안의 경험으로 볼 때, 합리적인 소비는 우리가 살면서 늘 염두에 두어야 할 지혜 중 하나다. 책값은 아무리 많이 쓴들 합리적인 소비로 봐 줄 수 있지만, 술값을 많이 쓰면 화가 난다. 비용을 아껴 쓰는 것은 좋지만 제대로 된 영양 섭취를 못해 체력이 허약한 모습을 볼 때에도 부모는 너무나 마음 아프다.

가뭄 끝에 내린 폭우는 마실 물조차 쓸어간다

거액의 복권 당첨자가 머지않아 어려운 상황에 처한 경우를 심심찮게 뉴스에서 접하곤 한다. 갑자기 생긴 거금을 어찌 관리해야 할지 준비가 안 되었기 때문이라 한다. 그 많은 돈을 어떻게 관리하고 어떻게 사용할 것인지 미리 생각하거나 세워둔 대책이 없다 보니 그저 마음 내키는대로 마구 사용하다가 결국 생각보다 훨씬 빠른 기간 내에 돈이 바닥난다는 것이다.

로또 당첨자들은 가장 먼저 과소비부터 시작한다고 한다. 그동안 돈 때문에 옥죄었던 삶을 보상받기라도 하듯이 최우선적으로 고급차, 비싼 의류, 여행 등에 돈을 쓴다는 것이다. 한 번쯤 꿈꾸어 볼 일이긴 하다. 하지만 현실은 로또 1등 당첨금이 생각보다 많지 않다는 데 있다.

실제로 로또 1등 당첨자들 수보다 부자들 수가 훨씬 더 많다. 그들은 이미 오래전부터 그 많은 재산을 가지고도 아무런 호들갑을 떨지 않으며, 절약하는 자세를 묵묵히 지키며 살고 있다.

서른다섯 살이 될 때까지 가난하다면 그건 너희 탓이다

몇 년 전 학생들을 대상으로 '기업과 사회' 강의를 하면서 학생들에게 어떤 꿈을 가지고 있는지를 물었던 적이 있다. 역시 젊은 날 우리가 그러했듯 선뜻 나서서 얘기하지 않는 분위기가 비슷했다.

그래서 탐험가, 인류학자, 다큐멘터리 제작자인 존 고다드(John Goddard)와 『당신의 꿈은 무엇입니까』의 저자 김수영에 대해 자세한 소개와 더불어 과제물로 본인의 꿈 리스트를 작성해서 제출토록 했다. 다들 3~4장에 달하는 인생 설계부터, 자신이 하고자 하는 일의 내용을 포함해 각자의 꿈을 적어 제출했다.

그런데 학생들의 공통된 희망은 졸업해서 해운계 빅4 회사에 취직하여 3~4년 승선한 뒤 해양계 공무원이 되어 많은(?) 돈을 벌어 부자가 되는 것이 주였다. 미안하지만 이렇게 해서 큰돈을 번 사람은 여지껏 본 적이 없다.

2010년도 조사 결과에 따르면, 우리나라에서 부자 소리를 들으려면 현금, 부동산, 주식 등을 통틀어 재산 규모가 적어도 34억 원은 돼야 한다. 이 조사보다 약 10년 후에 발표된 '2019년 한국 부자보고서'에 따르면, 최소한 67억 원은 가지고 있어야 부자라 할 수 있다.

이 보고서에 따르면 부자 가구의 연간 소득은 평균 2억 2000만 원으로 일반 가구의 3.9배 수준에 달한다. 그중 노동소득 비중은 63%에 불과한 반면 재산소득이 32.5%를 차지한다. 또한 이들 총자산의 절반 이상이 부동산인 것으로 밝혀졌다.

사람들은 누구나 부자가 되고 싶어 한다. 부자에 대한 자기만의 기준도 있겠지만, 적어도 많은 사람들이 생각하는 객관적 기준을 넘어서야만 자타가 인정하는 부자라 할 것이다. 부자가 되는 방법이야 수만 가지에, 이렇다 할 정답도 없겠지만 적어도 해양계에서 부자가 되려면 평생 배를 타면서 얻은 급료로 재투자를 해 재산을 불리든지, 아니면 사업을 하는 것이 가장 일반적인 방법일 것이다. 돈이 전부는 아니지만 세상을 살아가는 데 필요한 핵심조건이자, 자본주의 사회에서 돈이 지닌 위력은 그 누구도 부인할 수 없기에 대부분 부자는 동경의 대상으로 존재할 수밖에 없다.

세계적인 부호 알리바바 마윈(Jack Ma) 회장은 '35살이 될 때까지 가난하다면 그건 너희 탓이다'라며 세상에서 가장 같이 일하기 힘든 사람들은 '마인드가 가난한 사람들'이라 일갈했다. 이렇듯 부자는 자신의 노력으로 될 수 있으며 반드시 그러한 노력을 해야만 한다고 강조한다.

부자가 되는 방법 – 기본 원칙에 충실하라!

위에서도 언급했듯이, 전문가들은 부자가 되기 위해 최우선적으로 해야 할 일로 금융 공부를 꼽는다. 1990년대까지만 해도 저축률 30%가 넘는 금융 역량 최강국이었던 우리나라가 지금은 빚에 허덕이는 국가가 된 이유는 금융 패러다임이 저축에서 투자와 신용 중심으로 급속하게 바뀌었지만 소비자들의 지식과 행동은 이를 따라가지 못했기 때문이라고 한다. 사회생활의 80%가 경제 활동이고, 이 중 절반 가량이 금융과 관련돼 있는데도 학교 교육에서 금융 교육은 거의 배제돼 있어 매우 안타깝다.

금융이나 경제 교육이라 해서 거창하게 생각할 것은 아니다. 돈에 대한 기본적인 지식, 즉 용돈 관리, 금리와 이자, 환율, 신용 관리 방법 등에서부터 은행, 보험, 투자신탁, 리츠, 마을금고 등 다양한 금융기관의 역할에 대해 학교에서 그리고 가정에서 가르치고 배울 필요가 있다. 또한 투자를 위한 펀드, 채권, 증권 등에 대해서도 공부하는 한편, 우리 생활에 가장 밀접한 동산, 부동산 자산에 대해서도 기본적인 지식이 필요하다.

『부의 추월차선』의 저자 엠제이 드마코(MJ DeMarco)는 운전사로 일할 때 시간이 날 때마다 자신이 원하는 방법으로 성공을 거둔 사람들의 자서전을 읽으며 스스로 운전대학, 운동대학, 화장실대학, 기다림대학 등을 만들어 금융 공부에 전력을 쏟아 부었다고 한다. 그는 졸업과 동시에 학습을 그만두는 것은 부에 대한 자살행위라고 말했다.

그리고 두 번째, 종자돈을 마련하여 장사, 사업, 투자에 도전하라고 권하고 싶다. 공무원이나 직장에서 받는 월급만으로는 현실적으로 부자가 되기 힘들다. 많은 돈을 벌고 싶다면 연예인, 운동 선수처럼 명성을 얻거나 경영자가 되거나 사업을 영위하는 방법 등이 있다. 그중에서도 사업은 가장 일반적이고 주위에서도 보기 쉬운 도전 대상이다.

세 번째, 자신에게 들어온 돈은 재투자하고 장기간 묻어둬라. 돈을 벌면 쓰고 싶은 욕망이 생기고 주위의 유혹도 많다. 멋진 차를 사고 싶고 여행을 떠나고 싶고 무엇보다 비싼 제품으로 치장을 하고 싶은 것이 인지상정이다. 하지만 목표에 도달하기 전까지는 절약정신을 가지고 매진해야 한다.

일반적으로 재투자를 할 때는 안전자산을 우선 눈여겨 봐라. 환금성이 뛰어난 금이나 부동산이 제격이다. 또한, 국채나 우량주에 투자를 하는 것도 고려해 볼 만하다.

재산이란 쌓기는 힘들지만 무너지긴 한순간이다. 진정한 부자는 한때 부자가 아니라 부를 계속해서 유지하고 불려 나가는 사람이다. 그러기 위해선 끊임없이 부의 흐름을 파악하고 작은 돈이라도 투자 곳간을 늘려가야 한다.

**잘 익은 젓갈은 향이 나고 음식 맛도 내지만
높은 온도로 순식간에 익히면 썩어서 악취를 풍긴다**

사업을 시작하려 할 때 첫 번째 부딪치는 문제가 투자자본이다. 처음부터 막대한 돈을 가지고 사업을 시작하는 사람은 거의 없다. 성경 구절과도 같이, 대부분 시작은 미약하지만 끝은 창대하리라는 믿음을 가지고 시작한다. 내 주위의 누군가 창업 자금이 문제라고 하면 그때마다 나는 미디어 전략가 톰 굿윈(Tom Goodwin)이 테크 크런치(TechCrunch)에 기고한 내용을 전해주곤 한다.

'세계에서 가장 큰 택시업체인 우버(Uber)는 소유하고 있는 자동차가 없고, 세계에서 가장 많이 활용되는 미디어 페이스북(Facebook)은 콘텐츠를 생산하지 않는다. 세계에서 가장 가치 있는 소매업체인 알리바바(Alibaba)는 상품 목록이 없으며, 세계에서 가장 큰 숙박 공급업체인 에어비엔비(Airbnb)는 소유한 부동산이 없다.'

두 번째, 어떤 사업 아이템을 선택할 것인지가 문제다. 부모의 사업을 이어받는 경우라면 별 문제 없지만, 새로 사업을 시작해야 하거나 사업영역을 확장하는 경우라면 적절한 사업 아이템 선정이 중요하다.

사업 아이템을 선정하려면 우선 조사분석을 철저히 해야 한다. 사업을 권유하는 사람도 많고 유망한 업종이라며 유혹하는 손길도 많다. 그러나 가장 좋은 아이템은 크고 화려한 사업이 아니라 자신이 가진 자금과 능력에 부합하며 초기부터 무리 없이 영위해 갈 수 있는 아이템이다.

세 번째, 어떤 사업에 진입하려면 사전에 충분한 경험을 쌓아라. 세상의 어떤 사업도 쉽거나 만만한 것은 없다. 초심자의 마음으로 배우고 경험하고 견디어 내라. 또한 단순히 기술적인 측면뿐만 아니라 연계해서 필요한 원료 공급처 등 협력업체와 고객 등 다양한 분야에서 사전경험은 꼭 필요하다.

사업을 시작하려면 아내의 동의부터 얻어라

결혼 후 얼마 지나지 않아 다니던 회사를 그만두고 화려한 독립을 계획했다 하자 아내의 얼굴이 장승처럼 굳어졌다. 예상보다 큰 거부 반응에 곧바로 나아가지 못하고 기회 있을 때마다 곧 탄탄한 다보탑이라도 쌓을 듯 잘 포장된 계획서를 들이대곤 했다.

6개월쯤 지나자 아내는 귀찮다는 듯 담당 임원 표정으로 '그렇게 자신 있으면 한 번 해 보시라'고 흔쾌히(?) 동의해 주었다. 품고 있던 누릿해진 사표를 제출한 뒤 지인의 사무실 한 자리를 빌려 과장 직급에서 하늘 같던 대표로 셀프 승진 발령했다.

직원일 때와 달리 회계, 세무, 금융, 영업 등 알아야 할 내용도, 챙겨야 할 것들도 너무 많았다. 업무 시간보다 더 많은 시간을 공부하는 데 할애해야 했다. 사소하게는 은행지점에는 개인과 기업점포로 나뉘어 있다는 정보부터 법인세와 금리, 환율 등 아주 복잡한 이론까지 공부해야 할 내용이 잔뜩 쌓였다.

다행히 어느 정도 자리를 잡아가면서 아내를 집요하게 설득했던 내 자신이 대견하게 느껴졌다. 하지만 아내의 생각은 달랐다. 처음 사업에 동의해 줄 때는 잦은 설득전이 귀찮기도 하고, 썩 내키지는 않지만 남편의 작은 열정을 믿어줘야겠다는 마음과 혹여 실패하더라도 함께 가겠다는 맹세의 승낙이었다고 했다. 만약 아내의 반대에도 불구하고 무리하게 강행하다 망했을 때는 가정 불화의 결과가 기다리고 있었을 것이다.

누구나 사업을 시작할 때는 온통 성공에 대한 믿음에 쏠려 실패할 경우에 대한 대비책을 강구하지 않는다. 가족이 사업을 반대하는 이유는 사업가로서 신뢰가 부족한 이유도 있겠지만 주위 환경의 불확실성 때문에 실패할 가능성을 사전에 줄이기 위함이다.

본인은 오직 곧 성공할 것 같은 망상에 빠져 있지만 가족은 실패를 두려워하는 것이다. 사업은 생면부지의 고객으로부터 신뢰를 얻는 과정이다. 가장 가까이 있는 가족부터 설득하지 못하는 신용으로 생면부지 고객의 신뢰를 얻기는 불가능하다.

대다수 한국 부자들은 안 먹고, 안 쓰고, 안 입고, 열심히 저축해서 부자가 된 사람보다는 부동산이나 주식 가격이 올라서 부자가 된 경우가 대부분이라고 한다. 즉, 사업으로 돈을 벌어 부자가 된 기업은 몇 안 되고 대다수가 공장 부지나 사옥 같은 부동산 값이 올라서 부자가 된 것이다.

결국 부자가 되려면 열심히 일하고 저축하는 것 외에, 그렇게 모은 씨드 머니를 이용해 부동산과 주식 투자를 잘해야 한다는 의미이다. 즉, 열심히 일하는 것에 더하여 전략적 사고가 적용되어야 한다고 볼 수 있다. 자본을 굴려서 이윤을 추구하는 경제 체제인 자본주의에서는 이렇게 하지 않으면 경제주체가 되기 힘들다.

자본주의 체제하에서는 시간이 지날수록 부동산 가격이 오를 수밖에 없다. 자원은 유한하니 시간이 흐를수록 원자재 가격과 인건비가 오르게 돼 있고, 이에 따라 결국 물가와 부동산 가격도 오를 수밖에 없다. 또한 경제성장이 이루어질수록 경제 규모는 더욱 커져 돈의 가치는 떨어지고 상대적으로 부동산 가격이 오르게 된다.

또한, 지금까지의 흐름을 살펴봐도 보수정권이 들어서면 부동산은 약보합세를 유지했고 진보정권이 들어서면 부동산은 가격이 상승했다. 보수정권은 친기업 성향이 강해 성장과 발전에 방점을 두기 때문이고 진보정권은 복지와 분배에 방점을 두어 시중에 자금이 많이 풀리기 때문에 인플레이션 분위기가 만들어진다는 것이다.

한 가지 명심해야 할 것은 이러한 원칙이 항상 지켜지는 것은 아니라는 사실과 가끔 과도한 낙폭을 보일 때도 있다는 점이다. 따라서 경제의 흐름을 늘 파악하고 자신의 투자여력을 참고하여 투자밸런스를 유지해야 한다. 다만 부동산 투자 중 주택은 자신이 살기 좋은 곳을 선택하고 자녀의 안식처를 마련하는 선에서 끝내라. 무주택자가 많은 시대에 다수의 주택을 소유하는 것은 이웃을 배려하지 못하는 행위다.

우리를 괴롭히는 것은 절대적인 빈곤이 아니라 상대적인 빈곤이다. 남들과 비교하여 자신이 우위에 있으면 행복을 더 느끼고 반대의 경우 박탈감을 느끼거나 스스로 불행하다고 생각한다는 것이다. 이러한 굴레에서 자유롭고 싶다면 유행에 초연한 마음의 여유가 필요하다. 상대적 빈곤을 느끼지 않을 수 있는 여유, 과시욕에 흔들리지 않을 여유를 갖기 바란다.

고전과 인문학이 필요한 것도 그 때문이다. 음악과 독서를 통한 마음의 수양 또한 중요하다. 현명한 사람들을 가까이 두고 삶의 지혜를 익히는 것도 좋다. 물질적인 부자도 중요하지만 건강과 더불어 정신적인 재산을 많이 쌓은 삼부자가 되도록 노력해라.

洪氏
家訓
10

자기 관리

특별히 신경 써서 과거, 현재, 미래의 자신을 만나보라.
그렇지 않으면 늘 동행할 뿐 만날 기회가 없다.
결코 만나기 쉽지 않은 자신을 만나거든 철학자의 커다란 눈으로, 종교인의 넓은 귀를 열어,
시인의 새초롬한 마음으로, 과거를 재단하고 현재를 즐기며 미래를 가늠해보라!

침대에 누워 있는 아침은 아침이 아니다

요즘 젊은이들은 어머니의 조력과 컴퓨터의 보조에 따른 개인적인 일상화에 빠져 있다. 어려서부터 어머니의 지시와 도움에 따라 움직이다가 대학에 들어가면 자유의 강을 만나 그때부터 컴퓨터를 제공받는다. 그렇게 시작된 컴퓨터 사랑은 그로 하여금 꼬박 밤을 새우고도 잠을 잊게 만든다.

하지만 컴퓨터의 기능을 흥미와 오락 위주로만 사용하게 되면 남는 것이 없다. 컴퓨터 활용 능력을 충분히 길러두고 특히나 지식과 정보 검색, 워드나 엑셀, 파워포인트 등을 자유롭게 다룰 만큼 실력을 키운다면 졸업 후 사회에 나가서도 자신의 능력을 인정받는 데 유리할 것이다. 하지만 현실은 이와 반대로, 단순히 일상적인 정보 검색이나 쇼핑 그리고 게임에 빠져 사는 경우를 흔히 보았다.

컴퓨터에 관한 한, 중장년층은 자신의 컴퓨터에 조금만 이상 반응이 나타나도 바로 당황해서 주위 젊은 사람들에게 도움을 요청한다. 하지만 그들은 일단 전원을 껐다가 켜보거나 컴퓨터 본체나 모니터를 때려본다. 혹은 아무거나 누르거나 마구 만져 보기도 한다. 그런 모습을 보고 있으면 오히려 답답할 때가 많다. 전자기기나 컴퓨터에도 공통적인 운영체계나 방법이 존재하는 바, 기초 지식을 습득하여 주위에 도움을 줄 수 있는 실력을 갖추기 바란다.

전 국민이 가지고 있을 만큼 흔한 핸드폰 역시 마찬가지다. 핸드폰이 갖는 기능은 본래 전화의 역할을 포함하여 컴퓨터, 라디오, TV, 카메라, 녹음기, 건강보조기기 등 셀 수 없이 많은 기능을 탑재하고 있다. 젊은 친구들도 경우에 따라 기능을 다 익히지 못해 당황할 정도로 다변화되었다. 가능하다면 기본적인 기능들을 익숙하게 사용하는 능력을 키워 부모, 상사, 선배들에게 알려줄 수 있는, 그래서 언제든 자신의 능력을 발휘해 인정받을 수 있는 기회를 잡기 바란다.

> 언젠가부터 다들 자신을
> 왕으로 모시고 사는 세상
> 서로가 서로의 역린을 건드리는
> 볼썽사나운 모습들은
> 간간히 유치장에 갇히고
>
> 자신을 무시하거나
> 고개 숙이지 않는 백성에게
> 가차 없이 칼을 채우고 사약을 내리는 단죄
> 밖은 휑한데 여봐라만 외치는 벌거벗은 임금님들
>
> 홍석민 - 「자존심」 부분

건강 관리

젊었을 때야 체력의 한계를 느낄 때가 별로 없고 아프거나 상처를 입어도 일단 회복이 빠르기 때문에 건강에 대한 걱정을 거의 하지 않는다. 하지만 젊어서 건강 관리를 잘 해야 나이가 든 뒤에도 계속해서 건강을 유지해

갈 수 있다. 특히 눈과 이 관리는 곧바로 그 진가를 나타낸다. 학생 때부터 눈과 이의 기능 변화를 실감했을 것이다. 적어도 눈과 이의 관리는 전문가의 조언에 따라 잘 관리해 두기 바란다. 가족력이 있을 경우, 이 또한 미리미리 챙겨야 할 것이다. 물론 건강검진 시에 병원에서 가족력을 확인하고 그에 따른 상담이나 진료를 권고하기도 하지만 스스로 평소에 관리하는 습관을 가져야 한다.

나이가 들면서 심리적인 스트레스, 소화불량, 과민성대장증후군, 근육통, 오십견, 전립선비대증, 퇴행성관절염 등의 문제로 고통을 겪고 있으며 유지비용, 관리비용도 크나큰 편차를 보이기 시작한다. 머리만 해도 대머리, 탈색, 탈모가 오면 엄청난 스트레스와 관리비용이 발생하고 관리 소요시간도 길어진다. 물론 타고난 것도 있지만 후천적으로 어떻게 관리를 하느냐에 따라 많은 차이가 있음을 이해하고 건강한 생활 습관을 길러가기 바란다.

체력 - 나이가 들면서 가장 절실히 느끼는 부분이다. 지구력이 필요할 때, 기초체력이 필요할 때, 그리고 무엇보다 운동 경기나 집단 활동에서 상대적으로 체력이 약할 때 자격지심을 느끼게 된다. 군대에 가서도 근육이 잡힌 몸매의 동기들을 볼 때면 부러워하다가 일시적인 체력강화훈련에 돌입해 보기도 하지만 쉽지가 않다.

기초체력을 길러 기본적인 생활에 불편을 느끼지 않는 선을 넘어 고산등반, 장기 여행, 위험 탈출 등을 대비한 예비체력을 길러두는 것이 좋다. 즉, 대학 동아리 활동을 통해서 또는 군복무 중, 그리고 사회 생활 중 여가시간을 이용하여 근력과 지구력을 충분히 길러 두어라.

이미지 관리 - 사회생활을 하는 데 이미지 또한 중요하다. 밝은 표정, 웃는 모습, 긍정 마인드를 유지하도록 노력해라.

기본적으로 성형은 반대하지만 자신의 이미지 변화를 위해 쌍꺼풀 수술, 점 제거 등 약간의 성형은 필요하다고 생각한다. 과다한 성형, 문신, 피어싱 등은 개성이라는 관점에서 긍정적인 평가를 해 주는 사람들이 있으나 일반적인 기성세대에게는 부정적인 이미지가 강하다.

입는 옷, 머리 스타일, 염색 등 자신을 포장하는 내용에 대해서도 부지불식간에 사람들은 상대를 평가한다. 자신의 개성을 표출하기 위해서 최소한의 수준에서 필요할 수 있지만, 과하면 역효과를 부른다. 특히 자신을 홍보하는 자리라면 더욱 신경써야 할 부분이다.

물론 내면의 아름다움 역시 매우 중요하다. 하지만 내면의 아름다움이 외적인 아름다움에 어느 정도 영향을 미칠 수밖에 없다는 점에서 외적인 치장에도 신경을 써야 함은 당연하다.

성격관리 - 밝고 차분한 성격이기를 바라는 것이 대부분 부모들의 생각이다. 물론 자라온 환경과 부모의 영향을 받아 성격이 형성된다는 점에서 그 사람의 언행을 보면 그가 가진 주위의 환경을 어느 정도 예견할 수 있다.

사람은 누구나 안정적이고 평안한 생활을 희구한다. 그러자면 본인 스스로 그러한 성격을 가지고, 그러한 분위기를 연출하거나, 그러한 분위기에 동화되는 방법이 있는데, 서로의 성격이 모두 다르기 때문에 이 역시 쉽지 않은 일이다.

밝고 차분한 성격이 아니라도 일반적으로 유연한 성격으로 사람들과 원만히 어울리는 것만으로도 세상을 살아가기가 훨씬 수월해진다. 모든 것이 다 좋다거나 100% 호평을 받을 수 없듯이, 모두를 만족시킬 수 있는 성격은 없다. 다만 성급하고 공격적인 성향은 어디에서도 환영받기 힘들다.

> 몹쓸 운명이여!
> 대장간을 들락거리지만 않았어도
> 뜨거운 불맛 보지 않았을 텐데
> 장수의 손에 이끌리지만 않았어도
> 비릿한 피맛 보지 않았을 텐데
> 고고학자 눈에 띄지만 않았어도
> 부끄러운 알몸 드러내지 않았을 텐데
>
> 찬란하게 빛나던 칼끝은 어디가고
> 퉁퉁 불어 터진 몸뚱이만
> 작은 유리벽 안에 갇혀
> 무기징역 살고 있는가?
>
> 홍석민 - 「그때의 장검」 부분

처음부터 자신의 적성에 딱 맞는 것은 없다

전 미국방장관 콜린 파웰(Colin Powell)의 경우를 보자. 1950년 자메이카 출신 이민자의 아들로 뉴욕의 사우스 브롱크스에 살았다. 스스로 용돈을 벌어야 했던 콜린은 콜라공장에서 여름 동안 바닥 청소할 사람을 구한다는 전단을 보고 지원해 일을 시작하게 된다.

한 번은 50개의 콜라병이 들어있는 상자가 넘어져 아수라장이 되자 묵묵히 혼자 청소를 마무리했다. 공장에서는 이듬해 여름 그에게 청소 대신 음료 주입기를 맡겼고 곧이어 그는 음료 주입팀의 부책임자까지 승진했다.

잘 알다시피 콜린 파웰은 1989년 미국 역사상 최연소 합동참모본부의 장이 되고 2001년에는 흑인 최초로 국무장관을 지낸다. 그는 처음부터 정치에 적성이 맞았을까?

긍정 마인드는 부정 마인드의 4배의 효과를 불러온다

일본 경영의 신으로 불리는 파나소닉의 다케시마 고노스케 회장은 긍정적인 마인드 소유자로 유명하다. 그는 유소년 시절 아기 돌보는 일부터 수많은 일을 해 봤다는데 당시 그가 장차 거대한 기업의 회장이 되리라 생각한 사람은 아무도 없었을 것이다. 어쩌면, 사업가로서 적성을 가지고 있고 이에 성공하리라는 생각은 본인조차도 하지 못했을 것이다. 과연 무엇이 그의 적성이고 특기였을까?

'나는 배운 것도 적고 재능도 없는 평범한 사람이다. 사람들은 내가 경영을 잘 한다거나 인재를 잘 활용한다고 평가한다. 나는 결코 그렇게 생각하지 않지만 한 가지 짚이는 것이 있다. 내 눈에는 모든 직원이 나보다 위대한 사람으로 느껴진다는 것이다. 겉으로는 직원들을 꾸짖을 때가 많았지만 속으로는 늘 상대방이 나보다 위대하다고 생각했다.'

'하늘이 가난을 주었기에 부지런함을 얻었고, 병약함을 내렸기에 건강의 소중함을 깨달았으며, 충분히 교육받지 못할 환경을 선사해 다른 모든 사람을 스승으로 삼게 했다.'

같은 조건하에서 그것을 받아들이는 자세는 결국 자기 자신의 문제지만 그것이 곧 자신의 성격, 적성, 사고, 미래를 결정하게 된다. 자신이 가진 능력을 1이라 가정할 때 긍정 마인드는 배의 효과를 나타내고 부정 마인드는 절반의 효과를 나타낸다. 즉 같은 능력자라도 긍정과 부정의 결과는 0.5와 2라는 4배의 차이를 보인다. 세상은 늘 긍정과 부정이 공존하는 곳이지만 최대의 효과를 얻으려면 긍정적인 마인드를 가져라.

종종 자신의 실체를 파악해라

늘 우리는 상대를 바라보며 산다. 눈이 앞을 향해 있으니 그렇다. 어려서는 선생님을 집중적으로 바라보다가 선생님이 되기로 마음먹었다. 그러다 부잣집 친구를 만나 그의 아버지가 사업가라는 것을 알고 난 뒤 사업가가 되고 싶었다. 선배들이 공부 잘해서 의사나 판검사가 되니 그런 사람이 되고 싶었다. 정작 나 자신이 어떤 사람인가는 좀체 파악하지 못한 채 괜한 욕심만 키우고 또 키우면서 허풍선이가 되었다.

해운 회사에 취직하려 이력서를 썼다. 그때서야 자신이 가진 능력이 초라함을 깨달았다. 16년간 정규교육을 받았음에도 불구하고 최종 학력 졸업장과 해기사 자격증이 전부였다. 지금처럼 심하게 스펙을 따지지 않은 시절이다 보니 외국어 실력이나 자격증에 별다른 준비가 없었고 자동차를 언제 갖게 될지 몰라 운전면허증마저 없었다. 그래도 취직은 어렵지 않았다.

결혼을 전제로 한 소개팅이나 맞선을 보기 시작했다. 그제서야 나 자신의 민낯이 보이고 처음으로 나 자신의 실체가 파악되면서 텅 빈 곡간을 실감하기 시작했다. 학력은? 직업은? 재산은? 직장은? 능력은? 지금까지 별생각 없이 지나쳐 온 것들이 평가 대상에 오르자 내가 처한 상황을 직감했다. 계속해서 상대가 질문을 던진다. 부모님은? 형제자매는? 몇 번째인가? 미래 준비는?

늘 주위 사람들만 지켜보다가 나와 가족들을 유심히 살펴보기 시작했다. 가진 재산의 정도를 따져 보고 내가 만들 수 있는 미래를 그려 봤다. 그저 답답하고 불투명할 뿐이었다. 결국 나란 어떤 인물인가? 나와 내 주위의 모든 내용이 나의 재산이었고 평가 대상이 될 수 있다는 사실을 깨달았다.

자기 자신을 분석하라

자신은 자신이 가장 잘 안다고 생각하지만 실제는 그렇지 않다. 자신이 자신을 가장 잘 아는 것은 자신의 행동과 생각뿐이다. 적어도 자신의 객관적인 평가와는 상당히 거리가 있을 것이다.

사람은 자기 잘난 맛에 살고 자기 옳은 맛에 행동한다. 상대는 전혀 다른 생각을 가지고 있다는 생각은 하지 못한 채 자기중심적으로 세상을 바라보고 살아간다. 그것 자체가 잘못된 것은 아니나 그것으로 인해 늘 우리가 목격하는 다툼과 분쟁이 발생하고 이해관계가 상충하는 결과를 흔히 보았다.

주위 사람들과 원만한 관계를 유지하려면 스스로 합리적인 사고방식을 갖기를 바란다. 적어도 상대가 받아들일 수 있는 합리적인 근거와 이유를 가지고 행동하고 이해시키고 설득하면서 살아간다면 다툼과 분쟁의 원인을 대부분 줄일 수 있다.

나도 나 자신을 모른다.
그러나 적어도 나는 나 자신을 모른다는 것은 알고 있다. - 소크라테스

자기 자신을 분석하는 방법으로 내가 개발한 다음의 방법을 소개한다. 우선 빈방에 들어가서 약 30분간 명상을 한 뒤 자기를 끄집어내어 마주 앉는다. 과거, 특히 5년 전에 어떻게 살았으며 그 결과 현재의 상황은 어떠한지 파악해 보고 현재의 준비 상태로 향후 5년 뒤에는 어떤 변화가 있을 것인지 예측해 보는 것이다. 자신의 과거와 현재 그리고 미래를 살펴보는 일종의 자기성찰 시간이다.

그런 다음 본인이 가진 모든 것을 파악한다. 외모, 성격, 장점, 단점, 스펙, 적성, 꿈, 취미, 좋아하는 일, 잘 하는 일, 재산 등을 나열한다. 이어서 가족들의 상황을 점검해 본다. 물론 향후 변동사항도 함께 예측해 본다. 부모님의 정년, 회갑, 칠순, 형제들의 나이와 졸업, 결혼, 재산 정도 등. 그리고 나와 관계를 맺고 있는 사람, 구체적인 정보를 얻을 수 있는 사람, 관계, 모임이나 여건 등을 점검해 본다. 특히 직업(직장)과 취미로 나누어 정리해 보는 것도 좋다.

이렇게 자신과 주변의 상황을 파악해 보면 자신의 위치가 뚜렷이 눈에 보인다. 또한, 자신의 강점들을 모아 자신이 하고 싶은 일과 연계하면 자신의 방향과 목표를 설정하는 데 도움이 된다. 각각의 항목에 대해 점수를 매겨 수치화할 수도 있으나 결국 자기분석은 지극히 주관적일 수밖에 없다. 따라서 자신의 주위를 세세히 조사 정리해서 나열하면 자신의 현 위치를 알 수가 있다.

 객관적인 분석 결과를 얻고자 하면 친한 친구를 통해 자신의 장단점을 진지하게 평가해 달라고 하는 방법도 있다. 다만 오해가 생길 소지가 있으니 주의해야 한다. 오랫동안 나를 지켜봐 온 분들에게 평가를 요청하는 것도 좋은 방법이다. 혹시 한 번의 분석으로 원하는 결과를 얻지 못했다 하더라도 실망하지 말고 반복적으로 자기분석의 시간을 갖기 바란다.

 분석의 결과를 얻었다면 이제 한 계단씩 오르면 되는 것이다. 단점은 하나씩 줄이고 장점을 늘리며 자격이나 면허는 추가하고 이루고자 한 일들이나 하고 싶었던 것들은 준비하고 실행하면서 자신을 변화시키는 것이다.

나만 힘들고 어렵다는 착각에서 벗어나라

사랑의 실연에 나만 괴로울까?

경쟁에서 나만 힘들까?

시험은 나에게만 어려울까?

면접장에서 나만 떨릴까?

 공부를 잘하든 못하든 기본적으로 대부분의 학생들은 시험을 어렵게 느낀다. 운동을 잘하든 못하든 둘 다 경기는 쉽지 않다고 생각한다. 준비를 많이 했든 아무 준비도 하지 못한 채 참가했든 면접시험 앞에서 모두들 떨고 있다. 정도의 차이만 있을 뿐 서로가 느끼는 부분은 비슷하다. 자신만이 그럴 것이라는 굴레를 씌워 포기하거나 스스로 무너지지 않기를 바란다.

시험을 어렵게 내는 것은 분별력을 주기 위해서다. 모두 다 100점인 시험은 시험으로서의 가치가 없다. 공부를 얼마나 했는지 학생들의 노력 정도를 파악하는 것이 시험이다. 그러니 당연히 난이도를 적절히 분배해 출제하는 것이다. 내가 어려우면 다들 어려울 테다. 그러니 어렵다고 쉬이 포기하지 마라.

경기 전에 큰소리치는 것은 겉으로 자신의 힘을 과시하는 듯 보이지만 실제로는 두려움을 떨치기 위한 표현일 가능성이 크다. 누구나 경쟁에선 두려움을 느끼기 마련이다. 그 두려움을 없애기 위해 큰소리치는 것이다. 상대도 두렵다는 것을 안다면 보다 편안한 마음으로 대결을 할 수 있을 것이다.

면접시험에 떨리지 않은 사람은 없다. 면접관도 그 마음을 다 안다. 떨리는 마음뿐 아니라 그로 인한 손 떨림, 반복되는 동작, 잠시 기억해 내지 못하는 것까지 알 수 있다. 그렇지만 그러한 어려움을 이겨내고 보다 적절한 답을 말하는 사람을 골라내는 것이 면접자의 일이다.

조금이라도 자신들이 원하는 인재에 가까운 지원자를 찾아내야 한다. 그러니 역시 대답하기 어려운 부분까지 질문하는 것이다. 면접자의 의도를 안다면 보다 여유롭게 면접에 임할 수 있을 것이다.

술 권하는 사회 - 알코올 살이

　부정청탁 및 금품 등 수수의 금지에 관한 법률, 일명 김영란법이 발효된 이후부터 다행히 과한 술 접대가 점점 줄어드는 분위기다. 경제 불황의 여파도 있겠지만 술이 건강에 미치는 영향 또한 크다 하겠다. 각종 질환에 늘 술, 담배가 원인으로 지목되는 상황이라 술, 담배를 자제하는 분위기는 환영할 만하다. 더불어, 그동안 많은 교육과 홍보를 통하여 인식의 전환이 있었고 건강에 이상이 있거나 본인이 원치 않으면 다행스럽게도 술을 강권하는 분위기 또한 점차 사라지고 있다.

　젊은 시절에는 그저 술 권하는 분위기에 마구 마셔대는 분위기까지 더해졌다. 자신이 마신 술잔을 돌리며 서로의 끈끈한 관계를 과시했고, 술 또한 2(소맥)~4가지(소백산맥)를 섞어 마시며 공동체 의식을 부추겼다. 또한 양주와 맥주를 섞은 폭탄주를 마시며 충성과 의리를 강조하는가 하면 누가 더 잘 마시나 내기를 하는 등 이날의 과음으로 인해 다음날 업무에 지장을 받는 일이 예사였다.

　알코올 중독은 그렇게 우리 사회를 장악했으며 저녁이면 골목마다 불야성을 이루었다. 그저 업무상 스트레스는 술로 푸는 길밖에 없는 듯 술이 밤을 지배했다.

　그러한 모습은 진정 바람직한 방법이 아니었다. 우선, 술잔을 돌리는 것은 비위생적인 데다 상대에 따라 매우 불편한 마음이 들기도 한다. 또한 과음은 반드시 건강에 악영향을 줄 뿐만 아니라 후회할 일을 동반한다. 택시나 버스 등에서 음식을 토해내는 경우 낭패가 아닐 수 없다. 길거리에서 시비가 붙는 경우도 있고 퍽치기를 당하거나 교통사고로 이어지는 경우도 있었다. 아직까지 술을 이기는 자는 보지 못했다. 마시는 자유까지 통제하지 않겠지만 건강을 해치는 선은 넘지 마라.

예전엔 대낮부터 술 퍼마시는 사람들을 보면 한량으로 여겼는데 이제는 그들의 삶이 얼마나 고독하고 힘들다는 것을 안다. 가끔은 마주 앉아 넋두리를 주거니 받거니 출렁출렁 건배를 하고 싶을 때가 있다.

마누라는 내가 술만 보면 고래처럼 마셔대는 술꾼인 것처럼 말한다. 하지만 나는 수십 년 동안 일을 찾아 헤매고 헤매다 턱밑까지 지칠 때마다 마음이 슬금슬금 그믐달처럼 기울어져서 균형을 잡을 수가 없다. 그래서 공허한 마음을 채워줄 뭔가를 갈구하다가 공교롭게도 늘 근처에 있는 빨간 불빛만 보면 이성을 잃고 다가간다. 공허한 마음 벌컥벌컥 채우고 나면 마음의 균형을 되찾은 것 같지만 이내 몸의 균형을 잃고 만다. 마음과 달리 계속해서 채우고자 하는 자율신경을 멈출 수가 없는 것이다. 왜냐하면 마음이 기울어져서 세상이 끝난 것처럼 술을 마시는 것이 아니라 몸이 점점 기울어져 그냥 끌려가는 셈이다. 가만히 있으려 해도 휘젓는 날개를 따라 움직이는 바람처럼 뒤늦게 크게 기울어진 몸의 균형을 바로 잡으려 부단히도 애를 쓰지만 주위의 온갖 것들은 더욱 기울어진 나를 부축하기는커녕 재미있다는 듯 지켜보고만 있다. 여기저기 시퍼런 훈장을 몇 개 달고서야 몸의 균형이 잡히고 마음도 평정을 되찾는다. 다음 날이면 꼭 찾아오는 손님이 있다. 엉클어진 하루와 후회라는 독소가 고소하다는 듯 째려보며 썩소를 날린다.
그런데 왜 우리는 날마다 기울어지는가?

홍석민 - 「알코올 살이」 전문

술은 아버지(집안 어른)에게서 배워라

일반적으로 우리는 술을 아버지에게서 배우라고 들으며 자랐다. 그래야 술주정을 부리지 않고 술을 마신 후의 모습도 본래의 모습에서 크게 벗어나지 않는다고 한다. 사실 살아오면서 술버릇이 좋지 않은 사람을 많이 봐왔다. 하지만 술을 마시면 그럴 수도 있다는 관용이 통용되는 분위기였다. 지난 시대는 술을 마셔야만 했던 사회이자, 술로 관계를 만들었던 세대의 어쩔 수 없는 변명일지 모르지만 우리가 너무나 술 문화에 관대한 것 또한 사실이다.

그 과정에서 도저히 이해할 수 없는 행동들도 있었다. 술을 마시다 말고 순간 잠이 드는 사람, 갑자기 소리 내어 우는 사람, 시비를 거는 사람 등 술 마시기 전과는 전혀 상상할 수 없는 모습으로 돌변하는 사람들이다. 물론 나도 몇 번의 실수는 있었다. 다행스럽게도 큰일로 이어지지 않았지만 뒤돌아보면 썩 좋은 일이 아니어서 곧바로 자제하기로 했다.

어쨌든 그런 과정에서 한두 번의 기회를 더 주었음에도 같은 실수를 반복하는 사람들과는 더 이상 술자리를 함께 하지 않는다. 특히 사업하는 사람들은 철저히 그런 사람을 경계하는 모습을 많이 보아 왔다. 한 번의 실수로 많은 것, 아니 전부를 잃을 수 있음을 깨달았다.

이러한 주사는 술을 배울 때 제대로 배우지 못했기 때문이다. 아버지 앞이라면 그렇게 할 수 있을까? 또한 아버지라면 자식이 그렇게 막무가내로 술을 마시도록 방관하지는 않을 것이다. 그러니 부모들은 올바른 주법을 가르치고 적당한 선에서 술을 마시도록 할 테니 자녀들이 그런 실수를 하지 않으리라 판단하는 것이다.

아무리 깊이 이해하더라도 당사자가 될 수는 없다

맹자에 역지사지(易地思之), 즉 처지를 서로 바꾸어 생각한다는 말이 나온다. 청년기까지는 상대의 편에 서 볼 기회가 별로 없어 역지사지의 자세가 쉽지 않았다. 늘 배우는 학생, 보호를 받는 자식의 입장이다 보니 선생님이나 부모의 입장을 생각하지 못하는 것이다.

세월이 지나 대학에서 후배가 생기고 군대와 사회생활에서 후임이 들어오고 결혼하여 아이를 갖고 아버지가 되고, 물품을 매매하면서 점점 상대의 입장에 설 때가 생긴다. 자동차를 사고 보니 때론 보행자가 되고 때론 운전자가 되며, 가끔 고객을 모시기도 하면서 스스로 고객이 되어 보기도 한다. 어떨 땐 자신도 모르게 가해자가 되는가 하면, 피해자 입장에 서기도 한다.

우리가 흔히 '너라면 어찌하겠는가?'라고 질문을 던질 때가 있다. 그때 상대의 입장을, 처지를 생각해 보자는 의도다. 그래야 일이 쉽게 풀린다. 상대의 처지를 생각하지 못하고 자신의 주장만 고집하게 되면 평행선을 달리게 되고 해결의 실마리를 찾지 못한다.

아무리 상대를 이해해 준다 하더라도 상대의 마음일 수는 없다. 그러니 최대한 이해해 주려고 노력해라. 상대 역시 나와 같은 생각을 한다면 서로 풀리지 않을 일은 없을 것이다. 그것을 기회로 친한 친구가 될 수도 있고 연인 사이로 발전할 수도 있으며 새로운 인연이 만들어지기도 한다.

마음의 양식을 늘려라

옛날에는 마늘을 많이 먹으면 사람된다는 데 지금은 책을 많이 읽어야 사람된다. 단순히 인터넷에서 얻은 지식이나 정보로는 부족하다.

지식은 시대와 상황에 따라 달라지지만 지혜는 시대가 바뀌고 상황이 달라져도 변함이 없다. 독서는 단순히 지식을 늘려주는 것으로 끝나지 않는다. 다양한 책을 읽어 마음의 양식을 늘리는 것은 자신의 삶의 질을 높이는 최고의 방법이다. 한 가지 더 부탁하고 싶은 것은 멘토를 많이 만들어라. 부모님을 포함해 친구든, 선배든 상관없다. 누구라도 배울 점이 있는 사람이라면 시간 장소를 가리지 말고 찾아가 배워라.

다시 말하지만, 시대가 바뀌고 세상이 변해도 편리한 인터넷에 의존하지만 말고 실제 경험자를 찾아 생생하게 듣고 배워라. 쉽게 얻을 정보라면 그만큼 일반화된 정보이며 누구나 접하는 내용일 것이다. 깊이 있는 정보와 생생한 지식 그리고 삶의 지혜를 얻고자 한다면 멘토를 찾도록 노력하라.

걱정보다는 대비책을 강구하라

어떤 문제에 봉착하게 되면 사람은 걱정을 하고 깊은 고민에 빠지는 것이 인지상정이다. 사실 문제의 해결책이 보이지 않으면 막막하고 아무런 생각이 나지 않는다. 그러나 걱정을 하기보다는 해결 방법을 찾는 노력을 해라. 걱정만 해서 해결되는 일은 아무것도 없다. 고민도 마찬가지다. 그보다는 해결을 위한 생각과 대비, 준비에 열중해라.

만족도의 차이일 뿐 세상사 대부분의 문제는 해결된다. 시험이 내일인데 시험 공부를 하지 않았다고 걱정하기보다는 남은 시간이라도 시험 공부를 해라. 비록 점수가 낮게 나온다 해도 걱정만 했을 때보다는 높을 것이다.

사고가 발생해 피해가 생겼다고 걱정만 할 것이 아니라 더 이상의 피해를 막을 방법이나 줄일 방책을 생각해라. 다시 이르지만, 이미 벌어진 일을 걱정한다고, 고민한다고 해결되는 것은 아무것도 없다.

물가에 가서는 안전사고에 유의해라

예전에는 아이들이 하천이나 저수지에서 멱을 감다 사고를 당하는 일이 자주 일어났다. 지금도 매년 여름 휴가철이면 물놀이 안전사고가 끊이지 않는다. 준비운동을 하지 않고 곧바로 입수해 심장마비가 오는 일도 적지 않다. 또는 헤엄치는 것에 너무 열중한 나머지 탈진상태에서 깊은 물에 들어가 있는 자신을 발견하는 경우도 종종 일어난다.

과거에는 헤엄치는 기술을 배우고 싶어도 수영장이 많지 않았다. 수영법도 모르는 데다 안전장비도 미비했다. 고작해야 대부분 개구리헤엄이었다.

아시아 경기 대회에서 조오련 선수가 메달을 따면서 수영이 많이 알려졌고 수영장도, 물놀이 장소도 많이 생겨났다.

물은 생각보다 빠르고 힘이 세다. 바닷가 밀물이 들어오는 경우, 계곡에서 물놀이를 하다 폭우로 물이 불어날 경우 물살의 속도는 무섭도록 빠르다. 그 빠름을 감지하지 못할 때 사고가 일어나는 것이다.

수영을 아무리 잘해도 물의 힘을 당할 자는 없다. 수영선수라도 자만하지 말며 수영을 못해도 기죽을 일은 아니다. 다만 물가는 조심하고 또 조심해도 절대 과하지 않다.

담배는 절대 피우지 마라

한 마디로 백해무익이다. 이미 많은 홍보를 통해 알려진 사실들만으로도 담배는 가까이 할 이유가 없다. 때로는 배우들이 피우는 모습에서, 친구들이 권하는 것을 이기지 못하고 담배를 피우게 되는 경우가 있으나 피우고 있다면 당장 끊어라. 좋을 게 하나 없다. 건강을 해치고 독하고 역한 냄새가 배어들고 주위 사람에게도 피해를 준다. 사랑하는 사람들마저 담배를 피우는 당신을 증오한다.

담배를 피우면 잠시나마 심신이 안정되는 효과가 있다고 말하는 사람도 있다. 혹여 담배를 피우고 있고 그러한 기분을 느끼고 있다면 당장 끊고 다른 방법을 찾아라. 담배를 대체할 더 좋은 것들이 주위에 얼마든지 많다. 다양한 차, 신선한 주스, 커피 등. 심신의 안정을 위해서라면 잠깐의 명상이 훨씬 유용하다.

종교를 갖는다는 것은

　어려서 사탕을 주는 교회에 몇 번 다녔다. 예수의 사랑은 잘 모르지만 달콤한 사탕의 유혹에 빠져 교회에 나갔다. 그렇듯 예수 그리스도는 달콤하게 다가왔다. 하지만 집에서 거리가 멀고 학업 시간에 쫓기다 보니 교회에 주기적으로 나갈 수 없어 미안한 마음에 발길을 끊고 말았다.

　고등학교 시절엔 생활 용품을 판매하는 아르바이트를 하다가 알게 된 분이 여호와의 증인 신자였는데, 어느 날 나를 인도하겠다며 자취방에 사람을 보냈다. 하지만 더 가까이 하기엔 용기가 나지 않았다.

　결혼 후 성탄절이면 아이들과 크리스마스 트리에 불을 밝히고 성당의 종소리를 들으며 보냈다. 성당의 이미지가 매우 친근하게 느껴졌다. TV 화면 속 성당의 화려한 모습에 매료돼 유럽 여행 중 유명한 한 성당의 내부를 보면서 황홀경에 빠져들었다. 하지만 성당에 예배를 보러 나갈 용기는 내지 못했다.

　사업을 하면서 작지만 오래된 사찰을 찾아 불공을 드렸다. 해운 사업이 다소 위험이 따르는 업이라 부처 앞에 엎드려 무사무탈을 기원했다. 매월 초하루마다 찾아갔으나 정해진 일정이 아니라도 절은 언제든 편안한 마음으로 찾을 수 있어서 좋았다. 불교 교리를 공부하거나 스님의 강연에 참여하지는 않는다. 그저 불안한 마음을 그곳에 놓고 오는 기분으로 간다.

　세속에 젖어 살면서 종교에서 말하는 천국이나 열반의 경지를 탐하는 것은 과한 욕심이라 생각한다. 다만 내가 종교를 갖고자 하는 이유는 자기반성의 시간을 갖기 위해서다. 내가 비는 소원은 부귀영화, 높은 권세가 아니라 자신이 늘 지혜롭고 현명한 사람이 되고자 노력하는 자세를 갖도록 기도하는 것이다. 즉 한 주 또는 한 달 동안 스스로 못마땅한 언행을 돌아보며 반성하는 시간을 갖기 위해서다. 그러한 삶을 살기 쉽지 않으니 스스로 반성하고 남을 배려하는 삶을 살도록 간절히 기도한다.

물론 새해 첫날이나 특별한 날에는 가족 건강, 사업 번창, 아이들 학업 성취 등을 소원하기도 한다. 하지만 대부분은 늘 노력하는 사람이 되게 해 달라고 기도하고 다짐하는 자리다.

종교를 이유로 결혼 결정이 순조롭지 못하거나 혼례와 제례의 과정에서 다툼이 일어나는 경우를 왕왕 본다. 타 종교를 배척하고 과도하게 자신의 종교로 인도하려 하거나 종교가 없는 경우 무시하는 경우도 있다. 종교를 이유로 사람들과 불협화음이 생기는 것을 절대로 경계해라. 다른 종교를 갖는 것을 존중해 주고 서로 험담하는 일은 하지 말아라. 어느 종교도 사람들과의 사이를 갈라놓거나 불화를 조장하는 교리는 없다. 다만 그러한 것들은 인간 스스로 만든 굴레일 뿐이다.

종교는 단지 자신의 정신을 수련하는 목적으로 믿음을 갖게 되길 바란다. 그 이상을 바라지 말며 과도한 믿음에 빠지지 않기를 바란다. 특히 가족이나 사회의 일반적인 상식을 깨는 유사(사이비) 종교에 절대 혹해서는 안 된다. 또한 종교를 갖고 있지 않은 사람들에게도 종교와 관련된 어떠한 비방이나 무시하는 언행을 해서는 안 된다. 종교를 선택할 권리 못지않게 선택하지 않을 권리 또한 존중되어야 한다.

마약을 못하게 하는 이유

순간의 쾌락을 쫓다가 망가진 심신이 어느새 중독에서 헤어나지 못하는 상태에 이르고 만다. 행여 그 어떤 호기심에라도 마약 흡입은 시도하지 마라. 모든 타락은 아주 작은 유혹에서 시작되며 시간이 흐를수록 되돌리기 어렵다. 지나온 시간만큼 그에 비례하는 엄청난 대가를 치러야 한다.

경험하지 않았으므로 그 후유증을 실감 있게 전해줄 도리는 없다. 하지만 이미 수많은 중독자들의 고백을 비롯해, 방송매체와 자료를 통해 그 폐해가 얼마나 심각한지 누구든 쉽게 확인할 수 있다. 요컨대, 궁금증을 이유로 함부로 시도하거나 체험해 보려고 하지 마라. 체험을 통해 알았을 때는 이미 때가 늦어 버렸다. 원상태로 되돌리기에는 실패비용이 과하게 발생한다.

나쁜 감정은 예습을 하고
좋은 감정은 복습을 하라

어떤 언행을 하기에 앞서 자기 자신이나 누군가에게 좋지 않은 감정을 불러일으킬지 미리 따져 보자. 자기분석을 통해 얻은 결과로 상대에게 불쾌감이나 편치 않은 마음을 주는 것들은 과감히 끊어내자.

과거에 좋은 일이나 추억이 있다면 종종 되새김질해 유사한 일들을 만들자. 더 업그레이드된 형태의 이벤트를 만들어도 좋다. 기분 좋은 선한 영향력은 좋은 감정을 복습하고 나아가 실행에 옮길 때 생긴다. 웃는 모습이나 평안한 자태는 자신을 포함하여 상대에게도 같은 영향을 불러온다.

그때 사용하는 언어나 제스처 역시 긍정적인 영향력을 가진다.

옛날 옛적에는
꼬질꼬질한 수확물 거두는 손길은 바쁜데
받아 챙기는 바구니는 느긋했어.
다듬지 않아도 예쁘게 단장 하지 않아도
찾는 사람은 많았는데

어느 날 비료가 비처럼 뿌려지자
땅속은 혁명가가 되어 지상으로 폭발처럼 일어났고
세상은 뻥튀기처럼 밀려드는 그들을
감당할 친구들이 필요했지

비닐봉지와 종이박스가 나서고
나무상자와 컨테이너도 거들고
커다란 냉장고는 미어터지도록 챙겼으나
더욱더 많은 친구들이 밀려들자
무한정 받아줄 수 없다며
정해준 기한이 적힌 번호표를 내밀며
그때까지는 방을 빼라고 으르렁거리더구만

세상에 나온 지 얼마 되지 않았을 때는
싱싱하고 생기 넘쳐 훌륭한 몸값 기대 속에
당장이라도 데려갈 줄 알았는데
더욱 생기발랄한 친구들이 생겨나고
어떤 놈들은 몸값을 낮추는 바람에
시간이 흘러도 찾는 이 없자
초조한 마음에 점점 생기를 잃어가고
냉장고가 정해준 기한에 다가갈 때쯤
급한 마음에 대폭할인 떠넘겨버렸지

어디 한번 보게나
그대에게 찍힌 유통기한은 언제까지인지

홍석민 - 「유통기한」 전문

洪氏
家訓

11

인성과 예절

사람들과 잘 어울리는 방법은 소중한 마음을 공유하는 것이다.
가장 공손한 예절은 정해진 형식이 아니라 상대를 최대한 배려하는 마음이다.

부모가 의도하든 의도하지 않든 언어, 행동, 사고, 습관 하나하나가 아이들에게 그대로 증여된다. 이것들은 아이가 성장하면서 자기만의 인성을 형성하는데 지대한 영향을 미친다. 따라서 부모는 최대한 어린 아이들에게 선한영향력을 미치도록 모범을 보여야 한다.

　점차 부모의 그늘에서 벗어나 주위 사람들과 어울리면서 서로의 인성에 영향을 주고받으며 각자 인격을 형성하게 된다. 또한 친구로 받아들일 때, 면접시험장에서, 선을 볼 때에도 인성은 낱낱이 평가받게 된다. 남들에게 좋은 평가를 얻기 위해서 올바른 인성을 형성하자는 게 아니라 본인 스스로 인간다운 삶을 영위하도록 기본적인 인성을 갖추는 것이 중요하다.

　우리는 형제자매가 많아서 가정교육은 부모님뿐만 아니라 형, 누나들을 통해서도 이뤄졌다. 형, 누나가 혼나면 우리 역시 저렇게 하면 혼나겠구나, 칭찬 받으면 나도 저렇게 해서 칭찬 받아야지 하면서 배웠다. 부모님, 특히 아버지에 대한 예절은 엄격했다. 식사시간에 어른들이 먼저 수저를 들지 않으면 기다려야 했고 말대꾸를 하는 것은 버릇없는 처사였다. 아버지가 훈계하시면 무릎 꿇고 앉아서 들어야 했으며 회초리를 드는 경우도 종종 있었다.

　학교에서는 선배들이 후배들에게 엄격한 위계질서를 위해 예절을 강조했고 군대에서도 예절은 따끔한 체벌과 함께 늘 말벌처럼 따라다녔다. 사회에 나오자 예절은 더욱 강조되었고 부지불식간에 사람들의 가십거리가 되기도 했다. 예절에 어긋나면 충고를 듣기도 하고, 질타를 받았으며 심한 경우 서로 다툼이 일거나 다수의 공격을 받기도 한다. 그 만큼 예절은 사람들 사이에 꼭 필요한 덕목이자 범퍼역할을 한다.

비단 사람들과의 사이에서 뿐만 아니라, 부모에게도 자식에게도 본성을 드러내기도 하고 예절을 무시하기도 해서 사회적으로 큰 파장을 불러오는 경우도 많다. 따라서 아이들이야 불만이겠지만 어렸을 때에 인성과 예절에 대해 충분한 훈육이 필요한 이유다.

늘 감사하는 마음으로 살아라!
어릴 적 담임 선생님의 가정 방문이 있었다. 선생님이 직접 학생 집을 찾아가 가정 형편도 파악하고 부모님을 만나 이런저런 사항을 확인하여 교육하는 데 참고하는 과정이었다. 학생들 집은 학교를 중심으로 360도, 동서남북에 흩어져 있다 보니 선생님은 자전거를 이용해 차례로 아이들 집을 방문하셨다.

우리집에 오신 날, 허름한 옷차림에 한창 농사일로 바쁘시던 부모님은 다소곳한 옷차림에 구두를 신고 오신 선생님을 반갑게 맞으시면서도 몸 둘 바 몰라 하셨다. 부모님에게 선생님은 참으로 어려운 손님인 것을 알 수 있었다. 초등학교 6학년 때 담임 선생님은 결코 새 구두가 아닌 낡은 구두를 신고 계셨던 기억이 난다. 무심결에 내 눈에 뜨인 것이지만 그저 그 낡은 구두가 오래도록 기억 속에 남아 있었다.

내 나이 40이 넘어 그때의 선생님을 찾아뵈었다. 가끔 초등학교 시절부터 대학 시절까지 담임 선생님의 성함을 일기장에 차례대로 적어 보면서 옛 추억을 그리워했을 뿐 직접 찾아뵙고 감사의 마음을 전해야겠다는 생각은 2~30년이 흐른 뒤에야 하게 되었다.

해당 교육청에 연락해 나에게 특히 깊은 인상을 남기신 세 분을 찾았다. 초6, 중3 그리고 고3 때의 담임 선생님. 하지만 안타깝게도 고3 때의 담임 선생님은 돌아가셔서 뵐 수 없었고, 나머지 두 분을 어찌어찌 연락드려 서로 양해를 구하고 한 자리에 모셨다. 물론 두 분은 서로 처음 보는 자리였다. 하지만 흔쾌히 수락하셨고 다행히 연세도 비슷하셔서 마음 편히 말씀을 나누셨다.

학생 시절 가정 방문을 오신 날 선생님의 낡은 구두가 머릿속에서 지워지지 않아 우선 백화점 제화코너를 찾아 구두를 선물해 드렸다. 한 분은 자신의 구두보다 아내의 구두를 사 주고 싶다며 상품권으로 바꿔 가셨다.

이어진 식사 자리에서 스승과 제자라기보다는 동네 형님과 동생 같은 분위기에서 다정한 식사를 마쳤다. 이렇게나마 한 번은 감사의 마음을 전해 드리고 싶었다.

어미만 나타났다 하면 작은 입 떡 벌리는
제비새끼들 같은 천상손님을 맞아
파스가 낙엽처럼 내려앉은 허리
똑 소리 나는 관절을 부여잡고
전투배치에 들어가신 어머니

냉동실에 박재된 생선을 굽고
텃밭 싱싱한 채소 다듬어

행복한 마음, 차려입은 정성, 떨리는 손으로
부러진 상다리를 고쳐세우십니다

털갈이 하는 자식들은 빈둥거리다가
다 헤진 앞치마에 등 떠밀린 집밥이 최고라며
잘 차려진 고통을 즐깁니다

도대체
언제까지 갑질할 텐가?

홍석민 - 「절대갑질」 전문

가장 가까운 사람에게 감사의 표현을

　나에게 한 분의 친삼촌과 여섯 분의 고모가 계셨고, 두 분의 외삼촌 그리고 세 분의 이모가 계셨다. 곰곰이 생각해 보니 어렸을 적 이분들은 가족 대소사 자리에서 만나게 되면 가끔 나에게 용돈을 쥐여주셨다. 물론 우리 부모님도 상대의 자녀들, 즉 나의 사촌들에게 용돈을 주기는 했겠지만 어쨌든 나의 입장에서 보면 유독 부모님을 많이 따라다녔고, 덕분에 그런 수혜(?)를 많이 입었다.

　그래서 한 번쯤은 조카로서의 역할을 하는 것이 필요하다고 생각해 그분들에게 용돈을 드렸다. 단순히 빚을 갚는 게 아니라 감사의 마음을 표현한 것이다. 흔히 공기와 물의 소중함을 잊고 살 듯 정작 가장 가까이서 나에게 도움을 주신 분들의 은혜는 당연하게 생각하고 지나치는 경향이 있다. 가장 가까이 계신 분들에게 감사 표현을 먼저 해라.

가족과 친척의 역할을 재조명하라

나에게는 4형제, 그리고 처남과 처형이 있으니 우리 세대로는 보통의 형제자매가 있는 경우라 할 것이다. 그리고 친조카가 8명, 처조카는 5명 있으니 합이 13명이다. 이들에게 명절 때 주는 세뱃돈 말고 어떻게 삼촌으로서 역할을 한번 할 수 있을까 생각해 보다가 상급학교에 입학할 때 교복을 사 입는 데 보태라고 일정 금액을 주곤 했다.

이것으로 삼촌 역할을 다 했다 할 순 없지만 어쨌든 그렇게라도 내 역할을 해 보고 싶었다. 물론 다른 상황에서 나에게 도움이나 협조를 요청했을 때에도 관심을 갖고 응해 주었다. 다만 아쉬운 것은 정신적으로 그들과 충분히 교류하지 못한 부분이다. 그들이 미래를 준비하는 데 있어서 작으나마 등대 역할을 할 수 있으면 좋았겠다 싶은데 이미 성인이 돼 버렸다.

너희들도 이런 기회가 있다면 망설이지 말고 선뜻 나서기를 바란다. 아마도 우리보다는 훨씬 기회가 적을 테지만.

**도움을 주신 분들을 찾아뵙고
감사의 마음을 전해라**

고3 때의 여름, 자취를 하던 중 정해진 월세 기간이 임박했다. 당시 경제적으로 힘든 부모님 사정을 알고 고심하던 중에 친구 B가 선뜻 나를 자기

집에 초대했다. 친구 집이 부자인 것은 알았으나 사실 그가 얼마나 넓은 집에 살고 부모님이 무슨 일을 하시는 분인지는 알지 못했다. 그가 그렇게 좋은 집에 사는 친구라는 것을 미리 알았더라면 아마 가지 않았을 것이다.

이미 막다른 골목에서 내가 선택할 수 있는 것은 그가 던진 줄을 잡는 것밖에 없었다. 책가방을 들고 그의 집에 들어갈 때 마치 나는 궁전에 들어가는 느낌이었다. 이렇게 다른 세상이 있다는 것을 예전에 보지 못했으니까. 친절했던 부모님과 동생들이 나를 환대했지만 나는 다소 불편했다. 그러한 환경이 나에게는 거추장스러운 갑옷과 같았기 때문이다. 하지만 이미 그들의 환대를 거절할 수 없는 입장이 되어 친구와 가족들에게 감사하는 마음으로 마지막 학기를 잘 마쳤다. 그리고 친구와는 가는 방향이 달라 한동안 만나지 못했다. 나는 바다로 나아갔고 그는 멀리 프랑스로 유학을 떠나 있었다.

세월은 늘 그렇듯 쏜살같이 흘러갔다. 삼십대 중반이 되어서야 그가 서울의 S사에 근무하고 있다는 소문을 접했다. 서슴없이 찾아가 그를 만났다. 나에게 호의를 베풀어 주셨던 그의 부모님 소식도 들을 수 있었다. 그리고 얼마 뒤 찾아가 뵈었다. 그때 주신 사랑에 비하면 너무나 작은 선물 하나 들고서. 하지만 그렇게라도 마음의 빚을 조금은 갚았다 생각한다. 찾아뵌 것만으로 매우 기뻐하셨고 진정으로 격려해 주시는 모습에 다시금 감사하고 흐뭇했다.

무심코 따라가다 힘이 들어
잠시 쉬는 순간마저
너는 멀어져 가는구나!

마음은 좋은 시절에 남아
가는 너를 본체만체 하려해도
해묵은 나이, 쳐진 주름
꼬박꼬박 챙겨주는 얄미운 아량

홍석민 - 「세월」 부분

고교 시절 경제적 여유가 없어 나는 늘 주인집의 부엌과 연결된 일명 식당방에서 자취를 했다. 주인 아주머니와 한 부엌을 사용했는데 내가 음식을 만들고 있는 모습이 신기하다는 듯 뻔히 쳐다보시곤 했다. 밥을 먹으면 쉬이 잠이 몰려오는 탓에 일부러 식사를 하지 않는 저녁이면 밥 한 그릇과 반찬을 넣어주셨다. 공부하는 학생은 잘 먹어야 한다며 한사코 먹고 공부하라고 하셨다. 아무리 대충 주신다 한들 내가 지은 밥에 비할까! 먹고 나면 곧이어 쏟아지는 잠을 이기지 못하고 책상에 엎드려 자고 있는 나를 발견하곤 했다.

다른 지역에 소재한 대학에 입학하게 되면서 그곳을 떠났고, 바다에 나가 생활하다 보니 자취하던 곳에 발걸음을 하기에는 너무 먼 곳이었다. 고교를 졸업한 지 20주년이 되던 해, 허름한 사진 속에 담긴 추억을 생각하며 모처럼 시간을 마련했다. 그리고 잊을 수 없는 옛 자취집을 찾았지만 기찻길 옆, 그 작은 집은 문이 잠긴 지 오래였다. 그 주인집 아주머니를 고급 식당에 모시고 가서 식사 한번 대접해 드리고 싶었으나 이미 굳게 닫힌, 이젠 아무도 살지 않는 그 집 앞에 그저 우두커니 서 있었다. 옛날 드라마에서나 본 듯한 상황에 한동안 울먹였다. 미리 좀 찾아뵐 것을!

그렇게 살아오면서 여러 사람들의 도움으로 오늘날의 내가 있다는 생각이 들 때면 서슴없이 그분들을 찾아갔다. 이런 이야기를 하는 이유는 너희들 또한 살아가면서 누군가의 도움을 받았거나 앞으로도 받을 기회가 많을 것이라 생각되기 때문이다. 이를 반드시 기억하거나 메모를 해 두고 잊지 않기를 바란다. 그리고 언젠가는 다시 찾아가 마음의 빚을 갚을 수 있는, 감사의 마음을 전하는 사람이 되기를 바란다.

현재에도 대학교 은사님들은 가끔 찾아뵙고 있으며, 사업을 하는 과정에서 도움을 주신 분들에게는 종종 감사의 표현을 한다. 마음으로 아껴주신 분들에게 진심으로 감사한 마음을 전달하는 것은 꼭 필요하다고 생각된다.

과거에도 결초보은(結草報恩), 백골난망(白骨難忘), 각골난망(刻骨難忘) 등 감사에 대한 사자성어가 있듯이 자신이 입은 은혜에 대해서는 반드시 잊지 않고 갚는 것이 덕목이자 도리이다.

큰 바위 무너져 내린 그곳에

방향을 잃은 날선 돌멩이들 쌓여

사이사이 구멍들 숭숭한데

타인의 티끌은 선뜻 깎아내려도

자신의 모난 곳은 쉬이 털어내지 못해

서로 부딪치는 소리 요란하다

서로 모난 부분 깎아내야

수십 년 부대끼며 뒹구는 삶 견디어낼 텐데

그 상처 어르고 달래며 살아야 어우러질 텐데

아버지 말씀처럼 아직 멀었다

홍석민 - 「몽돌」 부분

아무리 깊은 배려라 하더라도
당사자 입장이 될 수는 없다

할아버지는 자식인 우리가 남에게 꾸중을 듣거나 잔소리를 듣는 것을 무척 싫어하셨다. 물론 지금의 부모들도 그러하리라. 우리의 부모들은 우리가 그러한 상황에 놓이지 않도록 미리 신신당부하셨다.

만약 그러한 행동이 의심되면 곧바로 혼을 내셨다. 예를 들어, 식당에서 뛰거나 시끄럽게 떠들어 남들에게 방해가 되거나 아파트에서 심하게 뛰어

층간소음을 일으키면 주의를 주고 제재를 가했다. 요즘도 이러한 아이들이 있어 불쾌하지만 더욱 불쾌한 것은 이를 방치하는 부모들이 대부분이고 조금이라도 제지하면 오히려 부모들이 나서서 거세게 항변한다는 것이다.

아이의 기를 죽인다 하는데 참으로 어이가 없다. 기죽을 리도 없을 뿐더러 단지 공공장소에서 예의를 지키라고 훈계하는 것에 대한 반응이 참으로 기 막힌 경우가 더러 있다. 이때는 주인을 불러 떠드는 아이에게 주의를 당부하는 것이 좋다.

'나만 아니면 돼'라는 생각이 자리 잡아 가고 있는 분위기에 마음이 무겁다. 비록 쓸데없는 잔소리라 하더라도 누군가는 나서서 해야 할 일이다. 주위 사람들을 배려하지 않으면 결국 혼자 남게 된다. 또한 배려하지 않는 사회는 희망이 없다.

**하나의 지구를 공동으로 사용하는
최선의 방법은 배려다**

건물 문을 밀고 나오거나 들어갈 때 뒷사람을 배려해서 출입문을 잡아 주면 좋겠다. 아마도 외국인들은 여성들에게 특히 이런 호의를 베푼다고 하는데 호의를 베푼다기보다는 안전상 필요한 일이니만큼 여성, 남성을 가리지 말고 이를 배려함이 필요하다.

지하철이나 버스에서 다리를 쩍 벌리고 앉은 사람들이 한때 쩍벌남이라 불리며 눈총을 받았다. 지하철은 버스와 달리 마주보며 앉는 형태이다 보니 그렇게 다리를 쩍 벌리고 앉으면 당연히 옆 사람 자리를 침범하게 된다.

또한, 다리를 꼬고 앉는 경우도 옆 사람이나 앞에 서 있는 사람들에게 불편을 준다. 참으로 거슬리는 자세인데 지적하기도 애매하고 그냥 두기에는 옆 사람이 꽤나 불편해 보여 늘 마음이 찜찜하다. 지하철에서는 늘 바른 자세로 앉도록 주의해라.

휴대폰 통화는 모든 공공장소나 기차, 버스 등에서 특히 주위에 폐를 끼치는 행위다. 여러 번 열차 내 방송을 통해 홍보가 됐음에도 불구하고 여전히 그러한 큰 소리로 통화하는 사람들이 있어 불편할 때가 많다.

캠핑 장소에서 밤늦게까지 마구 떠들고 노는 사람들도 있다. '힐링'하러 왔는데 자기들끼리 늦은 시각까지 먹고 떠들며 주위를 의식하지 않는 행위는 여간 큰 민폐가 아니다. 불가피한 경우라도 저녁 10시를 넘기지 않는 것이 좋겠다.

공동주택에 산다면 특히 층간소음을 주의해라. 아이들이 어리다면 1층이나 1층이 비어있는 2층을 선택해서 아래층 등 이웃에게 피해가 가지 않도록 해라.

또한 부득이 층간소음이 발생해서 항의가 들어오면 정중히 사과부터 해라. 만약 아이 친구들을 초대하거나, 다수의 사람을 초청한 경우 미리 아래층에 내려가 양해를 구해라. 양심 있는 사람의 소음 피해는 참을 수 있지만 비양심적인 자의 소음과 행동에는 자비가 사라진다.

우리들의 세상도 두껍고 길어지려면
아무리 외세가 폭풍처럼 휘몰아쳐도

아무리 강하고 날쌘 놈들이 괴롭혀도

서로서로 끈적끈적한 정을 흘리고 흘려주고

다 함께 따끈한 정서 단단히 붙들어 매야 할 텐데

우리 엄마 말씀대로 큰일이다

홍석민 - 「고드름」 부분

예절은 자신을 나타내는
또 다른 얼굴이다

'감사합니다. 죄송합니다. 미안합니다. 실례합니다'는 말을 자주 사용해라. 우리가 편리한 생활을 할 수 있도록 많은 사람들이 노력하고 있다는 사실을 잊지 마라.

보이는 곳에서, 보이지 않는 곳에서 거리를 청소하고 질서유지를 위해 순찰을 돌고 공공시설의 상태를 점검하는 사람들이 최선을 다하고 있다. 물론 그들에겐 직업이고 해야 할 일이지만 그들이 제대로 업무를 수행함으로써 우리는 그만큼 안전한 생활을 할 수 있는 것이다. 우리가 실수하거나 잘못 사용함으로 인해 타인이 이용하는 데 불편을 초래하면 응당 죄송하고 미안해야 할 일이다.

더불어, 열심히 봉사하는 사람들을 보면 칭찬을 아끼지 말아라. 그 한마디에 어쩌면 상대는 하루의 피로가 풀리고 보람을 느끼는 하루가 될 수도 있을 것이다. 또한 누구나 그렇게 표현해 주는 사람을 좋아한다. 다음에는 더욱 친절한 서비스를 받게 될 것이다.

어머니는 짜장면이 싫다고 하셨어!

　엄마와의 대화는 함부로 하는 경향이 있다. 특히 가정주부로 갇혀 있다 보면 시사에 어둡게 되고, 밖의 세상을 알지 못한다고 해서 무시 당하는 경향도 있다. 친구나 연예인의 생일이나 신상은 줄줄 외우면서도 정작 부모님의 생신은 지나치는 경우도 있다. 애인의 생일은 유별나게 챙기면서 부모의 생일은 당연히 그냥 넘어가도 되는 것처럼 여기는 사람도 있다.

　사람의 마음은 다 같은 것이다. 특별한 날에 자신을 챙겨 주지 않으면 서운하고, 그런 날엔 비싸고 맛있는 음식을 먹고 싶고, 선물도 받고 싶은 마음은 다 같은 것이다. 다만 부모는 자식이 아직 그러한 경제적 여유가 없다고 판단해서 요구하지 않을 뿐이다.

　어떤 아버지가 생선 요리가 나오면 늘 몸통은 자식들에게 양보하고 생선 대가리만 맛있게 먹었다고 한다. 그것을 보고 자란 아이들은 어른이 돼서도 생선 요리를 하면 생선 대가리 부분을 아버지께 드렸다는 얘기가 있다. 그때까지도 아버지가 정말 그것만 좋아하시는 줄 알았던 것이다. 맛있는 부분은 아이들에게 먹이고 자신은 늘 먹기 불편한 곳을 택했던 탓이다.

　자식들을 마음껏 먹이고자 하는 부모의 마음은 예나 지금이나 변함이 없다. 특히 어려운 형편에도 자식을 먹이려고 자신은 굶거나 남은 음식만 먹었던 예는 대중가요 가사에도 나온다. '어머니는 짜장면이 싫다고 하셨어~' 어머니 역시 한 여인으로서 관심 받고 싶고 맛있는 음식을 먹고 싶은 마음이 다를 리 없다.

귀가 시간을 정해 둔 이유

다른 나라에 비해 우리나라 치안이 잘 돼 있는 것은 사실이다. 하지만 밤늦은 시각이나 우범지역에서는 여전히 범죄가 종종 발생하는 것이 현실이다. 특히 연락이 안 될 때 오만 가지 상상이 다 떠오른다. 사고, 납치, 퍽치기 등 최근의 뉴스들이 그렇게 만들어 놨다. 또한 주위의 여러 가지 경험과 사고의 내용으로 봐서도 당연히 그러한 상상이 가능하다.

그러니 귀가가 늦을 경우 꼭 미리 연락을 해 줘야 한다. 지금이야 핸드폰이 있으니 통화가 여의치 않으면 문자라도 남겨둬야 한다. 그래야 기다리는 가족들이 걱정하지 않는다. 대개 아무런 통보 없이 늦게 들어가서 혼난 경험이 있으리라. 그만큼 가족들이 걱정하고 있다는 방증이다.

제때 들어오지 않으면 제발 무사히 돌아오기만을 간절히 바라지만, 기다리는 동안 마음고생이 크면 클수록 얼굴을 보는 순간 마음과는 달리 화부터 내게 된다.

친구란
재산을 공유하는 사이가 아니라
마음을 공유하는 사이다

가까운 친구라 하더라도 함부로 대하거나 예의 없이 굴면 속으로 짜증이 난다. 또한 그러한 친구들은 가까이하고 싶은 생각이 점차 줄어든다. 따라서 가까운 친구라 생각할수록 더욱 예의를 지켜야 한다. 그래야 편안한 사이가 되고 우정도 오래 나눌 수 있다.

비용은 공동 분담을 원칙으로 하되, 경우에 따라 형편이 좋은 친구들이 더 부담할 때도 있을 것이다. 우리 때는 친구가 세 번 사면 자신도 한 번 정도는 살 수 있는 마음의 여지가 있어야 예의가 있는 친구로 생각했다. 또한 음식을 먹고 나면 서로 자신이 부담하겠다고 계산대 앞으로 달려가는 모습도 흔했는데, 이제는 시대가 달라졌고 그것 또한 추억으로 사라졌다.

특히 자기 이익만 챙기려 들면 관계는 멀어질 것이다. 친구라는 이유로 상대를 이용하려 들지 마라. 친구는 나와 관계가 가까운, 마음을 연 사이지 서로 재산이나 이익을 막무가내로 공유하는 사이가 아니라는 사실을 잊지 마라.

친구라 하더라도 경우에 따라 고마운 마음, 미안한 마음을 표시하라. 우정이란 속마음을 있는 그대로 표현할 수 있을 때, 그리고 상처받은 마음을 서로 위로해 줄 수 있을 때 더욱 돈독해지는 것이다.

어떤 친구들은 돈을 빌릴 때 우정을 유달리 강조하는 경향이 있다. 그래서 빌려주고 나면 연락이 두절된다. 경험상 우정을 과시하거나 반드시, 꼭 갚겠다는 다짐을 과하게 반복하는 경우 오히려 신용을 지키지 않을 가능성이 높다. 반면, 돈 빌리는 것을 망설이거나 미안해하는 친구들이 약속을 더 잘 지키는 편이다.

우리네 삶은 심지 굳은 촛대 바로 세워
불같은 사랑이 저지른 타오르는 불꽃, 생은
흘러내리는 모래시계, 바람에 쫓기듯

한 몸 녹여내어 심장 타들어가는 시간여행

어둠을 살라먹는 변치 않는 초심(初心)으로
심지에 정열이 끓어오르는 동안
육신은 하얗게 타올라
휘몰아치는 폭풍 속에서
가지 끝을 부여잡은 잎새처럼
가녀린 숨소리 이어지고

매끈한 하얀 살덩이 녹여내어 흐르는 눈물은
전신을 타고 살갗을 하얗게 태우며
용광로 쇳물처럼 주르륵 흘러내려
다 태우지 못할 삶의 무게로 내려앉는다.

때때로 지루하던 인생의 불꽃은
차가운 가슴을 지나 굶주린 오장을 흘러내려
인고의 세월을 견디어낸 후들거리는 두 다리를
소리 없이 태운다

불꽃이 어느새 바닥에 이르면
훅 불어오는 시련에 거친 몸부림

마침내 신이 거둬가는 불꽃 운명

미련이 남는 듯 피어오르는 하얀 영혼

허리 곧추세워 똑바로 서서

활활 타오르는 시뻘건 불꽃을 이고

살과 뼈를 태우는 고통을 초연히 이겨내야만

제대로 타들어가는 인생이려니

오늘도

나는 똑바로 서 있는가?

홍석민 - 「나를 바라보는 나」 전문

洪氏
家訓

12

효도

효도란 나를 길러주신 부모님의 희생에 대한 보답이 아니다.
부모님의 감춰진 마음을 찾기 위해 함께 어울리는 것이다.

동방예의지국에서 효도를 모를 사람은 없다. 효도를 하지 않겠다는 사람도 없다. 하지만 어떻게 해야 하는가에 대해서는 다소 난감해 하는 사람이 많다. 물론 처한 상황과 입장이 다르기 때문에 효도의 방법은 서로 다를 수밖에 없을 것이다.

요즘 학생들은 그저 공부 잘하고 성공하는 것만이 효도라 여기는 경향이 있다. 하지만 정작 공부 잘하고 성공한 사람들보다는 모질게 키운 자식이 효도하는 경우를 적잖이 보게 된다. 대체 무엇이 잘못된 것일까?

통상 부모는 자식에게 어떻게 해 달라는 주문을 하지 않는다. 자신이 무엇을 좋아하고 어떤 음식을 즐기며 건강상 어떤 문제가 있고 불편함을 느끼고 있는지 등을 솔직히 말하기보다는 그저 자식들이 행복하면 나도 행복하다는 철학적인 어법을 사용하여 혼란을 야기한다.

자식들도 늘 가까이에서 지켜봤으니 부모님을 잘 안다고 생각한다. 그저 바쁘다는 핑계로 부모님의 생각과 마음에 대해 자세한 대화를 나눌 기회도 갖지 않는다. 그러니 효도하는 구체적인 방법에 대해 깨닫는 데는 부모의 나이가 되어서야 알 수 있다.

우린 지금껏 청개구리로 살았습니다.
우리가 그 마음을 알았을 때,
아니 청개구리인 것을 알았을 때
가슴으로 소리 없이 울었습니다.

홍석민 - 「청개구리」 부분

초등학교 선생님은 늘 부모님께 효도하라고 말씀하셨다. 중학교 선생님도 부모님의 은혜란 하늘처럼 높고 바다처럼 깊다고 하셨다. 반포지효(反哺之孝)요, 세속오계(世俗五戒)의 사친이효(事親以孝)라, 한시외전(韓詩外傳)에 수욕정이풍부지(樹欲靜而風不止) 자욕양이친부대(子欲養而親父待)라 풍수지탄(風樹之嘆)을 강조했고 효경(孝經)에서는 신체발부수지부모(身體髮膚 受之父母)요 불감훼상(不敢毀傷)이 효지시야(孝之始也)라고 했다. 구구절절 효도를 강조하지만 문제는 '어떻게(How)'가 보이지 않는다는 것이다.

내가 다닌 고등학교에서는 매주 월요일 아침이면 어머님의 노래를 부르며 효의 중요성을 일깨웠다. 그때마다 부모님이 그리웠고, 어떻게 효도할 것인지는 생각도 못한 채 그저 효도하리라는 마음만 굳게 먹었다.

다정하게 대화하는 습관부터

막상 효도를 하고자 해도, 이에 대한 구체적인 예를 볼 수 없어 막막했다. 그저 공부 잘하는 것이, 성공해서 돈을 많이 버는 것이 효도인 줄 알았다. 내가 성장하는 과정에서 깨달은 것이 한계점이었고, 늘 부모님은 30년 앞서 가고 계시기에 그 마음을 이해하기에는 항상 30년의 간격이 생겼다.

30년을 따라잡는 방법은 부모님과 제대로 된 대화를 나누는 것이다. 사실 부모자식지간에 마음을 털어놓고 대화할 기회는 좀체 갖기 힘들다. 부모님은 스스로 당신들에 대한 보답을 말하기가 쑥스러워 명확히 '어떤 것을 좋아한다. 이것을 해 달라, 저것이 필요하다'고 표현하지 못한다.

그래서 방법을 달리 한 것이 바로 부모님과 친한 분들을 통해 부모님의 생각을 전해 듣는 것이었다. 이를 통해 조금씩 부모님의 불편과 필요한 바를 알게 되었다. 그렇게 더딘 이해도는 나이 40이 되어도 어머니의 '나는 괜찮다'는 말씀에 속을 정도로 우매했다.

부모님은 나에게 늘 슈퍼맨이었고 늘 당신들 스스로는 부족함(?)이 없이 사셨다. 먹고 싶은 것도 없었고, 비싸고 좋은 옷도, 화려한 보석도 다 소용없었다. 오직 자식들 잘 되는 것만이 행복이라 하셨다. 정말 그럴까?

'자식들은 자라면서 온갖 재롱을 피우고 순간순간 예쁜 모습을 보일 때 이미 효도를 다 했다'라는 말이 있다. 부모들이 더 이상 바라는 것은 무리한 요구일까?

요즘 학생들에게 '효도는 어떻게 하는 거냐' 물어 보니 공부 잘해서 장학금 받는 것, 전화 자주 드리는 것, 학교 생활을 성실히 하는 것 등 지극히 제한적인 답변만 반복했다. 학생들이 생각하는 효도 방법은 예전이나 지금이나 여전히 어려운 문제인가 보다.

효도를 하려면 먼저 부모님의 신상부터 마음속의 있는 걱정거리, 자식에 대한 희망과 기대, 성향, 건강 상태, 취미, 기호식품 등을 파악해야 한다. 그러자면 다정하게 대화를 나누는 시간이 가장 우선적으로 필요하다. 평소 일상적인 대화를 나누다 보면 어디가 불편하신지, 건강은 어떠신지, 먹고 싶은 것은 무엇인지 등을 알 수가 있다. 말씀하신 내용에 따라 확실한 반응을 보여드리고 맞장구를 치거나 위로의 말씀을 드리는 것만으로도 효도는 이미 시작된다.

그런데 부모님께 말씀을 드릴 때 자식들은 대개 얼굴이 일그러지거나 짜증부터 내기 일쑤다. 제발 헤진 옷 입지 말라, 일도 적당히 하시라, 술 좀 그만 드시라, 용돈 좀 많이 주시라 등등 짜증 섞인 말투가 대부분이다.

고등학생 때도 대화는 거의 없었지만 대학생이 되거나 군대에 간 후, 그리고 사회에 나간 뒤부턴 대화의 시간이 더 줄거나 아예 없다. 그러니 마주 앉아 다정다감하게 대화를 나누는 시간을 부모들은 무척이나 바라는 바다. 그저 당신들에게 관심을 가져주는 말 한 마디에도 감동한다. 대화를 하다 보면 정작 부모에 대해 모르는 부분이 너무 많다는 것을 점점 더 또렷이 깨닫게 될 것이다.

부모님의 생일과 결혼기념일 등을 기억하는가?

무슨 음식을 좋아하고 싫어하시는가?

애창곡은 무엇인가?

어떤 것을 싫어하고 좋아하시는가?

과거에 어떤 경험과 삶을 살아오셨는가?

왜 일어날 때마다 얼굴을 찡그리시는가?

왜 술, 담배를 자주 하시는가?

두 분은 왜 그리 자주 싸우시는가?

나에 대한 기대는 무엇인가?

왜 용돈을 박하게 주시는가?

부모님도 감사와 칭찬에는 춤을 추신다

다시 말하지만, 다정다감한 대화를 통해 파악된 내용에 따라 부모님을 십분 이해해 드리는 것만으로도 부모님은 큰 만족감을 느낀다. 친구들과는 자주 술을 마시면서도 정작 아버지와 마주앉아 술을 마시는 경우는 드물다. 당장이라도 둘이서 마시자고 하면 매우 좋아하실 것이다.

과묵하신 아버지도 술자리에서는 기분이 좋아지고 말이 많아질 것이다. 이건 비밀인데, 대한민국 아버지들은 외롭다. 과거의 아버지들보다 탈권위적이긴 해도 여전히 그러한 잔재가 남아 있다. 삶의 무게를 한껏 짊어지고서 늘 남자다움을 유지하려 애쓰는 반면 가장으로서 느끼는 외로운 마음을 속으로 쌓아두려는 경향이 강하다.

부모님에 대한 탐구생활은 하루 이틀에 마칠 수는 없지만 아무튼 하나하나 파악되는 대로 실행에 옮기면 된다. 당장은 실행 가능한 것부터 시작하면 된다. 예를 들면 가족모임 날을 정해 함께 저녁을 준비한다든지, 자녀들끼리 식사자리를 만들어 부모님을 초대한다든지, 가벼운 외식을 하거나 영화관 또는 노래방을 가는 등 즐거운 시간을 마련하자.

생신날엔 작은 이벤트를 준비하는 것이 좋다. 화려한 케이크를 사 들고 가는 것이나 커다란 선물을 해드리는 것보다 손편지를 써서 드린다거나 함께 노래방에 가는 것들이 훨씬 좋은 결과를 낼 수도 있을 것이다. 멀리 떨어져 있다면 영상 편지를 보내거나 친구들과 축하 노래를 불러드리는 것으로도 감동을 드릴 수 있다.

때론 목욕탕에 가자고 먼저 말씀드려라. 함께 목욕탕에 가서 등을 밀어드리는 것 또한 행복하다. 어렸을 때 나는 할아버지가 등을 밀어주시면 아프다고 인상을 찌푸렸다. 반대로, 할아버지는 더 세게 밀어달라고 하시곤 했다. 나이가 들면 등이 자주 가렵다는 것, 목욕할 때마다 더 힘차게 밀어달라고 하신 것도 바로 그 때문이었다는 걸 아버지 나이가 되고서야 뒤늦게 깨달았다. 멀리 나간 자식들이 돌아와 다 함께 모여 식사하는 시간이나 함께 여행하는 경우 부모들은 뿌듯하다. 친구들을 만나고 싶고 이성 친구와 시간을 보내고 싶을 테지만 우선 부모님과 따뜻한 밥 한 끼 같이 먹는 기회를 갖도록 하자.

종종 부모님의 멋진 부분을 자연스럽게 언급하는 것도 좋다. 예를 들어, 어떤 옷이 잘 어울린다든지, 어떤 헤어스타일이 멋있다든지, 어떤 말씀을 해 주실 때 기분이 좋다든지 하는 사소한 이야기들도 부모님들은 좋아하신다. 또한 부모님과 함께 했던 즐거운 추억들을 끄집어 내면 겉으론 무표정해도 속으로 춤을 추고 계실 것이다.

점점 빨라지는 삶의 가속도에 정신없이 바쁜 자식들은
목 빠지게 기다리는 부모와 마주할 겨를도 없네.
아무리 소리 지르고, 꼬집어 일러주어도
자식들은 들리는지 안 들리는지 반응도 없고
그저 공허한 메아리로 되돌아오고 만다.
당신도 젊어서는 그랬다고,
얼마 전 당신의 모습이었다고!
홍석민 - 「공허한 메아리」 부분

부모님의 숨은 속마음을 읽어라

　삼 년 전 직장 생활을 시작한 지 얼마 되지 않은 K군이 심각한 얼굴로 찾아왔다. 며칠 전 할아버지 제사를 지내는 자리에서 아버지가 다른 가족들을 다 물리친 뒤 장남인 K군을 앉혀놓고 신세 한탄을 하셨다고 했다.

　할아버지가 이른 나이에 돌아가셨듯 K군의 집안은 비교적 단명하는 편인데 본인 역시 이제 수명이 얼마 남지 않았다고 생각한 것이다. 60세까지 직장 생활로 온갖 스트레스에 시달려오다가 은퇴 후 여행도 하며 자유로운 시간을 가질 수 있을 거라 생각했는데, 실제로는 수년 동안 집안일만 거들자니 마음이 울적하셨던 모양이다.

　그의 아버지는 60세에 은퇴한 후 어머니가 운영하는 작은 어린이집 차량의 운전을 맡아 돕고 있는 중인데 이젠 좀 더 한가로운 노후를 보내자는 목소리를 내며 어머니와 종종 다투었다고 한다. K군의 어머니는 '결혼 안 한 자식들이 셋이나 있고 어린이집 시설도 낡았는데 노후를 즐길 여유가 어디 있느냐'며 아버지를 닥달했다는 것이다.

　K군은 갑작스런 아버지의 모습을 보고 뭐라 위로의 말씀을 드려야할지 몰라 당황스러웠고 당장 어떤 해결책을 찾기가 어려워 고민이라 했다. 다행히 3남매가 모두 취직이 된 상황이라 해법은 간단했다. K군의 아버지는 늘 일만 하는 인생이 우울했던 것이므로 당장 기분 전환이 필요했다. 또한, 특별한 이벤트 등 자식을 키운 보람을 느낄 수 있도록 어떤 계기를 만들어 드리는 것 또한 급선무였다.

　우선 공개적으로 삼남매가 부모님을 위한 자금을 모으도록 했다. 액수가 많고 적은 것은 문제되지 않는다. 다만 자식들이 부모님을 위해 돈을 모으고 있다는 사실만으로 부모는 기분이 좋아지고 보람을 느낀다.

그리고 고급음식점 몇 곳을 파악해 어떤 기념일이나 행사일이면 두 분을 모시고 가 뭐 드실건지 묻지말고 그 집에서 가장 비싼 음식을 사 드릴 것을 권했다. 사실 비싼 음식이라 해 봐야 불과 몇 만원만 더 부담하면 된다. 물론 여행을 위한 자금과 일정을 미리 잡아서 준비하는 것도 빼놓지 않았다. 자식들이 자신들을 위해 힘을 합치고 여행을 계획하고 있다는 것만으로도 부모는 충분히 설레고 행복한 일이다.

전생에 무슨 잘못으로
오늘도 너희들 앞에 엎드려
짧은 신음소리 삼키며 두려운 내색도 없이
온몸이 바스러지는 세월을
야금야금 도려내고 있구나!

홍석민 - 「도마」 부분

그 누가 서슴없이 달려와
굳게 닫힌 문 두드려줄 텐가?

자식을 군대에 보낼 때 어머니는 눈으로 울지만 아버지는 가슴으로 운다. 아버지는 애써 눈물을 참는 것이다. 강한 남자의 이미지를 유지하고 싶기도 하거니와 어려서부터 남자는 태어나 세 번만 울어야 한다고 교육(?)을 받은 탓에 그렇기도 하다. 그만큼 아버지는 과묵하다는 것이다.

여자들은 수다로 스트레스를 풀 만큼 대개 자기와 주변 얘기를 스스럼없이 꺼낸다. 하지만 남자들은 어려서부터 부모님이 걱정하실 일은 좀체 말하지 않는 경향이 있고, 또한 그렇게 성장했다. TV 속 훈련병들이 부모님께 인사하는 것을 봤는가? 하나같이 '저는 잘 지내고 있다, 건강하다, 걱정하지 마시라' 뿐이다. 하지만 훈련은 고되고 힘든 시간의 연속이다.

부모님도 평범한 사람으로서 맛있는 것 좋아하고, 좋은 옷 입고 싶고, 여행도 가고 싶고, 남들처럼 자랑하고 싶다. 피자를 싫어하거나 퓨전 음식을 싫어할 거라 단정짓지 마라. 늘 국밥집에 가시니 국밥을 제일 좋아할 거라 예단하지도 마라. 쉬지 않고 일만 하시니 일이 좋아서 그런가 보다 착각하지 마라.

나는 괜찮다는 말은 괜찮지 않다는 의미다. '엄친아'를 언급하는 것은 그런 친구엄마가 부럽다는 의미다. "뭐 이런 것을 가져 왔어?" 가져 와서 고맙다는 의미다. "아직까지 나는 괜찮은데 옆집 김 영감은 보청기 했더라?" 분명 보청기가 필요하다는 어필이다. 대화를 자주 나누다 보면 부모님의 숨겨진 마음이 쉬이 읽힌다.

나이가 들수록 사회적 활동이 줄고 찾아오는 사람도 줄어들 것이다. 자식들조차도 각자 자신의 자녀를 돌보느라, 또는 먹고 살기 바쁘다는 핑계로 굳게 닫힌 부모님 댁을 노크하는 일이 줄어든다. 노인들의 가장 큰 고통은 외로움이라는 조사 결과도 있다. 요즘은 전화 통화, 영상 통화가 가능하니 다양한 방법으로 부모님의 외로움을 달래 드리기 바란다.

나는 괜찮애야!
너그들만 잘 되면 된다

부모님은 늘 '괜찮다'라고 말씀하시지만 우린 40이 넘도록 속았다. 사실은 괜찮은 게 아니었다. 대부분의 할머니 세대는 자신을 희생해 가며 자식을 키우셨다.

절약 정신 또한 투철하셨다. 왜냐하면 그만큼 어려운 시절을 살아오셨고, 설령 지금은 아무리 부자라 할지라도 절약하지 않으면 또 다시 어려운 처지가 될 수 있다는 삶의 교훈을 가지고 계시기 때문이다. 주위에서 풍요롭게 살던 부자들이 방심하는 순간 무너지는 경우를 자주 봐 온 탓이다. 몸소 터득하신 경험이니 더할 나위 없는 학습효과다.

가끔 선물을 사 가지고 가면 돈을 많이 쓴다고 오히려 혼나곤 했다. 한때는 어렸을 적 그토록 갖고 싶었던 '종합선물세트'가 기억나 할머니께도 그런 선물세트를 보내드렸다. 기성품이 아니라 직접 다양한 물품을 구입해서 박스에 담아 택배로 배송해 드린 것이다. 당신들도 선물세트를 받으면 기쁘면서도 한편 자식들의 경제 문제가 걱정되니 공연히 타박을 하거나 달갑지 않은 척 말씀하시는 등 마음과 다른 방식으로 자식들에게 감사 인사를 하신다는 것을 뒤늦게 알게 되었다.

한 마디로, 효도에는 때가 있고, 그저 괜찮다는 인사에 속지 말라는 얘기다. 나이가 들어도 삶을 재미있고 편안하게 누리고 싶은 마음은 젊은이들과 전혀 다를 바 없다.

**아이들은 야단이 두렵고
어른들은 세상이 두렵다**

　어렸을 적 우리의 아버지는 무척이나 무서웠다. 우리가 잘못하면 바로 혼내셨고 매를 드셨다. 무엇보다 술을 드시고 들어온 날이면 무릎을 꿇려 앉혀놓고 일장 훈시를 하셨다. 우리는 아무런 말대꾸도 할 수 없었다. 끝날 때까지 조용히 듣고 있어야 했고, 무릎이 아파 인상이 심히 구겨지는 모습을 보고서야 할아버지는 비로소 멈추시거나 혹은 할머니의 만류에 못 이긴 척 그만두시곤 했다.

　지금 생각해 보면 할아버지는 그만큼 삶이 괴롭고 위로가 필요한 사람이었던 것이다. 배우지 못한 설움, 가진 것 없는 설움, 그로 인해 바깥에서 무시 당하는 현실이 절망스러워 술을 마시고 집에 들어올 때면 당신의 서러운 운명을 들려주며 자식들만큼은 이를 되풀이하지 않기를, 꼭 성공하기를 바라신 것이다.

　하지만 우리는 할아버지가 처한 현실을 여과 없이 드러내는 험악한 얼굴을 두려워했고, 술에 취해 도무지 논리에 맞지 않는 화법에다 같은 이야기를 무한 반복하는 모습에 실망했다. 할아버지의 절절한 마음을 이해하기에는 너무 어렸고 그저 무릎이 아파 힘들 뿐이었다.

　당시엔 할아버지의 그런 모습이 죽도록 싫었다. 할아버지가 술을 많이 드신 것도 싫었고, 훈계조에다 같은 말을 계속 되풀이하는 것도, 지금이야 감히 털어놓건대 논리적이지도 그리 삶에 도움이 될 것도 없던 그 이야기들까지 모두 싫었다.

중천에 떠 있을 때는 쳐다보지도 않다가
붉은 노을이 질 때서야 놀라며 바라본다

우리가 고교 진학을 위해 도시로 나간 후 더 이상 그러한 기회를 갖지 못했지만, 여전히 우린 할아버지가 무서웠다. 그래서 할아버지와 함께 있는 경우에도 그저 말없이 지냈다. 할아버지는 대화를 하지 않는 자식들이 밉고, 자신을 이해해 주지 못한 가족들이 많이 원망스러웠을 것이다. 그래서 더욱더 홀로 외롭고 쓸쓸하셨으리라.

할아버지에겐 대화 상대가 필요했고 우리에겐 삶의 조언이 필요했지만, 워낙 어렸을 적 호된 훈계 시간의 기억이 뇌리에 깊이 박혀 있어 그러한 서로의 필요에도 불구하고 대화라는 합의점에 이르지 못했다. 할머니가 통역사가 되어 연결해 주면 꼭 필요한 사항만 단답형으로 대화가 이루어졌을 뿐이다.

할아버지가 많이 여위고 기력이 심하게 떨어진 후에야 할아버지와의 대화가 시작됐다. 어느새 나도 한 아이의 아빠가 돼 있었다. 그제서야 할아버지도 마음이 여린, 한 사람의 나약한 인간이라는 것을 깨달았다. 그리고 할아버지 역시 암울한 역사를 견디어 오셨고 할아버지의 아버지에게서 우리보다 더 혹독한 가정 교육을 받았다는 것도 알게 되었다. 공교육을 받을 기회마저 없어 합리적, 논리적인 사고나 표현의 훈련 기회가 거의 전무했다는 것도 알게 되었다. 그 시대의 아버지는 강하게 태어난 것이 아니라 호되게 만들어지고 있었던 것이다.

할아버지를 탓하고 원망했던 과거의 시간이 너무 죄송하고 안타까웠다.

효도라는 것도 그때에서야 생각하기 시작했다. 가끔 전화도 드리고 용돈을 보내고 이런저런 작은 선물을 챙겨 드렸다. 마음의 위로를 해 드릴 겨를도 없이 그저 소품 몇 개 보내드리는 것만으로 효도인 양 자족하고 있었다. 하지만 할아버지는 힘든 세상을 더 이상 견디지 못하고 서둘러 떠나셨다.

수욕정이풍부지(樹欲靜而風不止)하고 자욕양이친부대(子欲養而親不待)라... 이 말을 단순히 알고 있는 것과 깨닫는 것의 차이를 실감했다. 직접 경험하지 않고도 얼마든지 알 수 있는 세상이지만 우리는 그러지 못했다. 돌아가시고 나서야 뒤늦게 깨닫게 된 것이다.

왜 자식들에게는 엄하셨을까?
삼십 년 후
투정부리는 자식 앞에
불현듯 당신의 근엄한 모습으로 섭니다.

왜 독한 술, 담배를 즐기셨을까?
삶의 무게가 송곳처럼 짓누를 때마다
피어오르는 연기 속에서
넘실거리는 술잔 속에서
허우적거리는 당신을 봅니다.

홍석민 - 「아버지는」 부분

마음은 토끼뜀을 하는데
몸은 거북이 흉내를 낸다

　아버지, 즉 너희들의 할아버지는 물려받은 것 없고, 배운 것 없고, 가진 것도 없는 분이었다. 슬하에 자식들은 많고, 성실했지만 무능력했다. 다른 집에선 이엉을 기와로 바꾸는 지붕개량을 한 지 오래됐어도, 우리는 계속 초가집으로 버티다가 이웃들이 새 집을 지을 즈음에야 뒤늦게 지붕개량을 했다. TV를 보려면 늘 옆집에 가야 했고, 전화도 한동안 빌려 쓰는 신세를 면치 못했다.

　심지어 할아버지 본인은 여러 이웃에 작두샘을 시공해 준 기술자이면서 정작 당신의 가족이 있는 우리집은 돈이 없어 제일 늦게 시공하였다. 무척 부지런하셨지만 가난은 철저히 우리를 옭아맨 채 놔주지 않았다. 가난의 굴레에서 벗어나려 악착같이 노력했지만 요령이 부족했고 운이 따르지 않았다. 세상의 변화를 읽지 못했고 경제 개념을 이해하지 못해 종잣돈을 만들지 못했다.

　이처럼 어려운 삶이었던 것도 할머니를 통해서야 알게 되었다. 할아버지는 그것을 숙명처럼 받아들이고 당신의 아버지를 원망하지도 않았으며 주어진 현실에서 최선을 다했지만 시대의 낙오자로 전락하고 말았다. 가난을 벗어나기 위해서는 노력 이상의 다른 무엇이 필요하다는 것을 아무도 가르쳐주지 않았기 때문이다. 아니, 그처럼 지독한 가난 때문에 배울 수 있는 기회마저 가질 수 없었던 탓이다.

　너희들도 이러한 부분을 이해하고 있어야 할아버지 세대와의 대화가 보다 수월해질 것이다. 혹여 너희가 잘못 알고 있는 부분이 있다면 할아버지의 인생과 환경을 지배했던 그분들만의 한계와 제약부터 이해하고 수용해야 한다. 그래야만 너희들 역시 자신의 현실을 깨닫고 미래를 준비하는 데 도움이 될 것이다. 그분들도 젊었을 때에는 너희들처럼 열정적이었고 성공에 대한 열망이 넘쳐났다. 그런데 왜 오늘날 그분들의 현실이 녹록하지 못한가 곰곰이 따져 볼 일이다.

그다음 세대인 요즘 아버지들은 많이 노력 중이다. 자녀들과 항상 대화하려 노력하고, 좋지 않은 습관은 바꾸려고 노력하며, 무엇보다 노후까지 자신의 경제를 스스로 책임지려 노력 중이다. 하지만 세월은 우리를 늙은이로 만들었고, 여지없이 천덕꾸러기 신세에 이르게 했다. 아무리 노력해도 젊은이들의 순발력과 지식을 따라잡을 수 없을뿐더러 변화하는 기술에 적응하기 벅차다. 아쉽게도, 너희들의 문화 또한 이해하기 힘들다.

어쩔 수 없이 우리도 자식들인 너희의 보살핌과 배려가 필요한 나이에 이른 것이다. 이는 개인의 문제가 아니라 자연적인 흐름이며, 과거에 우리가 할아버지 세대를 오해했듯 너희도 우리 세대를 표면으로만 보고 비판하기에 앞서 인간 대 인간으로서의 이해와 관심, 애정을 가져주기를 조심스레 요청하는 것이다.

감히 바라노니 할아버지 할머니의 건강과 안부를 묻고 챙기며, 부모 세대의 부족함을 마저 채워줄 수 있는 시간들을 갖기 바란다. 세상이 아무리 바뀌었다 해도 부모 자식 간의 정은, 그리고 그것을 아름답게 만들고 가꾸는 노력은 계속되어야 한다. 현재 너희가 아무리 많은 지식과 정보를 담는다고 해도 다음 세대에게는 그저 한 줌의 잿더미에 불과할 것이다. 마치 지금 우리가 너희 앞에서 느끼는 바로 그것과 같이.

가슴에 흐르는 강은
들어오는 대로 받아내고
흘러가는 대로 따른다

    부모는 누구나 자식이 태어날 때면 그저 건강하기만을 바란다. 알 수 없는 위험에 휩쓸릴까 봐 늘 노심초사다. 그저 깨끗하고 무해한 재료들을 가지고 자식을 아주 조심히 대하고 보살핀다.

    다행히 건강에 아무런 이상 없이 자라는 걸 보게 되면 자신도 모르게 아이에 대한 기대치가 점점 높아진다. 이를 위해 과도한 지원도 아끼지 않는다. 이렇게 과잉보호(?)를 받으면서 아이들은 개인주의 성향이 강해지고 자존심도 과하게 높아진다.

    하지만 부모의 입장에서 우리는 여전히 보수적이며 전통적인 정서로 자식을 바라본다. 누구와도 잘 어울리는 사교성이 높는 사람이기를, 단정하고 예의바른 청년이기를, 그리고 이해심이 많은 사회인이 되기를 바라게 된다. 그리고 무엇보다 그러한 배우자를 만나기를 희망하고 희망한다. 안타깝게도 잔소리가 계속될 수밖에 없는 이유다.

    나의 부모, 즉 너희의 조부모 세대는 주로 농업이 주류인 세상을 사셨다. 게다가 아직 기술이 발달하지 않은 때라 거의 평생을 육체 노동으로 보내셨다. 그러다 점차 아픈 곳이 늘어나고 나이 들면서 병치레를 하느라 그나마 그동안 모아 둔 많지 않은 돈마저 다 쓰고 가셨다.

우리 세대는 그와 확연히 다르다. 주요 산업 분야에 급격한 변화가 일어났고, 처음엔 육체적인 노동이 대세였으나 점차 정신노동자가 많아지면서 3D업종을 기피하는 현상이 생겨났다. 주 6일 근무에 휴일이나 야간에도 초과근무하는 일이 당연한 일상이었고, 눈만 뜨면 열심히 일해서 잘 살아 보자는 열망이 들끓었던 세대다. 물론 과도한 산업 재해와 일중독 등 부작용도 적지 않았지만, 다행히 사회복지 또한 급격히 좋아져 그 수혜를 누리고 있다.

너희들은 우리처럼 일중독의 삶을 살지 않기를 바라는 마음이 크다. 오로지 일에 매몰되어 너무 많은 것을 잃어버린 우리의 과거를 너희들은 반복하지 않도록, 최대한 너희를 지원하려 노력한다. '공부도, 여행도, 하고 싶은 것 다 해 보고 살라!'고 말하고 싶다. 실제로 가능하면 좋은 옷에 좋은 음식을 먹여가며 가진 것 다 주려고 애쓴다.

하지만 자식들은 그런 부모 마음을 헤아리기 어렵다. 부모님이 살던 그런 세상을 살아보지 않았으니까. 부모님 역시 처음부터 풍요로운 삶을 살았으리라 착각하는 것이다. 더 이상 주지 않는 부모를 욕하고 때리는가 하면 심지어 끔찍한 사고를 저지르는 경우도 적잖이 벌어진다.

이제는 부탁한다. 할아버지 세대는 먹고 사는 문제를 해결했고 우리 세대는 배우고 익히는 문제를 해결했다면 너희는 정신적, 문화적으로 풍요로운 세상을 만들어가는 세대가 되어야 한다. 마음껏 배우지 못한 우리들도 이러한 기적을 이뤘으니 충분히 배우고 익힌 너희들은 더욱 화려하고 멋진 미래를 만들어 가리란 믿음이 있다.

    화학비료 뿌려대는 묵은 밭에서
    탱탱하게 몸집 불리기보다는
    아무도 찾지 않는, 누구도 알아주지 않는
    심산유곡 그늘에 몸을 숨겨 이슬 받아 목을 축이고
    썩은 낙엽 진액 마시며 향과 내실을 채우는 산삼처럼

    초연히 싹을 틔워 다섯 이파리 모두 지켜내며
    순백의 꽃 피워내 빨간 빛깔 열매 보듬었을 때조차
    얼마나 겸손이 높으면 심마니 눈에 띄는 경우도 흔치 않다니
    간들간들 서 있는 다섯 이파리 심봤다 크게 외치는 그는
    진정 당신의 빨간 심장 속을 들여다보았을 테다

    매년 반복되는 비바람, 강풍한설 견디어 같은 자리 지켜내지만
    스치는 발길마다 수십 년 묵은 산삼 발견하는 일은 어렵다고
    그 깊은 계곡에 감히 들어갈 생각은 하지도 못하고 살지요
    작정하고 들어가 매의 눈으로 살피던 심마니
    조심스러운 손끝에 이끌려 온전한 몸매 드러내 듯

    지난한 세월 한 곳에 박혀 뇌두에 새순자리 수북해지면

굳은 살 여기저기 박힌 가느다란 몸매 부끄러운 듯
은은한 향 뿜으며 이끼 속에 묻혀 밝은 세상도 잠시
포장용기에 들어가기 전 여러 번 쪄낸 홍삼 같은 몸매로
부끄러움도 잊은 채 말없이 일몰처럼 스러집니다

당신 주위를 맴돌기만 했던 우리들은
그제야 당신 앞에 모아이 석상처럼 마주 서서
벌건 얼굴로 당신을 붉게 바라봅니다
보이지 않는 공기의 흐름을 그려놓은 기상도처럼
왜 이제야 당신의 마음이 선명하게 새겨질까요?

홍석민 - 「백년근 당신」 전문

洪氏
家訓

13

꿈과 인생계획

인생은 각자에게 있어 가장 긴 여행이다.
그런 만큼 그에 걸맞는 계획이 있어야 하고 준비도 철저히 해야 한다.
중도에 길을 잘못 들었거나 준비물이 바닥을 들어내면 당황스러울 수 밖에 없다.

젊은이여 야망을 가져라!

어렸을 적 늘 들었던 명언이다. 그땐 야망이 구체적으로 무엇을 뜻하는지도 모른 채 그저 막연히 훌륭한 사람이 되리라 생각했다. 훗날 이 말의 출처를 찾아보니 William Smith Clark이라는 미국인이 일본 삿뽀로 농업학교 총장으로 부임하면서 취임사에서 한 말이었다. 원문은 'Boys, be ambitious!'다. 어쨌든 한동안 우리는 야망을 갖기로 마음먹었다. 하지만 무엇이 야망인지 좀처럼 감이 잡히지 않았다. 선생님들이 늘 말씀하시는 '큰 꿈을 가지라'는 정도로 이해했다.

그래서 대부분 우리는 대통령이나 장군이 되기를 희망했다. 어떻게 하면 대통령이 되고 장군이 되는지도 모른 채. 흔히들 태어나면 장군감이라고 하거나 크게 될 놈이라고 칭찬을 했지만 그마저도 구체적으로 어떤 의미인지는 알지 못했다. 역시 막연하게 '훌륭한 사람이겠지' 생각했을 뿐이다.

학교에 입학하면서 가장 위대해 보인 사람이 바로 선생님이었다. 차림새가 그랬고 아는 것이 많아 더욱 존경스러웠다. 그래서 선생님이 되기로 마음먹었다. 하지만 어떻게 하면 선생님이 되는지 알 수가 없었다.

10월 1일 국군의 날 행사에 사관생도들이 TV 화면에 잡혔다. 흑백 TV임에도 불구하고 그들의 제복은 너무나 멋있었다. 또한 모든 비용을 국비로 제공 받으면서 졸업 후 곧바로 장교로 임용된다는 사실도 놀라웠다. 나의 꿈은 곧 사관생도로 바뀌었다.

그러자 선생님을 바라보는 내 시각도, 감정도 변했다. 그렇게 위대해 보였던 학교 선생님이 갑자기 촌스럽게 느껴졌다. 코흘리개 아이들을 붙잡고 동요를 가르치는 모습도 공연히 애처로워 보였다. 대신, 사관학교에 가려면 체격이 좋아야 한다기에 열심히 운동하기 시작했다. 사관생도의 꿈을 향한 준비였다.

칼라 TV가 등장하더니 프로야구단이 창설되었다. 선수들의 유니폼이 참으로 멋있었다. 가장 솔깃한 것은 엄청난 연봉이었다. 순간 프로야구 선수가 되고 싶었다. 하지만 체력도 허약한 데다 운동에 소질이 없었으므로 이 꿈은 곧바로 포기했다.

**보이지 않는 공기의 저항이 밋밋한 종이비행기를 날게 하듯
세상의 무수한 저항이 우리의 인생을 떠받친다**

가정 형편상 도시에 있는 고등학교에 진학하기란 어려워 보였다. 하지만 선배들은 보다 넓은 세상으로 나아가라고 조언했다. 그렇게 하는 것과 시골에 남는 것은 미래에 엄청난 격차를 보인다는 것이었다. 결국 부모님께 도시로 보내달라고 무작정 떼를 썼다. 가족회의를 통해 막내만은 도시의 인문계 고등학교로 보내자는 결론에 도달했고, 우여곡절 끝에 광주 시내 기찻길 옆 작은 방을 얻어 자취를 시작했다.

시골 중학교에서는 성적이 상위권이었지만 도시에선 달랐다. 그래도 내가 노력하면 그들을 따라잡을 수 있으리란 신념으로 악착같이 공부했다. 실제로 얼마 지나지 않아 도시의 친구들과도 어깨를 나란히 할 수 있었다.

하지만 간장에 밥을 비벼먹고 다녔던 나는 금세 체력이 바닥나고 말았다. 집안 형편은 전혀 나아질 기미가 보이지 않아 의지마저 흔들리기 시작했다.

2학년이 되던 해 할머니가 올라오셔서 뒷바라지해 주셨지만, 할아버지의 방황으로 다시 시골로 내려가시게 되면서 나의 힘겨운 자취 생활은 제자리로 돌아왔다.

3학년 여름 방학이 되자 자취방 계약기간이 만료되었다. 남은 한 학기를 더 버텨야 하는데 계약금을 마련할 수 없었다. 달리 지낼 곳도 없어 한창 고민하고 있을 때 친구인 B가 자기 집에서 함께 지내며 공부하자고 이끌었다.

이 같은 상황에서 대학은 꿈꾸기도 벅찼다. 더 이상 부모님께 학비로 고통을 안겨드릴 수 없음을 잘 알고 있었다. 선택의 여지없이 공군사관학교에 응시했다. 하지만 혈압 문제로 1차 신체검사에도 통과하지 못했다. 이제 할 것이라곤 방황밖에 없었다. 별 희망도 기대도 없이 대입 시험 준비를 하다가 받은 성적은 참으로 난감한 수준이었다. 대학에 가지도 못할 건데 이깟 점수가 무슨 소용인가?

바다는 결코 우리에 갇힌 온순한 야수가 아니었다

고등학교 졸업식날 선생님이 해양대학을 소개해 주셨다. 대부분 국비 제공으로 큰 비용 없이도 공부할 수 있다고 했다. 게다가 졸업 후엔 취업도 잘 되고 비교적 많은 돈을 벌 수 있는 분야라 했다. 여러 자식을 키우느라 가정 형편이 기울어질 대로 기울어진 부모님을 다시 한번 졸랐다. 할아버지는 자신 없는 목소리로 체념한 듯 허락해 주셨다.

그렇게 나는 해양대학에 들어가 목포 앞바다의 찬바람을 맞았다. 혹독한 입사 훈련부터 시작해 끊이지 않는 훈련과 기합, 그리고 선배들의 가차 없는 구타를 견디어 내며 마도로스가 되었다.

고교 시절에는 이러한 세계, 이러한 직업이 있다는 것조차 몰랐다. 물이 낮은 곳으로 흐르듯 내가 갈 수 있는 곳으로 흘러 흘러 도달한 곳이 이곳이고, 선택의 여지없이 견디고 견디어야 하는 곳인 만큼 내면적으로는 갈등이 심하게 일었다. 배를 타야 한다는 사실도 부담스러웠고, 배를 타는 사람을 바라보는 사회의 시선도 녹록치 않다는 점에서 괴로웠다.

어쨌든 그때의 꿈은 배를 타는 것이 괴롭고 힘들긴 했지만 열심히 일해 돈을 많이 벌어서 부모님께 새 집을 지어드리는 것이었다. 또한, 평생 농사꾼으로 살면서도 자기 땅 한 평 없이 살아온 두 분께 전답을 사 드리는 것이었다. 거침없이 바다로 나아갔다. 하지만 바다는 나를 포근히 감싸주지 않았다.

바다에 나가면 갈매기가 되어야 한다
그곳에서는 참새나 비둘기는 살 수가 없다

심한 날씨의 변화도 그랬지만 정작 육중한 쇠덩이인 선박은 우리가 알고 있던 낭만적인 유람선이 아니었다. 학교에서 왜 그토록 심한 체력 강화 훈련을 시키고 정신 강화를 위해 애썼는지를 곧 알게 되었다. 잠시도 멍하니 있을 여유가 없었다.

그 정도까지만 했다면 나도 바다를 원망하지 않았을 것이다. 첫 번째 배에 오른 지 7개월쯤 지났을 때 인도양의 파도를 견디지 못하고 낡고 오래된 배는 쪼개지기 시작했다. 전 선원들의 온갖 복구 노력에도 불구하고 광석을 가득 실은 7만 톤이 넘는 선박이 점점 더 갈라지고 있었다. 복구 가망성 또한 멀어져갔다.

늦은 오후, 구명동의를 착용하라는 방송이 흘러나왔다. 강의 중에 들었던 퇴선(Abandon Ship)이 코앞에 다가온 것이다. 수십 년 배를 탄 선원이라도 이러한 경험은 흔치 않다는데 첫 승선에서 맞게 되다니 온갖 생각이 밀려왔다 밀려갔다. 교수님들이 강조한 생존 기술부터 부모님의 초췌한 얼굴, 친구들의 웃는 모습, 동기들과 해양 훈련에서 흘리던 땀방울, 그리고 어둠...

다행히 다음날 아침 근처를 지나가던 선박에 의해 구조되었다. 퇴선을 위해 물 위에 내린 우리 측 구명보트는 아무런 역할도 하지 못한 채 그들이 보내준 구명보트에 허겁지겁 올라탔다. 그렇게 나는 고향에 돌아왔지만 퇴선의 충격을 가다듬기도 전에 다시 다음 배에 올라야 했다.

두 번째 승선 때는 다국적 선원들과 함께 생활했는데 당시로서는 너무도 다른 문화에 몹시 힘이 들었다. 사관들은 영국, 인도, 홍콩 선원들이었고 부원들은 한국 선원으로 구성돼 있었다. 해기사 중에는 나 혼자만 한국인이었기에 언어의 한계에 고심했고 지극히 개인적인 생활에 외로웠다.

세 번째 배에 올랐을 때는 승선한 다음날 좌초 사고가 발생해 한동안 일본 해상보안청 직원들에게 시달려야 했다. 일본 미주시마항에서 하역을 마치고 출항하는 과정에서 갑자기 조타기에 문제가 생기면서 바로 좌초사고로 이어졌는데, 이후 해상보안청에 불려가 며칠 동안 계속 조사를 받았다. 심신이 너무나 지치고 괴로웠다.

다행히 조사가 끝난 뒤 이후의 선상 생활은 하선하는 날까지 비교적 순조로웠다. 하지만 세 번째 배를 끝으로 더 이상 바다에 나가지 못했다. 나는 부상병처럼 육상에 주저앉고 말았다. 끝내 바다는 더 이상 나의 기대를 불러일으키지 못했다.

그렇게 힘들게 고생한 보람도 없이 꿈은 더 멀어져 갔다. 88올림픽 이후 한국은 급격한 인플레이션으로 배를 타기 전보다 부동산 값이 급격하게 뛰어올라 집을 짓고 전답을 사드리겠다는 순박한 꿈은 시도조차 할 수 없었다.

바다와는 동떨어진 학과에 편입학을 해 보려 했으나 여의치 않았고, 공무원 시험 준비를 하다가 과도한 경비를 감당하지 못해 포기했다. 출판사, 보험사 등에 입사해 짧은 시간 영업직으로 일하다가 적성에 맞지 않아 그만두었다. 결국 바다와 인연을 끊지 못하고 부산의 선원 관리회사에서 육상 근무를 시작했다. 수많은 도전에서 얻은 낭패감은 나에게 절망만 안겨주었고 여전히 경제적 문제가 근저에 자리 잡고 있었다.

    화려한 미래의 손님들이 차례차례
    터벅터벅 황소처럼 다가와도
    이렇다 할 준비도 없이
    매번 헐레벌떡 마중을 나간다
    홍석민 -「가까이서 1」부분

그저 그런 평범한 회사원으로 근무하던 어느 날 신규 직원으로 입사한 10년 후배가 나에게 컴퓨터를 가르치고 있었다. 마지막 승선했던 선박에서

BASIC 컴퓨터 언어를 공부해 항행, 화물 계산프로그램이 담긴 컴퓨터 책을 쓸 만큼 나름대로 컴퓨터 분야에 지식이 있다고 생각했는데 불과 몇 년 후 나를 교육생 위치로 바꾸어 놓았다. 내가 대학에서 공부한 것이 이젠 더 이상 우위에 있지 않다는 것을 그때 깨달았다.

그해 12월 말, 책상 앞에 앉아 일기장에 일 년을 정리하는데 머릿속이 하얘졌다. 열두 달 내내 그리 바삐 살았건만 기억에 남을 만한 일이 아무것도 없었다. 그래서 다음해에는 적어도 한 가지 이상 지체 없이 생각날 수 있는 업적(?)을 남기기로 다짐했다. 그제서야 희미하게나마 비로소 꿈을 찾고 실현하는 삶이 시작되었음을 알게 되었다. 그 옛날 야망을 가지라 말하던 이들의 마음을 조금이나마 이해할 것 같았다.

또 다시 공부하기 시작했다. 이번에는 경영학을 공부했다. 그중에서도 전문기술보다는 자기관리, 리더십, 조직관리 등이 향후 더 필요할 것으로 판단되었다. 역시나 경영학은 보다 넓은 시야를 갖게 해 주었으며 생각지 못한 자기계발 프로그램 또한 함께 했다.

이 학문은 장단점 분석부터 PDCA, SWOT, 기획, 실천방안, 회계, 보험, 심리 등 우리가 실생활에서 필요한 내용을 다루고 있었다. 내친김에 박사학위도 받았다. 경영 공부를 하면서 알게 된 '존 고다드(John Goddard)'라는 사람의 케이스는 특히 신선한 충격으로 다가왔다.

매년 기억에 남을 일을 하자던 자신과의 약속은 잘 지켜졌다. 어느 해엔 집을 사고 책을 썼으며, 다음 해엔 회사를 설립한 뒤 순차적으로 학위를 받고 집을 넓혔다. 또한 회사사무실도 옮기고 선박을 매입하는 등 오늘날까지도 이러한 패턴이 계속되고 있다.

다만 아쉬운 점은 아시아 최고의 해운 회사를 만들어 경제적인 문제가 해결되면 마도로스 박물관이나 마도로스 마을을 만들고 나아가 우리나라에 아시아 해사대학을 유치하려던 일이나 클락슨에 버금가는 조선·해운 시황 전문기관을 설립하려던 야망을 아직 시작도 못하고 있다는 것이다.

따뜻할 때에는
어느 꽃인들 피우지 못할까
춥고 매서운 바람에도
봄이 반드시 올 거라 믿고 피는 꽃이
진정 용감한 게지.
홍석민 시집 2집 - 「봄꽃은」 부분

엄마! 이제 무엇을 해야 되죠?

요즘 학생들에게 '꿈이 있냐?'고 물어 보면 고작 20% 정도가 손을 든다. 더욱 안타까운 점은 그나마 손을 든 학생들 가운데 구체적으로 실행 계획을 세운 학생은 절반도 안 된다는 점이다. 이들은 왜 이토록 꿈이 없을까?

나름대로 조사해 본 결과에 의하면, 그 이유는 이렇게 설명할 수 있다. 그들은 태어나서 고3이 될 때까지 어머니의 아낌없는 조력을 받으며 자신의 실체를 발견하지 못한 채 수동적으로 살아왔다. 매사 엄마의 뜻이나 기획에 따라 의존적으로 움직였고, 그런 엄마는 아이의 멘토이자 조력자 겸,

비서였다. 그렇게 대학 선택까지도 엄마의 의지대로 이루어졌으며, 본인의 판단이나 선택권은 거의 없는 상태에서 성인이 되고 대학생이 되었다. 엄마도 자식의 대학 진학 이후에는 마침내 책임을 완수했다는 안도감에 더 이상 신경 쓰지 않는다.

그때 그들이 새로 만나게 된 것이 컴퓨터였다. 엄마는 멘토, 조력자, 비서로서 장점도 많은 한편 단점도 적지 않았다. 우선, 재미가 없고 지식이 충분치 않고, 잔소리가 심하다는 것이다. 이러한 문제점을 한 방에 해결해 준 것이 바로 컴퓨터였다. 온갖 재미있는 게임, 스토리와 영상이 들어있고 어떠한 질문도 다 해소해 줬으며 하루종일 귀찮게 해도 잔소리가 없다. 이제 성인이 되었으니 게임이나 성인물을 봐도 누구 하나 지적하는 사람도 없고 그야말로 요물이었다.

이제껏 그가 필요로 한 것은 엄마와 컴퓨터를 통해 무엇이든 다 조달되었고, 하고자 하는 것은 얼마든지 할 수 있었다. 심심할 겨를도 없이 즐거운 시간으로 삶이 채워졌다. 그런데 무슨 꿈을 꿔? 미래를 왜 걱정해야 돼?

미국의 한 유명 대학 졸업식장에서 한국인 학생이 졸업식 직후 엄마에게 '이젠 무엇을 해야 되죠?'라고 물었다는 에피소드를 들은 적이 있다. 국내에서도 군대 간 아들이 '위험한 수색 근무에 나가야 하냐?'고 엄마에게 물었다는 이야기도 들린다. 이렇듯 요즘 젊은이들이 자신의 삶이나 문제를 대하는 방식은 보기에 안타깝기 그지없다. 모 학습지의 모토는 '스스로 하는 어린이'다. 하지만 정작 스스로 하는 어린이는 그리 많아 보이지 않는다. '꿈이 있냐'는 질문에 대다수 손을 들지 않는 현실이 그것을 말해준다.

꿈은 반드시 사업가, 고위공무원, 판검사 등 거창할 필요는 없다. 작은 조직에 들어가 그 조직을 크게 일구는 것도, 평범한 조직원으로 정년을 마치는 것도, 아니면 산골에 전원주택을 짓고 농사꾼이 되는 것도 각자의 기준에서 의미 있는 삶이다. 어떤 이들은 단지 남들처럼 편하게 걸어보는 것, 3일만 눈을 뜨고 세상 구경을 해 보는 것-보통 사람들에게는 전혀 특별할 것이 없는-과 같은 그야말로 꿈 같은 꿈을 꾸기도 한다.

꿈은 자신이 처한 상황에서 자신의 노력으로 실현 가능한 것이라야 한다. 우리가 꿈을 갖는 이유는 현재보다 나은 미래를 갖기 위해서다. 현재의 삶과는 다른 삶을 꿈꾸는 것이다. 이를 이루기 위해서는 구체적인 목표와 계획을 세워 하나씩 실천해 가야 한다.

춘설이 내려도
다시 발끝 영하로 내려가도
결코 땅 속으로 다시 들어가지 않는 여린 새순처럼
피운 꽃잎 다시 접지 않은 춘화처럼

홍석민 - 「봄이 오면」 부분

그럼 꿈은 어떻게 가지고 키워야 할까? 앞에서도 말했지만, 우리 세대의 어릴 적 꿈은 무조건 장군, 대통령이 되는 것이었다. 하지만 1970~80년대에 태어난 이들은 교육자, 의사, 검사, 연예인, 운동선수 등 보다 다양한 꿈을 꾸기 시작했고 요즘에는 더 구체적으로 뮤지션, 패션디자이너, 개그맨 등

예전보다 훨씬 광범위하면서도 세분화된 목표를 선택해 미래를 준비한다고 한다. 한 가지 공통적인 것은 일단 겉으로 좋아보이는 것만으로 결정하다 보니 계속해서 꿈이 바뀐다는 것이다. 그것에 대한 실상을 정확히 파악하지 못하거나 본인의 능력은 고려하지 않고 선택하다 보니 그런 결과가 발생한 것이다.

해양계 후배들도 조선 1위, 해운 5위권인 나라의 미래 해양인으로서 이렇다 할 꿈이 없고 미래를 불안해하는 것은 매우 유감스러운 일이 아닐 수 없다. 우리나라에는 아직까지 세계적인 해운거래소 하나 없고 아시아를 대표할 만한 해사대학이나 해양조선학회가 없다는 것은 다소 부끄러운 생각마저 든다.

외딴섬 등대가 깜박이는 것은
밤새 외로움을 찍어대는 등대지기가 있기 때문이다

세계 최고 품질의 선박을 건조하는 현대미포조선소를 설립한 고 정주영 회장은 소학교 졸업 후 막노동으로 출발하여 한국 최대의 재벌이 된 인물로 유명하다. 특히 조선소 건립과 관련하여 처음 영국에 가 외국차관을 성사시킬 때 거북선이 그려진 오백 원 지폐를 보여주며 설득한 일화는 다시 들어도 가슴이 뭉클하다.

또한, 천수만 방조제 공사에서 일명 유조선 공법을 창안해 물막이 공사를 성공시킨 일도 유명하다. 암울한 시대적 배경에, 가진 것 없는 가난한 집안 형편, 그리고 학벌이랄 것도 없는 소학교 출신의 그에게 거대한 조선소와 대한민국 굴지의 해운회사의 꿈이란 결코 사치였을까? 미래의 불확실성과 상대적으로 낮은 학력 등을 이유로 꿈을 쉽게 포기해 버리는 요즘 젊은이들을 다시금 일깨우는 그는 멘토 중의 멘토라 할 수 있을 것이다.

국제해사기구(IMO) 임기택 사무총장은 각고의 노력으로 마지막까지 희망의 끈을 놓지 않고 도전하여 마침내 국제해사기구 사무총장 자리에 오른다. 그동안 한 번도 보지 못했고 그런 곳에 도전해 볼 생각도 못했던 해양인으로서는 꿈의 영역이 훨씬 넓어졌을 것이라 생각된다. 비록 한국이 해양조선분야에서 두각을 나타내긴 했지만 한국인이 세계해양을 관장하는 수장이 되기에는 주변 환경이 열악하기 짝이 없었음에도 불구하고 당당히 그 꿈을 이루어냈기 때문이다.

우리 세대의 부모들은 오직 좋은 대학 가기만을 희망했다. 자식의 생각은 들어보지도 않고 단지 학교 성적을 가지고 진로를 정했다. 대표적으로, 판검사와 의사, 그리고 교수 등 자신들의 희망 사항을 그대로 자식들의 미래에 이정표를 삼기도 했다. 우리는 막연히 좋은(?) 대학 진학만을 생각하며 공부를 했지만 결과적으론 수능 성적으로 갈 수 있는 대학을 선택했다. 특히 지방의 경우, 지원서를 낼 즈음에야 비로소 대학교도 알아보고 학과에 대해서도 처음 상담을 받았다. 그리고 희망하는 대학을 가지 못해 재수하는 친구들을 제외하고는 그 많은 대학과 학과에 각자 입학하여 다양한 분야의 전공 과목을 선택해 공부했다.

이 비정상적인 과정은 취업의 경우에도 마찬가지였다. 졸업 후 전공 과목에 맞추어 진로를 선택하는 경우보다는 자신의 전공과 상관없는 분야에 진출하는 경우가 훨씬 많았다. 경제성장에 힘입어 폭발적으로 인력수요가 늘어났고, 덕분에 전공과 무관한 취업이 자연스럽게 이루어졌다.

하지만 회사는 해야 할 일과 정해진 급료를 주긴 하지만 꿈을 주지는 않는다. 국가는 그저 취직하기를 종용하고 근로를 통해 발생하는 수익에 대해 납세의무를 이행하기를 바랄 뿐, 우리 사회는 여전히 꿈을 꿀 수 있는 환경을 만들지 못하고 있는 게 현실이다.

> 하늘의 별들은 늘 그 자리에
> 어둠을 뚫고 반짝이고 있으니
> 스스로 먹구름을 만들지 않으면
> 칠흑 같은 밤이라도 길을 잃지 않을 거야
>
> 홍석민 - 「마음먹은 대로」 부분

꿈은 선택하고 도전하는 자에게 이끌린다

여기서 다시 한번 물어본다. 그렇다면 어떤 꿈을 가질 것인가? 꿈은 막연히 이상적인 곳에서 찾지 말고 우리 앞에 펼쳐진 현실에서 찾는 것이 바람직하다. 우선 자기가 좋아하는 분야, 관심 있는 분야, 적성에 맞는 분야에서 자신이 도전할 수 있는 것을 찾는 것이 좋다. 해당 분야의 공무원이 되어 국가와 국민을 위해 봉사하는 것부터 그 분야의 전문가나 기술자가 되는 것까지 구체적으로 조사하고 장단점을 알아보자.

대개 보이지 않거나 유명하지 않는 분야에 대해서는 외면하는 경향이 있다. 하지만 2018 평창 동계 올림픽에서 보았듯이 컬링은 인기 종목도, 유명한 경기 종목도 아니었으나 그 선수들이 박수를 받은 이유는 단지 은메달이라는 결과 때문이 아니었다.

비전은 외부에서 제시하는 경우도 있지만 자신이 직접 만들기도 한다. 그 대표적인 경우가 우리 세대에 유명했던 번개아저씨, 훌라후프, 종이비행기 등이 있는데 번개아저씨는 2000년대 당시 짜장면 배달을 번개처럼 빠르게 한다고 해서 유명해진 모 대학가의 중국음식점 배달원이다. 그 가게의 음식 맛과는 상관없이 단지 그의 남다른 배달 속도가 화제로 떠오르면서 한때 유명 스타가 됐다. 그리고 곧 그의 인생 스토리와 외식업에 대한 현장 경험 등을 바탕으로 여러 기업 등에 특별 강사로 초빙된 후, 전국을 순회하는 전문 강사 겸 외식업 컨설턴트로 활동했다. 그가 처음 일했던 중국음식 배달은 처음부터 이러한 비전을 가진 일이었을까?

밋밋한 훌라후프를 두 배로 두껍게 하고 일곱 조각으로 나누어 각각 분해, 조립할 수 있게 한 사업도 획기적인 성공 사례다. 원래 큰 부피를 차지하던 일체형 훌라후프를 위와 같이 만들어내면서 운동 효과를 배가하는 것은 물론 때아닌 훌라후프 열풍과 흥행을 몰고 오는 효과를 불러 일으켰다. 이전만 해도 기존의 밋밋한 훌라후프를 보면서 이를 개발하는 데 희망이나 비전이 있다고 생각한 이는 거의 없었을 것이다.

또한, 종이비행기 날리기 대회는 어떤가. 대부분 한때 유년 시절 지나가는 놀이 정도로만 여겼을 종이비행기를 하나의 경연 종목으로 이끈 누군가가 있었다는 사실은 우리를 새롭게 각성시킨다. 더욱이 이 대회를 압도한 챔피언의 실력은 더욱더 우리를 감탄케 한다. 이정욱 국가대표의 경우다. 그는 종이비행기를 원하는 곳에 정확히, 그리고 가장 멀리 날리는 기술로 세계를 제패했다. 그가 세상의 주목을 받은 것은 단지 명성이나 손재주 때문일까?

요즘 젊은이들은 우리 세대의 경우 취업률 100%에 매우 희망적인 미래를 보았을 것이라 착각한다. 하지만 지금처럼 공무원이나 대기업 일자리가 많지 않았다는 점이나 미래의 불확실성 역시 30년 전에도 마찬가지 상황이었다. 86아시안게임과 88서울올림픽으로 잠시 희망에 차 오르기도 했으나, 일시적일 뿐이었다. 많은 젊은이들이 산업 현장의 노동자가 되었고 일자리만 있으면 힘들고 위험하고 더러운 일이라도 마다하지 않았다. 물론 당시는 외국인 노동자들의 유입이 거의 없었던 시절이라 대부분 일자리는 우리 차지가 되었다.

많은 신혼 부부들이 단칸방에서 시작했고, 살림살이는 결혼 후 하나씩 장만하는 재미로 살기도 했다. 지금도 그렇게 시작한다 한들 무엇이 문제일까? 단지 체면 때문에 시작하지 못하면서 마치 외부적(정치적, 사회적, 경제적) 요인 때문에 결혼을 못하거나 부자가 되지 못할 것처럼 예단하는 것을 보면 다소 현명하지 못한 처사로 느껴지는 것은 비단 나만의 생각일까?

오늘날과 같은 급격한 한국경제의 성장을 예측했다면 그 당시 많은 젊은이들이 사업에 도전했을지도 모른다. 하지만 어려운 여건에도 불구하고 어떻게든 도전하는 사람에게 기회가 주어졌고, 실제로 많은 사람들이 많은 분야의 전문가와 기술자가 되고, 사업체의 대표가 되어 성공한 사례들을 많이 봐 왔다.

다시, 꿈의 실현 이야기로 돌아가자. 앞서 말했듯이, 예비 조사를 통해 진로 분야를 파악했다면 이후엔 분석에 들어가야 한다. 자기가 원하는 분야의 직업, 가능성 있는 일에 대해 각각의 장단점을 정리하고 이를 비교분석하여 향후 전망과 비전 등을 더해 보라. 그 단계에 이르면 본인이 희망하는 꿈의 윤곽이 선명해질 것이다.

나의 경우 분석 과정에서 깨달은 몇 가지가 있다. 첫째, 부모님의 삶을 통해 단지 '열심히'만 해서는 돈을 많이 모으거나 성공하지 못한다는 것을 배웠다. 몸이 부서질 만큼 노력했음에도 불구하고 가정경제가 나아지지 못한 것은 과연 무엇 때문이었을까?

세상을 순탄하게 살아가려면 합리적 사고가 필요하고 목표하는 것을 이루고자 하면 전략적 사고가 필요하다. 성공이나 부자라는 목표도 전략적 사고하에 계획하고 도전과 실천이 뒷받침되어야 원하는 결과를 얻을 수 있음을 깨달았다.

둘째, 선배들을 통해 성공은 유명 대학 순위가 아니라 본인이 어떻게 준비하고 도전하느냐에 따라 결정된다는 것을 보았다. 사회는 학력과 성적을 따지지만 결과는 노력과 열정 편에 가까웠다. 사람들은 어느 대학 출신인지 물었지만 성공은 의지가 강하고 도전하는 자의 편에 섰다.

셋째, 주위 친구들에게서는 용기 있는 자보다 준비하고 도전하는 자가 기회를 얻는 것을 확인했다. 흔히, 용기 있는 자가 미인을 얻는다고들 한다. 그러나 실제로는 용기만 가지고는 미인을 얻기 힘들다. 그 용기에 따른 도전이 있어야 하며, 그 도전에는 상대를 감동시킬 수 있는 준비가 필요하다.

마지막으로, 어느 사업가에게서는 도전했다 하면 반드시 성공하는 열정을 배웠다. 한두 번 실패하는 것은 당연지사, 성공할 때까지 도전을 해서 마침내 이루어 내는 모습을 보면서 그 열정에 감탄했다.

특별히 신경 써서 자신을 만나라!
그렇지 않으면 늘 동행할 뿐 만날 기회가 없다
　만나기 쉽지 않은 자신을 만나면
　철학자의 커다란 눈으로
　종교인의 넓은 귀를 열어
　시인의 새초롬한 마음으로
　과거를 재단하고 미래를 가늠해보라.

진로 분야를 조사하는 과정에서 한 가지 중요한 것은 반드시 자기분석을 먼저 하라는 것이다. 자기분석이라 함은 가족관계, 본인 성격, 특기, 장단점, 스펙 등을 파악하고 분석하는 일인데 온갖 노력과 능력에도 불구하고 정작 자신이 가진 한계로 인해 목표를 이루지 못하는 우를 범하지 않기 위해서다.

독일의 식물학자 리비히(Justus von Liebig)는 식물 성장에 필요한 필수 영양소, 즉 질소, 인산, 칼리 중에서 식물의 성장을 좌우하는 것은 남아 도는 영양소가 아니라 가장 부족한 영양소에 의해 결정된다는 최소량의 법칙(law of the Minimum)을 발견했다. 이는 '나무물통의 법칙'이라고도 하는데, 나무 조각으로 이루어진 물통을 채우는 물의 최대 수위는 가장 짧은 나무 조각 길이에 의해 결정되기 때문이다. 이는 어쩌면 개인의 인격과 품성을 구성하는 다양한 요소 중 결국 부족한 요소에 따라 그 사람의 인격이나 품성의 수준이 결정될 수도 있다는 말이다.

세세한 분석을 통해 자신의 장단점을 파악하여 부족한 부분을 어떻게 보완할 것인가 대책을 마련하고, 이 비교 분석 자료를 근거로 꿈의 가치와 관계 또는 우선 순위를 결정하면 된다. 보다 가치 있는 일과 보람의 정도(횡재수나 불법적인 수입이 아니라 직접 땀 흘려 번 돈), 그리고 국가와 사회에 이익이 되고 명예로운가를 심사숙고하여 자신의 상황(가정환경, 건강, 능력, 가족의무 등)에 가장 적합한 선택을 하면 최종적으로 자신에게 실현 가능하고 가장 이상적인 꿈이 정해질 것이다.

바로 앞산을 넘지 않고는
다음 산을 보지 못 한다

어떤 꿈을 선택할 것인가 하는 질문에 답을 얻었으리라. 그렇게 정해진 꿈을 이제는 자신이 매일 볼 수 있는 곳에 게시해 두고 끊임없이 각인하며 구체적인 진행계획을 수립한 후 실행에 옮겨야 한다. 큰 꿈일수록 하루아침에 이루어지는 것이 아니다. 세부 실행 계획에 따라 멀고도 지루한 여행을 견뎌내야만 한다. 한 계단 한 계단 올라서면 그만큼 꿈에 가까워지는 것이다.

여기서 나는 종종 미국의 통계학자 에드워드 데밍(E. Deming)의

PDCA 싸이클 기법을 강조한다. 계획은 실행을 통해 지속적으로 평가하고 개선하는 과정을 거쳐야 한다. 즉, 계획은 주기적인 평가를 통해 조정할 수 있다는 점을 상기하면서 쉬이 포기하는 일이 없어야 한다. 단계적으로 올라서는 계획을 수행하면서 점점 목표점에 가까이 다가가는 자신을 지켜보라. 결코 한꺼번에 열 단계를 뛰어넘는 일은 보지 못했고, 설사 그렇다 하더라도 후유증으로 낭패를 보게 될 것이다.

자판기는 그 많은 기호를 담고 있어도
두들기지 않으면
단 하나의 생각도 표현하지 못한다

내 경우, 첫 번째 특별했던 도전은 아파트 매입이다. 힘들었던 해양대학 생활을 이겨내고 결코 쉽지 않다는 바다로 서슴없이 나간 이유는 지긋지긋한 가난을 벗어나 부모님께 멋진 집을 지어드리고, 나 역시 많은 사람들이 갈망하던 아파트 한 채를 갖고 싶어서였다. 하지만 얼마간의 승선에도 불구하고 생각보다 돈이 모이지 않았고 88올림픽으로 달궈진 국내경제는 부동산투기로 이어져 집값이 매년 급하게 뛰어올라 육상 임금의 두 배에 가까운 승선 임금으로도 따라가기 힘들었다.

잠시 아파트에 대한 꿈을 접고 부산 초량동 언덕배기에 반지하 단칸방을 계약하여 소박한 보금자리를 마련하였다. 초가집 행랑채에 신혼집을 꾸렸던 나의 아버지, 즉 너희의 할아버지처럼 나도 반지하 단칸방에서 아내를 맞아 신혼살림을 차렸고 첫째 아이를 낳았다. 햇볕이 들지 않은 곳이라

아내와 아이는 피부가 짓물러 고생이 많았는데 당시 내 능력으로 반듯한 내집마련은 너무나 버거운 꿈으로만 여겨졌다.

어느 일요일, 직장 동료들과 금정산 등산을 하게 되었는데 정상에 올라 땀을 닦으며 내려다 본 시내는 생각보다 훨씬 많은 아파트 건물로 들어차 있었다. 집에 대한 꿈을 접고 관심을 두지 않은 몇 년 사이 아파트가 일반주택 수 가까이 늘어난 것이다. 4년간의 거친 승선 생활과 수년의 육상 근무를 하면서 아끼고 절약하며 살아왔는데 저 많은 아파트 중 한 호도 내 것이 없다니 충격이었다. 어려서 종이 방바닥에 실례를 했던 초가집과 내 아이가 그늘진 방에서 습진으로 고생하는 모습이 오버랩되면서 가슴속에 무언가가 치밀어 올랐다.

다음날 한달음에 주택은행을 찾아가 내 형편에 맞는 아파트가 있는지 문의해 보니 마침 낙동강 끝자락 다대포에 대단지 소형아파트를 분양 중이었다. 다니던 회사와는 꽤나 거리가 멀어 출퇴근하기가 힘들었지만 햇볕 잘 드는 집을 골라 망설임 없이 전세금과 대출금으로 첫 번째 내 명의로 된 집을 갖게 되었다.

두 번째 특별했던 도전은 서른한 살에 사업을 시작한 것이다. 당시 근무하던 회사의 사장님은 아침 10시에 느긋이 출근, 퇴근은 자유로이, 비싸고 맛있는 점심에 늘 친구들과 어울려 지냈다. 게다가 사장이니 돈도 많을 테고 퇴직 걱정 없으니 노후 대책도 문제없어 보였다. 세상에 이런 직업이 또 어디 있단 말인가?

그때부터 내가 할 수 있는 사업이 무엇인지 찾아보기 시작했다. 무일푼으로 가능한 것은 당시 안전경영시스템에 대한 컨설팅뿐이었다. 아내를 수차례 설득하여 6개월 만에 겨우 동의를 받아냈다. 아내는 어느 정도 시간이 지나서 자기가 동의한 의미가 무엇인지 아느냐 물었다. '글쎄?'하는 나에게 '설령 당신(나)이 사업에 실패해도 도망가지 않고 같이 살겠다는 각오가 서다는 것'이라 했다.

다들 사업을 시작하면 성공할 것만 같은데 주위의 반대로 고민하는 경우가 많다. 사실 가족이 사업을 반대하는 이유는 실패할 기회를 주지 않기 위해서다. 실패할 확률이 훨씬 많은데도 사업에 도전하는 사람들은 오직 성공만을 생각하기 마련이다.

따라서 나는 종종 사업 시작 전 상담하러 찾아오는 친구들에게 아내가 반대하는 경우 설득할 자신이 없으면 사업을 권하지 않는다. 살을 맞대고 사는 사람도 설득할 수 없다면 어떤 고객인들 설득하고 신뢰를 얻어낼 수 있겠는가?

**부산항을 내려다보며 괜한 심술에
초등학교 운동장만한 배를 갖겠다고 허세 부린지 삼년,
허세는 거짓말처럼 떡하니 그 바다에 섰다**

세 번째는 해양대 졸업생들의 로망인 선주가 된 것이다. 약 25년 전 작은 컨설팅업체지만 사업을 시작해 비교적 순탄하게 운영하던 시기였다. 어느 날 간단한 분식 거리를 준비해 부산 민주공원에 올라갔다. 직원들과 점심식사를 마친 후 부산 앞바다를 내려다 보는데 많은 선박이 항내 정박

중이었다. 불현듯 '저 많은 배들 중에 왜 우리 배는 한 척도 없을까?'하는 생각이 들었다.

해양대학을 졸업해 승선 생활도 해 보았고 현재 해운업에 종사하고 있으니 선주에 도전해 보는 것도 필요하다는 생각이 들었다. 그렇게 선주가 되는 것을 꿈으로 간직했다. 하지만 선주의 꿈을 위해 내가 할 수 있는 일은 단 한 가지뿐이었다. 내 꿈을 주위에 홍보하는 일 말고는 달리 할 수 있는 일이 딱히 없었다. 그러나 놀랍게도 선주가 되겠다고 마음먹은 지 만 3년 후 나는 선박을 매입했고 선주가 되어 있었다. 그러자 여기저기 후배들이 찾아와 물었다.

"어떻게 배를 샀습니까?"

"어떻게 샀냐고? 돈 주고 샀지."

서로 웃고 말았다. 그들이 왜 그렇게 묻는지 알지만 긴긴 이야기를 다 할 수 없으니 짧게 대답했다.

꿈에 관한 책 추천

『10년 후』- 그레그 S. 레이드 지음, 해바라기 펴냄.

아버지 없이 자란 오스카에게 성공한 로이 아저씨가 인생의 진리를 가르쳐 주는(멘토링) 이야기다. 첫 번째, 자전거를 갖고 싶어 하는 오스카에게 '실행에 옮기는 순간 꿈은 이루어진다'는 진리를 가르친다. 그러면서 덧붙이는 이 말은 이 책에서 가장 인상 깊은 대목이다.

꿈을 날짜와 함께 적어놓으면

그것은 목표가 되고

목표를 잘게 나누면

그것은 계획이 되며

그 계획을 실행에 옮기면

꿈은 실현되는 것이다

A Dream written down with a date becomes a Goal,

A Goal broken down becomes a Plan,

A Plan backed by Action

makes your dream come true.

   내가 선주가 되고자 마음먹었을 때부터 본격적인 나의 꿈 이야기는 시작되었다. 존 고다드(John Goddard)라는 사람이 15살에 127가지 꿈 리스트를 작성했다는데, 사실 처음 내가 하고자 하는 일을 작성했을 땐 20여 가지를 넘지 못했다. 막상 내가 무엇을 하고 싶은지부터 곰곰이 생각해봐야 했고 먼 미래의 일까지 예측해서 적어내기가 쉽지는 않았다.

   그래서 제목을 『꼭 이루어야 할 꿈 이야기』라고 정하고 사업, 가족, 그리고 나에 관한 내용으로 크게 세 가지로 분류해 적어 내려갔다.

   사업 이야기에는 내가 꿈꾸던 선주, 즉 선박회사를 만드는 것을 정점으로 그 사이 먼저 이루어야 할 내용들을 적었다. 선박관리 회사를 운영하고 있었지만 우선 리스트에 넣었고 선박 매입, 목표 척수, 타선종 매입, 사옥 만들기, 트레이드 회사, 외국지사 설립, 사원아파트, 임대사업 진출, 임직원 교육기관, 목표매출액 등 10여 가지에 이르렀다.

가족 이야기로는 부모님 집 지어드리기, 형님들 사업 지원, 문중 땅 구매, 장학금 지급, 부모님 여행과 용돈 드리기, 자식들에게 주요 대학 견학 기회를 제공하고 인생 편지 쓰기 등을 적어 넣었다.

인생은 거리보다 방향이 중요하다

개인적인 분야에 이르러, 내가 하고 싶은 것들이 많았다. 우선 여행으로, 청와대, 국회, 사관학교 등 사람들이 쉬이 가 보지 못한 장소에 가 보는 것부터 국내 자전거 일주, 국립공원 산 등반, 주요 섬 30군데 가보기, 북한의 백두산과 금강산을 비롯하여 외국의 유명 관광지 여행 등 다수가 떠올랐다. 물론 크루즈 여행과 세계일주도 포함되었다.

배우고 싶은 부분에선 침술, 중국어, 수상스키 등을 적었다. 취미 부분은 골프에서 홀인원이나 이글, 마라톤, 등산 모임, 물고기 키우기, 텃밭 가꾸기, 프로경기 관람 등을 생각해 냈고, 작가가 되고 싶은 것도, 교수를 해 보는 것도, 심지어 국회의원도 해 보고 싶은 것도 적어 넣었다. 그렇게 며칠에 걸쳐 101가지 해 보고 싶은, 아니 '꼭 해야만 할' 일들을 정리해서 내 방에 걸어두고 마음속에 각인시키기 시작했다.

정말 놀랍게도 많은 일들이 이루어졌고 지금도 이뤄내고 있다. 너무 무리한 내용이나 엉뚱한 내용도 있었고, 시간이 흐르면서 무의미해지거나 하고 싶지 않은 것들도 생겨났다. 하지만 반대로 미처 생각지 못한 일들이 추가되었고 매년 연말이면 한 해를 정리하고 평가하면서 추가 사항을 적어 넣는다. 그리고 새해에 중점적으로 해야 할 사항 역시 주요 추진사항으로 정리해 세부 계획을 세운다.

사업계획은 회사의 일정에 맞추어 작성하고 진행한다. 개인적인 내용은 별도로 내가 올해에 하고 싶은 일들을 나열한다. 글쓰기, 여행, 멘토링, 단체나 협회 활동, 친목 모임, 가족 행사, 재테크, 강의, 건강검진 등도 각 항목마다 구체적인 일정을 수립해 둔다.

특히 매년 반복되는 일들은 따로 리스트를 작성하고 달력에도 표시해 둔다. 대부분 친목 모임과 가족 행사 일정이다. 예를 들면 1월 1일 해맞이부터 가족 생일, 각종 기념일 그리고 친목 모임 일정 등이다. 이젠 코로나19 팬데믹도 진정되고 사회적 거리두기도 해제됐으니 예전 대면 시절 그대로 진행할 수 있다. 이렇게 회사 주요 일정과 가족 행사, 단체나 협회 활동, 친목 모임, 개인 일정 등이 파악되면 한 해 일정이 꽉 들어찬다. 그게 곧 일 년 계획이 되고 한 해 살이가 되는 것이다. 기한이 정해지지 않은 일들, 즉 독서나 재테크 등은 평소 자투리 시간을 이용해 진행한다. 이렇게 작은 물줄기가 계속해서 모이면 종국에는 큰 강을 이루게 되는 것이다.

여기서 한 가지 깨달은 점은 결코 작은 일이라도 하고 싶은 일이라면 꿈 리스트에 올려 계획을 세우고 실행해야 한다는 것이다. 그래야만 원하는 시기에 실제로 해 낼 수 있다. '그거 뭐 언제든 할 수 있겠지'라는 생각만으로는 결코 아무것도 이루어지지 않는다.

아무리 험하고 먼 길일지라도 결코 속도를 늦추지 않는
한밤중이라도 결코 멈추는 법이 없는
아무리 깊은 낭떠러지가 기다리고 있을지라도
떨어질 바닥을 미리 가늠하지 않는 폭포수처럼

젊은 시절 연말 일기에 그해 기억나는 내용이 하나도 없어 충격을 받았던 일은 이제 더 이상 되풀이되지 않는다. 매년 연말이면 그해 동안 개인적으로 의미 있거나 기념비적인 일들이 몇 가지는 만들어지고 있으니까. 비록 남들이 보면 작은 일일지 모르지만 내가 그토록 하고 싶었던, 해내고 싶었던 일들 말이다.

노후 준비 계획서도 작성해 보았다. 사실 사업을 시작한 것도 노후 계획의 일환이었다. 노후에 가장 문제가 되는 실업과 경제 문제를 해결할 대책 중에 장사나 사업만큼 좋은 방법이 없었다. 속된 표현으로 '짤릴' 일이 없고, 사업이 유지되면 당연히 적당한 수준만큼 돈은 계속 순환될 것이기에 그렇다. 서른 살의 나는 그렇게 생각했다.

그렇게 회사를 설립하고 정신없이 사업에 매진하다가 잠시 여유를 찾은 것이 40대 중반 무렵이다. 이때 노후를 생각하며 노후 계획서를 작성했다. 우선 향후 가계도를 그려 가족들의 미래 변화를 예측해 보았다. 즉, 나의 미래 나이를 기준으로 매년 바뀌는 가족의 나이와 위치를 나타내는 현황표를 그렸다. 생각지도 못한 가족들의 변화가 예상되었다. 부모님의 칠순, 팔순, 요양 시점, 아이들의 중등, 고등, 대학, 군대, 대학원, 결혼 그리고 우리의 은퇴, 회갑, 칠순으로 분류하여 그에 필요한 자금이나 예산 등을 예측해 봤다.

메멘토 모리 – 우리도 늙고 언젠가는 죽는다

이 단계에서 생각지도 못한 것들이 보이기도 하고 예상치 못한 일들이 나타나기도 했다. 불과 10여 년 후면 가족들의 모습이 몰라보게 달라질 것이고 그 위치도 상상 이상이었다. 필요한 자금은 계속 불어나고 수입은 한정돼 보였다.

이어서 주요 수입처가 될 회사의 현황을 그려봤다. 예측 가능한 외부 환경, 즉 국내와 국제 환경을 정리했고 그에 따라 회사의 운영을 확장할지 긴축할지 여부를 생각했으나 계속 확장을 선택할 수밖에 없었다.

노후 준비 항목은 세분화해서 정리했다. 노후에 내가 받을 수 있는 연금 혜택으로 국민연금, 퇴직연금, 소액의 개인연금이 있었고 다만 주택을 유지할 경우 주택연금 활용이 가능할 것이다. 가입해 둔 보험은 종신보험, 일부 암보험, 실비보험과 그 외 회사에서 가입한 퇴직보험이 있다. 아쉽지만 이 정도 보험이면 미래에 대한 최소한의 위험 대비는 가능할 것으로 판단된다.

주식과 채권은 소극적 또는 극히 안전하게 투자하는 것으로 설정했다. 다만 부동산으로는 거주 아파트와 수익형 건물을 매입할 계획이다. 고향에는 부모님과 형제들을 위해 농작물 재배와 묘지 용도로 약간의 땅을 구입하였다. 건강을 위해서는 매년 건강검진을 하고, 수지침술을 배울 계획이다. 개인적으로 걷기나 등산을 하고 약초 달인 물을 마시며 잡곡밥을 먹는 것에 세심한 신경을 쓸 것이다. 또한 친구와 지인들을 자주 만나며 살고 싶다. 초딩 친구 계모임 둘, 고딩 친구 친목 모임, 대학동기회, 대학친구 부부 모임, AMP 모임, 멘토링 모임 등 다양하게 참여할 계획이다.

여행으로는 매년 가족 여행을 비롯하여 국내 여행 2-3회, 해외 여행 1~2회를 계획했다. 물론 여행 자금도 만만치 않게 필요했고 골프를 계속할 경우 상당한 자금이 확보되어야 했다. 일과 취미 생활에서는 60세까지 현직에서 일을 하고 60대에는 고문, 즉 회사 운영의 어드바이저로 임할 계획이다. 그렇게 업무량을 줄이면서 약초 재배를 포함해 작은 수목원이나 텃밭 가꾸기, 글쓰기, 골프, 여행 등의 취미 생활을 하려 한다.

**진정한 성공은
부자가 되었는가보다는
잘 살고 있는가로 판단되어야 한다**

이러한 생활을 영위하려면 현재의 금액 가치로 대략 매월 6~7백만 원의 자금이 필요했다. 수입처는 국민연금, 퇴직연금, 개인연금, 회사 고문료, 임대수익 등을 고려하면 대략 마련될 것 같지만 추가적인 방안도 강구되어야 했다.

자식의 결혼과 주택마련을 위한 자금대여와 노후 의료시설 위탁경비의 문제가 변수로 남아 있기 때문이다. 또한 차량과 취미 생활을 위한 설비와 기기들이 필요했고 기타 예상치 못한 삶의 변화를 고려해야 했다.

초기 사회생활을 시작할 때 보험사에서는 노후 준비를 위해 4억 원이 필요하다고 하더니 얼마 지나지 않아 10억 원이라고 했다. 수년 전부터는 세 가지 연금(국민, 퇴직, 개인)과 부가수입을 만들 수 있는 방안이 필요하다며 무엇보다 건강이 필수라고 강조했다.

노후와 관련해, 내가 사업 초기 생각했던 것이 있다. 보통 국민연금 예상 수령액은 100만 원 정도인데, 교장 선생님의 경우 월 수령 연금액이 300만 원에 달해 주위의 부러움을 한몸에 받는다는 얘기를 들었다. 그때 내 생각으로는 당시 이자 8~9%대일 때 향후 5%만 유지되어도 10억 원을 예치할 경우 매년 5천만 원/매월 400만 원의 연금 생활을 할 수 있고, 사후에도 그 10억 원은 고스란히 자녀들에게 상속할 수 있으리라 예상하며 사업을 시작했다.

그리고 현재까지 그 계획에 따라 준비해 왔으나 문제는 이자가 1%대로 하락했다는 점이다. 처음 기준으로 50억 원 이상을 은행에 예치해야만 애초에 예상한 것처럼 이자만으로 생활이 가능한 상황이 된 것이다. 2022년 현재 관점에서는 이자만으로 노후 생활을 충당하기는 불가능하리라 판단된다. 따라서 부득이 연금이나 임대 수익 등을 함께 고려해야만 원래 예상한 노후 생활이 가능할 것이다. 물론, 그것이 어려우면 보다 검소하게 노후를 보내면 된다. 돈이 전부는 아니니 말이다.

앞서 말한 내용을 자랑으로 오해하지 않기를 바란다. 단지 나의 경우 어떤 식으로 미래 계획을 세웠는지 그 과정을 보여주고 싶었다. 앞서 추상적으로 설명한 것보다 훨씬 구체적이고 이해하기도 쉬웠으리라 짐작한다. 너희에게도 도움이 된다면 벤치마킹을 해도 좋다.

나는 살면서 늘 멘토를 찾고자 했으나 쉽지 않았고, 그들의 실제적인 모범사례를 훔쳐보고자 했으나 그 또한 쉬운 일이 아니었다. 나의 허접한 사례나마 기꺼이 적는 것도 젊은 날의 나처럼 절실히 누군가의 표본을 구하고 있을지 모를 너희를 위한 일일 뿐. 너희에게 조금이나마 도움이, 타산지석이 되었으면 좋겠다.

세상에 어두운 그림자가 드리워도
알 수 없는 두려움이 밀려와도
그래서 숨 막힐 듯 힘들어도
내 작은 심장이 멈출 때까지
이내 두발로 굳건히 밟고 일어서리라

이제껏 당차게 살아온 인생
폭풍우 같은 바이러스가 몰아쳐도
쓰나미 같은 경기한파가 덮칠지라도
쉽사리 제압당해 기세가 꺾이거나
허무하게 무릎 꿇을 일은 아니잖은가!

인생은 마음대로 되질 않아
마음대로 된다면 역경도 환희도 없겠지
늘 즐겁고 행복해 보이는 이들도
굴곡과 시련 속에 살고 있지
다만 여유와 미소라는 친구 둘 더 가졌을 뿐

인생은 마음껏 달릴 수 없는 때가 많지
예기치 못한 일들이 기다리고 있을 테니까
그게 두려웠다면 시작도 안했을 거야
여유와 미소로 흔쾌히 받아들이며
잠시 밀리더라도 주저앉지 말자

매일 새벽 찬 공기를 가르던 아버지처럼
가냘픈 허리 숨 막히게 졸라매던 어머니처럼
허리 끊어질 때까지 농사일에 매달리는 농부처럼
거친 파도 밭에 어망을 던지는 굵은 손 어부처럼

홍석민 - 「세상에 어두운 그림자가 드리워도」 부분

洪氏
家訓
14

증여와 상속

증여와 상속에는 물질적 재산, 정신적 재산 그리고 신체적(건강) 재산 세 가지가 있다.
안타깝게도 재산을 넘겨줄 사람도, 넘겨받을 사람도 한 푼이라도 더 주고받을 생각만 할 뿐
상속재산의 현명한 유지관리에 대한 준비는 하지 않는다.

증여와 상속에는
물질적 재산, 정신적 재산 그리고 신체적(건강) 재산 세 가지가 있다

부자가 부자를 낳고 가난뱅이가 가난뱅이를 낳는 게 아니다. 부자나 가난뱅이는 후천적으로 만들어지는 것이다. 태어날 때는 금수저를 물고 태어났지만 흙수저가 되는 경우도 있고, 흙수저를 물고 태어났지만 금수저로 사는 사람도 있다.

과도한 세금 문제 때문에 물질적 재산에 대한 증여상속이 주목받고 있지만 우리는 태어날 때부터 이미 DNA를 비롯하여 신체발부 전부를 증여받는다. 음식 습관이나 생활 습관, 그리고 부지불식간에 언어 또한 증여받는다. 그렇게 삶의 방식이나 가치관을 공유하다가 몸에 익히게 되고, 금전적으로는 적은 용돈에서부터 상당한 금액까지 증여받는다. 이렇게 부모가 살아계시는 동안 끊임없이 정신적, 물질적 증여 과정을 반복하다가 부모가 사망한 후 남겨진 재산에 대해 한꺼번에 넘겨받는 것이 상속이다.

민법상 증여란 당사자의 일방이 재산을 무상으로 상대방(친족 또는 타인)에게 수여하는 의사를 표시하고 상대방이 이를 승낙하여 성립하는 낙성·무상·편무(諾成·無償·片務)의 계약을 말한다. 또한 상속은 일정한 친족 관계가 있는 사람 사이에서, 한 사람이 사망한 후에 다른 사람에게 재산에 관한 권리와 의무의 일체를 이어 주거나, 다른 사람이 사망한 사람으로부터 그 권리와 의무의 일체를 이어받는 것을 말한다.

다시 한번 강조하지만 우리가 후손에게 물려줄 것은 단순히 물질적 재산만 있는 것이 아니다. 우리가 인지하지 못하고 있었을 뿐, 물질적인 것도 있지만 정신적인 것도 있고, 신체적인 것도 포함된다. 이렇듯 우리의 인생은 태어날 때부터 죽을 때까지 끊임없이 증여상속이 연속되는 과정이다.

우리는 흔히 물질적 재산의 증여상속에만 관심과 촉각을 곤두세우는데 사실은 정신적 재산이나 신체적 재산에 대한 증여와 상속이 훨씬 크고 중요하다. 물질적 재산이야 잃어도 다시 채우는 것이 언제든 가능하지만 정신과 신체(건강)는 오래도록 닦고 길러야만 완성되는 반면, 한번 잘못되면 원상복구가 힘들거나 불가능하기 때문이다. 이제 이러한 것들이 어떻게 증여되고 상속되는지 구체적으로 살펴보기로 하자.

첫째, 신체적(건강) 재산의 증여를 살펴보자.

우리는 태어나면서 부모로부터 이미 DNA를 통해 유전인자를 증여받는다. 부모는 단지 생명을 준 것이 아니라 선천적으로 갖게 되는 평생 건강에 대한 유전자를 모두 물려주는 것이다.

아이에게 건강함을 증여하는 것은 부모의 책임이다. 만약 건강하지 못한 유전자를 가지고 태어난다면 자기 자신도 불행하지만 부모 역시 평생의 업보를 치르며 살게 된다. 어떤 부모들은 자식의 신체적 또는 정신적 결함을 지켜보면서 말 못할 태생의 비밀을 숨긴 채 늘 괴로워하는 모습을 본 적이 있다. 물론 아이가 어떠한 결함을 가지고 태어나더라도 부모로서 책임을 다하여야 함은 당연한 일이다. 다만 그러한 경우가 발생하지 않도록 사전에 충분히 주의를 기울이자는 것이다.

또한 어떤 사람들은 단순히 건강한 상태를 넘어 작은 키나 대머리 등

외모 문제로 고민을 하거나 스트레스를 받는다. 특히 자신의 얼굴에 대해 자신감을 갖는 이는 매우 드물다. 성형외과 병원이 문정성시를 이루는 이유이기도 하다. 또한 알러지로 고생하는 사람도 많고, 특정 부분이 살쪘다거나, 반대로 아무리 먹어도 살이 찌지 않아 고민하는 사람도 많다. 이러한 고민 중엔 근본적으로 해결될 수 없는 것도 있겠지만, 상당 부분 노력에 따라 해결되는 경우도 주위에서 보았다.

따라서 아이를 가지려면 담배와 마약 등 유해한 것들은 절대 금하고 채소와 육류가 적절히 배합된 음식과 식습관을 통해 건강한 신체를 유지해야 한다. 또한, 평소에 건전한 생활을 함으로써 정신적으로도 안정되고 편안한 마음 자세를 가져야 한다. 최근에 밝혀진 '가족력'이라는 것이 자식에게 걸림돌이 되지 않으려면 그만큼 평소 건강에 관심을 가져야 한다.

더불어, 나이 들어 건강을 유지하는 것 역시 증여의 한 방법이다. 건강을 유지하지 못하면 가족력으로 남게 되고 자식에게 시간적, 경제적 부담을 지게 하는 역증여가 일어난다. 또한 건강 문제로 인해 가진 재산을 탕진하면 결국 증여·상속분은 그만큼 사라지게 되는 것이다.

두 번째는 정신적 재산의 증여부분이다.

건강한 신체를 물려주는 것만으로 끝이 아니다. 세상은 건강한 신체와 더불어 살아가는 데 필요한 지식과 정보 그리고 지혜가 있어야 정상적인 삶을 영위할 수가 있다. 즉, 정신적 재산의 증여라고 할 수 있다.

정신적 재산의 증여는 아기가 태어나면서부터 살아가는 동안 부지불식간에 이루어진다. 인도어로 까르마, 우리말로 습식이라고 하는 정신적 대물림은 부모가 의도하든, 의도하지 않든 언어, 행동, 사고, 습관 하나하나가 그대로 증여된다. 이것은 아이가 성장하면서 인성을 형성하는 데 지대한 영향을 미친다. 따라서 자식이 어릴 때는 항상 다정다감한 언어를 사용하며 화목한 가정 분위기를 유지하여 선한 영향력을 증여하여야 한다. '세 살 버릇 여든까지 간다'는 말이 있듯이 한번 익힌 습관은 오래도록 지워지지 않는다.

정신적 재산 증여의 첫 번째 단계는 건강한 식습관, 다정다감한 언어습관, 규칙적으로 생활하는 습관을 길러주고, 독서와 봉사 등 건전한 취미생활 등을 함께 하는 것이다.

다음 단계는 부모 스스로 모범을 보여 자연스레 아이가 습득하게 만들며, 예의범절을 가르치고, 스스로 문제를 해결하는 법을 가르쳐야 한다. 이때 중요한 것은 '이것은 안 돼, 저것은 안 돼'라는 부정적인 말투보다는 긍정적인 언어와 함께 칭찬을 아끼지 말라는 것이다. 최대한 자존감을 높여주는 언어들을 사용해야 한다.

즉, 아이들이 뭔가를 잘 하면 이에 기뻐하는 모습을 보여주는 것만으로도 칭찬이자 자존감을 높여주는 역할을 한다. 잘 할 때마다 웃어 주거나 박수치거나 '엄지척'만으로도 충분한 효과를 낼 수 있다. 또한, '정말 잘 했다', '자랑스럽다' 등 간단한 표현으로도 아이들은 행복해하고 자랑스러워하며 높은 자존감을 갖는다.

또한, 아무리 어린 나이라도 아이와 관련되는 일이라면 반드시 아이의 의견을 묻고 경청해라. 물론 단편적인 아이의 의견을 어떻게 반영할지는 부모가 판단해야 한다. 하지만 아이의 의견을 묻는 것은 아이의 의견을 존중해 주는 행위이며 자존감을 높여준다. 더불어, 다음에도 어떤 대답을 내놓을지 생각하는 폭 또한 넓혀주게 된다.

청소년기에 접어들면 집안의 내력과 특징, 그리고 어떤 인생을 지향하는 것이 좋은가를 조언하는 인생편지를 작성하여 주어라. 어떤 조상의 후손인지, 어떤 분야에 많은 분들이 종사하고 있는지, 살면서 지향해야 할 덕목은 무엇인지, 그리고 미래에 어떤 사람으로 자라기를 바라는지 상세하게 정리해 줄수록 좋다. 집안에 대한 자부심을 느끼고 미래의 꿈을 정하는 데 도움이 될 것이다.

마지막으로, 본 글에서 언급한 가훈(지침)을 함께 연구하고 조정하면서 자연스럽게 우리 가족이 지향하는 덕목에 대해 이해와 실천을 할 수 있도록 지켜봐 주어라. 반복하지만, 가정이 화목하고 주위 사람들과 사이좋게 어울려 살아가는 가풍을 계속해서 유지하기를 바란다.

미래에도 학교 교육은 정해진 절차와 일정에 따라 받게 하면 되겠지만 여전히 가족의 소중함을 일깨우고 올바른 인성을 갖추도록 지도하는 것은 부모의 몫이다. 자식이 성인이 되었을 때 정신적 재산을 많이 보유한 부자가 될 수 있도록 이끌어 주어라.

백 년 전 살다간 그들
오늘 기억한 자 누구며
백 년 후 우리 또한

사라진 무명씨것지!

홍석민 - 「그러게 말여」 부분

참고로, 유대인 율법학자들은 탈무드를 구상하여 유대인의 정신적 지주 역할을 하도록 이를 책으로 완성했다. 그리고 그들이 예상한 대로 오늘날까지 그 역할을 충실히 해내고 있다.

중국의 경우, 공자와 맹자를 비롯하여 수많은 사상가들이 정치적, 사회적으로 모범이 될 만한 사상을 정립하여 백성들을 가르치고 일깨웠다. 그중에서도 특히 유교는 우리나라에도 지대한 영향을 미쳤으며 현재에도 예의범절의 근간을 이루고 있다고 해도 과언이 아니다.

또한, 수많은 지식인들이 집안의 가풍을 정돈하고 자손들을 이끌어 깨우쳐 주고자 가훈을 만들어 전파하였다. 그중에는 1400여 년 전 안지추라는 사람이 책 한 권 분량의 가훈을 남겨 오늘날에도 전해지고 있다.

우리나라의 경우, 훌륭한 가훈이 많이 있으나 300년간 부자지위를 지켜온 경주 최씨의 가훈(육훈)이 그 시대에 가장 현실적이고 실천적인 가훈, 즉 살아있는 가훈으로 여겨진다.

세 번째 물질적 재산에 대한 증여상속 문제다.

보통 사람들은 현명한 소비보다는 한 푼이라도 더 모으는 데 집중하고 세상을 떠나는 순간까지 재산을 쥐고 있다가 자식들에게 물려주려 애쓴다. 하지만 50%에 달하는 상속세를 줄이는 방법만 연구할 뿐 정작 남겨진 재산이 후손들에게 어떤 영향을 줄지, 어떤 일이 벌어질지는 관심 없다.

재산 상속이 후손들에게 독이 든 성배를 전해 주는 꼴이 된다면 얼마나 안타까운 일이겠는가? 굶주려가며 피땀 흘려 악착같이 모은 재산이 상속 과정에서 자식들을 원수지간으로 만든다면 비록 자신은 죽은 후라지만 천추의 한으로 남을 일이다.

따라서 후손들이 물질적 재산을 증여상속 받는 데 있어 가장 중요한 일은 분쟁이 없도록 하는 것이다. 즉, 어떠한 경우라도 가족화목이라는 제일 덕목은 지켜져야 한다. 평소 정신적 재산의 증여가 잘 이루어졌다면 물질적 재산 증여상속은 크게 문제될 것이 없다. 그래서 정신적 재산의 증여가 중요하고 또 중요하다.

근본적으로 물질적 재산을 증여상속하면 안 되는 사유 두 가지가 있다.

첫째, 우리가 추구하는 정신적 재산을 제대로 물려받았다면 물질적 재산은 필요치 않을 것이며, 정신적 재산을 제대로 물려받지 못했다면 당연히 물질적 재산도 물려받을 자격이 없다. 부모의 증여상속을 전혀 받지 못해도 부자가 된 사람이 있고, 반면 상당한 물질적 재산을 물려받고도 이를 유지하지 못하거나 오히려 빚을 지는 경우도 있다.

둘째, 갈수록 자식을 낳지 않는 상황에서 후대에는 애써 물려준 재산이 다른 집안으로 넘어갈 수가 있다. 즉, 넘겨진 재산에 대해서는 추후 이동 경로 예측이 불가하다. 다른 집안으로 넘어가는 것을 염려하는 것이 아니라 우리 집안의 자손에게 대대손손 대물림될 것이라는 기대나 착각을 하지 말라는 뜻이다. 결과적으로 물질적 재산의 증여상속에 과한 집착을 하지 않는 것이 현명한 처사다.

특히, 아래에 언급한 합리적인 재산 증여상속 그 이상을 물려주려는 악착같은 희생은 가치가 없다. 즉, 과한 희생을 치르며 모은 물질적 재산일지라도 증여상속 후에는 자신이 기대하는 결과에 아무런 영향을 미치지 못한다.

악착같이 모아 물려주신 재산을 받는 그 순간에는 자식들이 고마워할지 모르겠으나 그때뿐이다. 며느리나 사위에게 그러한 희생은 무시될 것이며 친자식이 이를 주장하려 해도 다 지난 일이다. 오히려 과도한 희생으로 상병을 치르거나 단명하게 되면 가족력만 안기게 되고 자식들의 희생과 역증여가 일어날 수도 있다.

안타깝지만 물질적 재산에 집착하는 모습을 보는 순간 자식마저도 궁상으로 여길 가능성이 있고, 그런 부모를 철저히 외면할 수도 있다. 그러니 물질적 재산의 증여와 상속은 자신의 인간다운 삶과 자족의 생활을 영위하고 난 뒤 굳이 남은 재산에 대해서만 이루어져야 한다.

이러한 사정과 사유를 고려할 때 **물질적 재산의 증여상속에 대한 가장 합리적인 원칙과 방법**은 다음과 같다.

우선, 물질적 재산의 증여상속 제1원칙은 상속보다는 증여를 우선시하는 것이다. 증여는 자신이 살아있는 동안 가장 현명한 방법으로 직접 재산을 물려줄 수 있기 때문이다. 이 원칙에 따라 아이가 성장하는 과정에서 적은 용돈이나 재물이라 하더라도 노력의 대가로 얻어가게 하는 방법을 강구해라. 무상증여의 후유증은 초기에는 이를 당연하게 생각한다는 것이며 나중에는 당연한 '권리'라는 착각에까지 이른다는 것이다. 부모 자식 간에도 심사가 뒤틀리는 일이 발생할 수 있다.

정당한 노력의 대가로 얻어가는 물질적 재산에 대해서는 능력이 닿는 한 최대한 증여해라. 예를 들면, 정규대학 이상의 공부라도 의과대학, 로스쿨, 대학원에 진학한 경우라면 교육비는 우선하여 지급하고 특별한 자격(특허, 국가공인 자격과 면허)을 취득할 때도 마찬가지다.

또한, 성인이 된 후 합당한 사유가 있으면 가족의 합의와 동의하에 증여재산공제에 따라 비과세분을 증여하고 초과분은 빌려주되 차용계약에 따라 원리금을 받아라. 이러한 방법으로 물려준 그 종잣돈을 바탕으로 자식들이 자력갱생할 수 있는 기틀을 마련해 주어라. 차용계약은 증여의 효과를 내면서 자신의 재산을 지킬 수 있으며, 노후자금을 확보할 수 있다. 즉, 한꺼번에 넘겨주고 혹여 후회하는 일을 방지할 수 있다.

제2의 원칙은 상속은 최소한으로만 이루어지게 하는 것이다. 자신의 사후 자식들의 분란을 예방할 수 있는 최선의 방법이다. 다만, 상속자의 갑작스런 사망이나 노후에 예상치 못한 많은 재산이 생길 경우 아래의 상속방법을 따르도록 해라.

증여의 방법으로 물질적 재산을 물려주었음에도 불구하고 상속할 남은 재산이 있다면 민법에서 정하는 기준을 원칙으로 하되 가족 중 최고령자의 주관하에 각자 가족에 대한 공과를 따져 마땅한 조정이 이루어져야 한다. 그간 자식들이 가져간 재산의 양을 대략 정산하고 부모에 대한 효도와 형제자매 우애의 정도를 따져 각자 양해와 동의를 거쳐 분배하도록 해야 한다. 가장 불평이 없는 분배방식은 누구든 나서서 공평한 분배를 하고 가장 나중에 선택권을 가지게 하면 된다.

증여상속에 대한 원칙은 반드시 분배 전에 가족 모두가 납득할 수 있는 공평한 기준과 설명이 이루어져야 하고 모두의 동의가 있어야 한다. 요컨대, 합의가 원만히 이루어지지 않고 법정분쟁으로 간다면 남은 재산은 전부 국가와 사회에 환원토록 해라.

만약 남겨진 재산이 사회적으로 상당한 규모의 재산이라면 법인으로 전환하고 가문의 재산으로 만들어라. 즉, 문중재산으로 등록하고 공동소유권을 갖는다든지 가족회사를 만들어 지분을 공유하는 것도 방법이다.

피상속자의 공평한 상속을 믿지 못하겠거든 심신이 건강할 때 미리 유언장을 작성해 행여 사후에 생길 법정 다툼을 막는 예방 장치도 고려해 볼 만하다.

저기 드넓은 땅이
여기 높다란 건물이
다 내 꺼다

근데
와 다른 사람 명의인교?

어느 것이든
영원히 자기 꺼 없듯이

잠시 잠깐
저 사람들 명의로 해 뒀을 뿐이라

그케도
주인이 최고 아닌교?

어차피 주인은 가진 사람이 아니고
지금 쓰는 사람인기라
세상의 그 많은 공기라도
들숨일 때 내 것이고
마르지 않는 샘물도
마신 것만 내 꺼인기라 고마

어느 공기 어떤 물을 내 명의로 한들
영원히 소유할 수 있을까?
쉼 없이 들이마신 들숨과
숨 막히도록 마신 물인들
내 안에 온전히 남아 있기나 할까?

홍석민 - 「내 꺼? 네 꺼?」 전문

洪氏
家訓

15

누군가
가르쳐주면
좋았을 것들

비밀인데 누구나 지구별에서의 삶은 처음이다.
먼저 경험한 것을 말해주는 것은 최고의 배려다.

학생신분에서 사회인으로 바뀌는 전환점에 주의해야 할 것들

1990년대부터 지금까지 갓 사회인이 된 젊은이들이 겪는 시행착오를 보면 대개 세상물정을 몰라서 당하게 되는 일이지만, 바로 그 점을 노리고 접근하는 사람들이 있기 때문이기도 하다.

대표적으로 다단계 판매 사기, 보이스 피싱, 유사(사이비) 종교, 대포 통장, 취업 사기, 과음과 흡연, 투기(비트코인이나 주식) 유혹에 빠지거나 금전적 손해를 입는 경우 등이 있다. 돈을 많이 그것도 쉽게 벌 수 있다는 유혹, 가족의 안전이나 불안한 심리를 이용하여 금전을 갈취하는 행위, 딱한 사정이나 심리를 역이용하는 행위들인데, 합리적인 판단을 내릴 새도 없이 당하는 경우가 대부분이다.

이들 사기꾼의 특징은 너무 친절하거나 너무 간절하게 다가오기도 하고, 구석으로 몰아세워 어쩔 수 없는 선택을 하도록 요구하며, 연민의 정, 본초적인 욕구, 선량한 도덕심, 예민한 말초신경을 자극하기도 한다. 비밀 유지를 요구할수록, 생각할 겨를을 주지 않을수록, 좋다고 우길수록, 이런 기회가 다시는 없다고 강조할수록 더욱 의심해야 한다. 따라서, 이러한 경우에 맞닥뜨렸을 때는 곧바로 선택하거나 결정하지 말고 반드시 부모 또는 주위 선배들에게 알려 조언을 들어라. 옛말에 '돌다리도 두드려 보고 건너라'는 말이 있다. 이러한 피해는 겪기 전에 주의해야 할 일이지, 불행하게도 일단 당하거나 빠지고 나면 구제할 방법이 없거나 결과를 되돌리는 데 엄청난 노력과 비용이 뒤따른다.

우리가 학교에서 위험에 처했을 때 도움을 요청하면 언제 어디서든 달려

온다던 경찰조차 해결하지 못하는 부분이 너무 많다. 유혹하는 자들의 교묘한 수법 때문이기도 하고, 우리의 사법 체계가 현실에서는 상식적인 해결과 차이가 있는 경우도 많기 때문이다.

이때 우리가 통렬하게 깨닫는 것이 '세상에는 공짜가 없다'는 진리다. 예전부터 인지하고 있던 내용이지만 일이 벌어지고 나서 깨달으면 늦다. 불에 데이고 나서 불이 뜨거운지 아는 것과 같다.

자기계발서나 성공한 사람들의 실례를 그대로 따라 해도 성공하지 못하는 이유

주식이나 부동산에 대해 투자만 하면 바로 열 배, 백 배 이익을 남길 것처럼 이야기하는 사람들이 있다. 마치 다른 사람들은 용기가 없어 시도하지 않기 때문에 이익을 못 내는 것처럼 말한다.

최경주 선수는 PGA 투어 시절 하루 4천 번의 스윙 연습을 했다는 이야기로 유명하다. 누구나 4천 번 또는 그에 버금가는 연습을 하면 PGA 투어 선수가 될 것 같은 분위기에 빠져든다. 하지만 우리는 그렇게 해도 성공한다는 보장이 없다. 우선 그 사람과 체격 조건이나 주위 환경이 다르고 연습 내용 또한 똑같을 수 없기 때문에 그렇다.

새로운 일에 도전하려면 먼저 자신의 환경과 능력을 점검하고 평가하여 가장 가능성 있는 것을 선택하고 집중하도록 해야 한다. 여기에 자신만의 남다른 노력과 준비가 뒤따를 때 성공에 이를 수 있을 것이다.

**세상사 다 내 마음대로 되지 않는 것이 정상이고
세상 사람들의 마음 또한 다 내 마음 같지 않다**

세상일이 다 내 마음대로 될 것 같으면 머지않아 삶의 흥미를 잃고 말 것이다. 세상일이 내가 바라는 대로 이루어지지 않기에 노력하는 재미를 느끼며 살아간다.

또한, 각자 생각하는 바가 다르고 자신을 중심으로 생각하기 마련이라 상대가 서운함을 느낄 때도 많다. 그게 당연한 일이다. 그러니 세상 사람들이 나를 이해해 주지 않거나 내 마음처럼 생각해 주지 않는다 해서 너무 서운해하거나 실망하지 말아라.

인생에서도 셰르파는 반드시 필요하다

세계 최정상의 산을 올라갈 때는 전문 산악인들도 셰르파를 앞세운다. 배는 낯선 항구에 들어갈 때 그곳 사정을 잘 알고 있는 도선사를 태운다. 낯선 지구에 떨어져 인생을 시작할 때 20여 년을 부모님이 돌봐주고 선생님으로부터 가르침을 받는다. 이렇듯 세상은 늘 배우며 살아야 하고 새로운 도전을 할 때에는 가이드가 필요하다.

그러니 살면서 멘토를 많이 만들어라. 그중에서도 부모님은 가장 위대한 멘토요, 부모의 잔소리는 살아있는 격언이자 탈무드와도 같다. 세상의 그 어떤 위대한 사람들도 부모들의 잔소리를 듣고 자랐으며, 확신하건대 그들은 부모의 잔소리를 위대한 성인의 가르침으로 받아들였을 것이다.

나의 경우 사업상 조언을 구하는 분이 있고 마음의 위안을 받고자 할 때 찾아뵙는 분이 있다. 글을 쓰면서 필요한 조언을 구할 때, 법적인 문제가 발생했을 때 각각 멘토가 따로 있다.

**부부가 미래를 이야기하면 협력할 일이 많아지고
과거를 이야기하면 싸울 일이 많아진다**

　결혼 전 둘이서 미래를 설계할 때는 서로서로 협력하는 모습이다. 미래에 어디서 어떻게 살 것이며 어떤 살림을 장만할지 등 장래의 청사진을 그릴 때는 정말 희망에 찬 마음으로 상대에게 집중한다.

　하지만 막상 살아보면 처음에 계획했던 것과 많은 차이가 생기고 예기치 못한 일들이 발생하면서 서로에게 힘든 시간이 많아진다. 그런데 시간이 지나 잊을 만하거나 유사한 일이 반복되면 다시 과거 얘기를 하게 되고 싸움이 일어난다.

　그러니 부부가 살면서 어떠한 문제가 발생하더라도 과거에 괴롭고 힘들었던 일은 서로 끄집어내지 마라. 다만 서로 어떻게 협력해서 문제를 해결할 것인지 미래지향적인 대화를 나누어라. 감사와 칭찬의 말을 많이 하는 것도 잊지 마라. 나이가 들면 부부라 하더라도 웬수처럼 느껴지는 것이 인지상정인데 그 곁에서 삶을 함께 하고 있는 것만으로 감사하고 감사할 일이다.

**친구끼리 미래를 이야기하면 꿈이 많아지고
과거를 이야기하면 즐거움이 많다**

　친구와는 서로 꿈을 공유하여 진심 어린 격려의 말로 지지하고 응원해

쥐라. 비록 전혀 엉뚱하고 도저히 믿기 힘든 꿈이라도 긍정적으로 수용하고 존중해 주어라. 그가 가진 숨은 재능을 이끌어 낼 수 있을 것이다.

또한, 좋은 추억 이야기를 많이 나누고 앞으로도 그러한 추억을 만들자고 약속해라. 과거 괴롭고 힘들었던 추억을 되새기더라도 친구는 즐겁게 웃으며 넘어간다. 그렇지 못할 경우 이미 멀어진 사이가 돼 있을 것이다.

나이 들어 친구와 만나면 주로 옛날이야기를 나누게 된다. 추억을 회상하는 일은 언제나 즐겁기 때문이다. 하지만 나이가 들어도 미래 이야기 또한 나누어야 한다. 노후를 위해 무엇을 준비하고 어떻게 하고 있는지, 건강과 증여상속에 대해서도 의견을 나누어라. 젊어서 꿈을 이야기할 때처럼 아낌없이 격려하며 용기를 북돋워 주어라. 친구는 아무리 나이를 먹어도 처음 만났을 때의 철부지와 같다.

운명/사주팔자에 대해서

살아 보니 운명은 정해진 것이 없다. 설사 정해졌다고 한들 미리 알 수 없으니 정해지지 않은 것이나 다를 바 없다. 결국 운명은 자신이 만들어 가는 것이다.

사주팔자란 간지(干支)가 되는 여덟 글자를 말한다. 즉, 사람이 태어난 연월일시의 네 간지(干支)를 말하는데 한 마디로 태어난 운수를 의미한다. 자의든 타의든 가끔 사주를 보게 되는데 이를 전적으로 맹신하거나 일체를 무시하지는 마라. 일례로, 동네 아주머니 한 분이 사주를 보았는데 앉아서 놀고먹을 팔자라고 하여 무척 좋아하였다. 그런데 얼마 지나지 않아 농기계에 한쪽 팔을 잃어 심한 노동은 하지 못하게 되었다. 점쟁이가 말한 '놀고먹을 팔자'란 바로 이 상황을 가리킨 것이다.

나의 경우, 좋지 않다는 사주운에 대해서는 미리 예방을 하는 차원에서 가끔 사주운을 본다. 조심해서 나쁠 일은 없다. 세상에는 과학으로만 입증할 수 없는 일들 또한 많다.

슬기로운 군대생활

군대는 우리에게 무엇일까? 군대에 가기 전 누구나 많은 고민을 하게 될 것이다. 물론 국가를 위험으로부터 지키는 국방의 의무가 당연함을 알더라도 말이다. 우리 세대가 주로 고민한 것은 과도한 얼차려와 관심사병의 예상치 못한 행동으로 받을 불이익, 불의의 사고에 대한 두려움이었다. 속된 표현으로 '성질 더러운' 선임을 만나면 군 생활 내내 괴로울 수밖에 없고, 이러한 상황 역시 오롯이 혼자 감내해야 한다는 고정관념이 있었다.

사실 군대에서의 에피소드는 늘 선임들과의 갈등이 대부분이었다. 당시엔 무엇보다 자존심 상하고 힘든 시기였지만, 지나고 나면 그 또한 추억이 되는 것을 시간이 지나서야 깨달았다. 결론적으로 군복무는 지극히 개인적으로 이행해야 하는 의무사항이다. 또한, 군대란 적과 싸우는 기술을 배우는 곳이다. 즉, 죽이고 죽여야 하는 전장터에서 살아남는 법을 배우는 곳이다.

국방의 의무를 수행하는 이 기간에 달리 자기계발을 할 기회는 없을 것이다. 하지만 적어도 체력단련을 통해 자신의 평생을 지탱해 줄 건강한 신체를 만들 수 있을 것이다. 이곳에서 배우는 방어훈련, 생존기술 또한 이후 사회에 나와서도 유용한 것들이다. 잘 알겠지만, 사회에도 군대만큼 위험한 요소들은 많다. 그때마다 군대에서 배운 기술이나 체력 등이 많은 도움이 된다. 더욱이 가족을 지키고 자기 자신을 보호하는 데 꼭 필요한 것들이다.

또한, 어떠한 모욕이나 무모한 지시에도 견딜 수 있는 인내심을 길러라. 사회 또한 군대보다 어려운 상황이 있을 수 있다. 군복무 기간은 이를 미리 준비하고 단련하는 기간이라 생각해라. 군대가 전쟁을 대비하는 곳이라면 사회는 곧 전쟁터다. 사회에서 살아남을 체력과 기술을 충분히 익혀두어라.

관혼상제(冠婚喪祭)에 대해

유교에 입각한 위계질서가 완강했던 조선시대에는 관혼상제가 엄격하게 지켜졌고, 현재까지도 그 일부가 명맥을 이어오고 있다. 다만, 그 형식과 절차가 변형·축소되거나 편의에 따라 해석되기도 하여 지역마다 차이가 있다는 점이 특징이다. 따라서, 다툼의 불씨가 될 수 있으니 절대 남의 관혼상제에 아는 체하거나 옳고 그름을 논하지 마라.

혼례의 경우, 전통 의식에 따라 행해지던 것이 현재는 당사자인 신랑신부의 뜻을 좇아 진행되는 경향이 있다. 우리도 당사자들 중심의 축제로 만드는 것이 좋겠다는 생각이다.

상례의 경우, 요즘은 대개 상조회사에서 맡아 장례의 전반을 관리하며 도와주니 크게 신경 쓰지 않아도 되지만, 그 외 화장 또는 매장을 결정하고, 유품을 정리하기까지 쉽지 않은 일이다. 만일을 대비해 미리 상조회사에 가입해 두는 것이 갑자기 상을 당할 경우 이를 대처할 가장 유용한 방법이 될 것이다.

장례의식은 우선적으로 고인의 배우자, 그리고 친척 어르신들의 의견을 물어 결정하고 진행하는 것이 바람직하다. 매장, 화장 아니면 특정 지역에 묻어달라는 주문이 있을 수 있다. 또한 고인의 박사 학위 의복을 수의로 하는 경우도 있을 수 있고, 생전의 애장품을 관에 넣어달라는 주문도 있을 수 있다. 가능하다면 유언에 따라 장례를 치르기 바란다.

제례의 경우 음식을 놓는 순서나 방법을 두고 설왕설래 하는데 이는 중요치 않다. 홍동백서 어동육서의 경우 주거향이 동서남북 구분 없이 지어진 오늘날에는 적용되기 어렵다. 더욱이 이런 내용은 그 근거도 명확치 않다. 남향집을 가진 어느 양반가에서 행한 것이 구전되었을 것으로 추정된다.

또한, 남들의 지적이 있더라도 개의치 마라. 유교 사상이 낳은 불필요한 허례허식이 많으니 간편하게 치르도록 하라. 형식보다 마음이 중요하니 너무 절차에 얽매이지 마라.

제례는 돌아가신 분을 기리는 날이자 남은 가족들이 서로 우애를 돈독히 하는 자리라 정의하고 싶다. 과도한 음식을 준비하거나 특정 자손만이 책임질 것은 아니다. 누구든 간소하게 형식을 갖추어 예를 갖추면 되는 것이다.

초등학교 입학식 새로운 친구들, 선생님과의 첫 만남에서
생경함을 떨쳐내는 방법
상급학교 진학 시 타 학교 출신들과의 첫 만남에서
어색함을 이겨내는 방법
입사면접에서 떨지 않고 잘 보이는 방법
짝사랑으로 열병을 앓지 않고 쉽게 다가갈 수 있는 방법
까다로운 직장상사의 심한 호통을 이겨내는 방법
성희롱, 성추행을 현명하게 대처하는 방법
조직에서 따돌림 당하지 않는 방법
···············
누군가 가르쳐주었으면 좋았을 것들
그러나 그때 당시는 가르쳐주었어도
쉬이 이해할 수 없었으리라.
경험해보고서야 알 수 있는 것들이니까
느껴보고서야 이해할 수 있는 것들이니까
처음 불을 보는 이에게 뜨겁다 한들 이해가 될까
한번 데어봐야 알지.
소중한 몸에 흉터 하나쯤 있어봐야 세상 무서운 줄 알겠지!
마음에 깊은 상처 하나쯤 간직해봐야 명심하겠지!
그래서 실패의 경험은 오래도록 자신을 일으켜 세운다.

홍석민 - 「누군가 가르쳐주면 좋았을 것들」 전문

※ 본 책의 내용을 홍석민 일가의 가훈으로 삼고자 한다. 따라서 자손들은 본서에서 지시한 내용은 최대한 실행하고 따라주기 바라며, 실례를 든 것은 참고하거나 타산지석으로 삼아 지혜롭고 현명한 인생을 살아가기 바란다. 향후 추가할 사항이 있거나 기회가 닿을 때마다 내용을 보완할 예정이다. 또한, 너희가 결혼을 하고 자녀를 낳으면 너희 또한 너희들의 생각과 교훈을 반영하고 추가하여 대대 손손 가훈으로 삼기를 바라는 바이다.

나는 차라리 꼰대가 되기로 했다

2023년 6월 21일 초판 1쇄 인쇄
2023년 6월 23일 초판 1쇄 발행

지은이　홍석민
펴낸이　김평일
펴낸곳　(주)드림애드앤프린팅그룹
디자인　(주)드림애드앤프린팅그룹

등록　　2012년 7월 26일 제 2018-000062호
주소　　경기도 고양시 일산동구 장대길 64-4
전화　　02-2277-1455(代)
팩스　　02-2264-1131
이메일　dreamad@hanmail.net
홈페이지　dreamadcom.com
ISBN　　979-11-965620-6-9(13810)
값　　　15,000원

저자와의 합의하에 인지첨부 생략

이 책의 저작권은 저자에게 있습니다.
이 책의 일부 또는 전부를 재사용하려면 반드시 저작권자와 출판사 양측의 동의를 받아야 합니다.
저작권법에 의해 보호를 받는 저작물이므로 저자와 출판사의 허락 없이 무단 전재와 복제를 금합니다.